Reglas de Procedimiento Criminal de Puerto Rico.
Reglas de Procedimiento para Asuntos de Menores y Ley de Menores.

LexJuris de Puerto Rico
Publicaciones CD
PO Box 3185
Bayamón, P.R. 00960-3185
Teléfono: (787) 269-6475
Fax: (787) 740-4151
Email: Ayuda@LexJuris.com
www.LexJurisStore.com
ISBN: 9798683227371

Reglas de Procedimiento Criminal de Puerto Rico. Reglas de Procedimiento para Asuntos de Menores y Ley de Menores.
Copyrights ©1996-Presente LexJuris®
Esta publicación es propiedad de LexJuris de Puerto Rico, Inc. Tiene todos los derechos de propiedad intelectual sobre el diseño y contenido. Está prohibida la reproducción total o parcial en forma alguna sin el permiso de LexJuris de Puerto Rico, Inc.

Editora: LexJuris de Puerto Rico
Diseño y Contenido: LexJuris de Puerto Rico
Formato Digital: www.LexJuris.net (Socios y Suscriptores)
www.LexJuris.com (Gratis)

LexJuris de Puerto Rico
Hecho en Puerto Rico
Septiembre 2, 2022

LexJuris®
de Puerto Rico

Reglas de Procedimiento Criminal
de Puerto Rico.
Reglas de Procedimientos para Asuntos de Menores y Ley de Menores.

Preparado por el Ledo. Juan M. Díaz
LexJuris de Puerto Rico

Opcional:
Formato Digital: www.LexJuris.net (Socios-Suscriptores) para búsquedas e investigaciones rápidas y efectivas.
Visite www.LexJuris.com (Gratis)
para futuras enmiendas, otras leyes, Reglamentos y Jurisprudencia más reciente del Tribunal Supremo.

LexJuris de Puerto Rico.
PO BOX 3185
Bayamón, P.R. 00960
Tels. (787) 269-6475 / 6435
Fax. (787) 740-4151

Ordenar: www.LexJurisStore.com
Actualizaciones: www.LexJurisBooks.com
Website Oficial: www.LexJuris.com
Club de LexJuris: www.LexJuris.net

Derechos Reservados ©1996-Presente
LexJuris de Puerto Rico

Reglas de Procedimiento Criminal de Puerto Rico.
Reglas de Procedimiento para Asuntos de Menores y Ley de Menores.

Tabla de Contenido

Reglas de Procedimiento Criminal de Puerto Rico, según enmendada.. 1
    CITESE: TITULO 34 L.P.R.A. AP II, R. 1 et seq.. 1
    En General 1
    CAPITULO I. TITULO, VIGENCIA E INTERPRETACION........... 1
    Regla 1. Titulo e Interpretación. (32 L.P.R.A. AP. II R. 1 et seq.)................. 1
    Regla 2. Aplicación y Vigencia. (32 L.P.R.A. AP. II R. 2.)........................... 1
    CAPITULO II. PROCEDIMIENTO PRELIMINARES 2
    Regla 3. Magistrados. (32 L.P.R.A. AP. II R. 3.) 2
    Regla 4. Arresto; Definición; Como se hará y por Quien; Visita de Abogado. (32 L.P.R.A. AP. II R. 4.).. 2
    Regla 4.1. Procesamiento de Persona que padece alguna Condición que le impide Comunicarse Efectivamente. (32 L.P.R.A. AP. II R. 4.1.) 2
    Regla 4.2. Derecho de la Persona que padece Alguna Condición que le Impida Comunicarse Efectivamente a Comunicarse Efectivamente con su Abogado. (32 L.P.R.A. AP. II R. 4.2.) 3
    Regla 5. La Denuncia. (32 L.P.R.A. AP. II R. 5.) 3
    Regla 6. Orden de Arresto a Base de una Denuncia. (32 L.P.R.A. AP. II R. 6.) 4
    Regla 6.1. Fianza hasta que se Dicte Sentencia; Cuando se Exigirá. (32 L.P.R.A. AP. II R. 6.1.)... 5
    Regla 7. Citación por un Magistrado o Funcionario del Orden Público. (32 L.P.R.A. AP. II R. 7.)... 8
    Regla 8. Orden de Arresto o Citación; Diligenciamiento. (32 L.P.R.A. AP. II R. 8.)... 9
    Regla 9. Orden de Arresto o Citación Defectuosa. (32 L.P.R.A. AP. II R. 9.) 10
    Regla 10. Arresto; Cuando podrá Hacerse. (32 L.P.R.A. AP. II R. 10.) 10
    Regla 11. Arresto por un Funcionario del Orden Público. (32 L.P.R.A. AP. II R. 11.).. 11

Regla 12. Arresto por Persona Particular. (32 L.P.R.A. AP. II R. 12.) 12

Regla 13. Arresto; Información al Realizarlo. (32 L.P.R.A. AP. II R. 13.). 12

Regla 14. Arresto; Orden Verbal. (32 L.P.R.A. AP. II R. 14.) 12

Regla 15. Arresto; Requerimiento de Ayuda. (32 L.P.R.A. AP. II R. 15.).. 12

Regla 16. Arresto; Medios Lícitos para Efectuarlo. (32 L.P.R.A. AP. II R. 16.) 13

Regla 17. Arresto; Derecho a Forzar Entrada. (32 L.P.R.A. AP. II R. 17.). 13

Regla 18. Arresto; Salida a la Fuerza al ser Detenido. (32 L.P.R.A. AP. II R. 18.) 13

Regla 19. Arresto; Desarme del Arrestado; Disposición de las Armas. (32 L.P.R.A. AP. II R. 19.) 14

Regla 20. Arresto; Transmisión de la Orden. (32 L.P.R.A. AP. II R. 20.).. 14

Regla 21. Arresto Después de Fuga. (32 L.P.R.A. AP. II R. 21.) 14

Regla 22. Procedimiento ante el Magistrado. (32 L.P.R.A. AP. II R. 22.).. 15

Regla 23. Vista Preliminar. (32 L.P.R.A. AP. II R. 23.) 17

Regla 24. Procedimientos Posteriores. (32 L.P.R.A. AP. II R. 24.) 20

CAPITULO III. COMPETENCIA 21

Regla 25. Distrito; Definición. (32 L.P.R.A. AP. II R. 25.) 21

Regla 26. Delitos Enjuiciables en Puerto Rico. (32 L.P.R.A. AP. II R. 26.)21

Regla 27. Competencia; En General. (32 L.P.R.A. AP. II R. 27.) 21

Regla 28. Competencia; Coautores en Distintos Distritos. (32 L.P.R.A. AP. II R. 28.) 22

Regla 29. Competencia; Actos Realizados en más de un Distrito. (32 L.P.R.A. AP. II R. 29.) 22

Regla 30. Competencia; Delitos en un Distrito Cometidos desde Otro. (32 L.P.R.A. AP. II R. 30.) 22

Regla 31. Competencia; Delitos Cometidos en Tránsito. (32 L.P.R.A. AP. II R. 31.) 22

Regla 32. Competencia; Delitos en o Contra Naves Aéreas. (32 L.P.R.A. AP. II R. 32.) 23

Regla 33. Competencia; Propiedad Llevada de un Distrito a Otro. (32 L.P.R.A. AP. II R. 33.) 23

CAPITULO IV. LA ACUSACION Y LA DENUNCIA 23

Regla 34. Definiciones. (32 L.P.R.A. AP. II R. 34.) 23

Regla 35. Contenido de la Acusación y de la Denuncia. (32 L.P.R.A. AP. II R. 35.) 23

Regla 36. Defectos de Forma. (32 L.P.R.A. AP. II R. 36.) 25

Regla 37. Acumulación de Delitos y de Acusados. (32 L.P.R.A. AP. II R. 37.) 26

Regla 38. Enmiendas a la Acusación, Denuncia o Escrito de Especificaciones. (32 L.P.R.A. AP. II R. 38.) 26

CAPITULO V. LAS ALEGACIONES 28

Regla 39. Omisión de Alegar la Fecha. (32 L.P.R.A. AP. II R. 39.) 28

Regla 40. Omisión de Alegar el Sitio. (32 L.P.R.A. AP. II R. 40.) 28

Regla 41. Alegación de Sentencia o Procedimiento. (32 L.P.R.A. AP. II R. 41.) 28

Regla 42. Alegación Errónea en Cuanto a la Persona Perjudicada. (32 L.P.R.A. AP. II R. 42.) 29

Regla 43. Alegaciones en Cuanto a Coautores o Cooperadores. (32 L.P.R.A. AP. II R. 43.) 29

Regla 44. Procesos Contra Coautores. (32 L.P.R.A. AP. II R. 44.) 29

Regla 45. Omisión de Alegar Valor o Precio. (32 L.P.R.A. AP. II R. 45.) . 29

Regla 46. Alegación Sobre Intención de Defraudar. (32 L.P.R.A. AP. II R. 46.) 30

Regla 47. Alegación con Relación a Documentos. (32 L.P.R.A. AP. II R. 47.) 30

Regla 48. Alegación de Convicción Anterior. (32 L.P.R.A. AP. II R. 48.) . 30

Regla 49. Omisión de Negar Excepciones. (32 L.P.R.A. AP. II R. 49.) 30

Regla 50. Alegaciones en la Alternativa. (32 L.P.R.A. AP. II R. 50.) 31

Regla 51. Orden de Arresto Después de Presentada la Acusación. (32 L.P.R.A. AP. II R. 51.) 31

CAPITULO VI. ACTO DE LECTURA DE LA ACUSACION 32

Regla 52. Cuando se Leerá la Acusación. (32 L.P.R.A. AP. II R. 52.) 32

Regla 53. Necesidad del Acto de Lectura en Casos de Denuncias. (32 L.P.R.A. AP. II R. 53.) 32

Regla 54. Lectura de la Acusación en Casos de Coacusados. (32 L.P.R.A. AP. II R. 54.) 33

Regla 55. Comparecencia del Acusado. (32 L.P.R.A. AP. II R. 55.) 33

Regla 56. Sala en que se Efectuará la Lectura. (32 L.P.R.A. AP. II R. 56.) 33

Regla 57. Asistencia de Abogado. (32 L.P.R.A. AP. II R. 57.) 33

Regla 58. Advertencia sobre Nombre del Acusado y Juicio en Ausencia. (32 L.P.R.A. AP. II R. 58.) 34

Regla 59. Plazo para Alegar. (32 L.P.R.A. AP. II R. 59.) 34

Regla 60. Omisión de leer la Acusación; Irregularidad en el Acto de la Lectura. (32 L.P.R.A. AP. II R. 60.) 34

CAPITULO VII. MOCIONES ANTES DEL JUICIO Y ALEGACION 35

Regla 61. Cómo se Responderá a la Acusación. (32 L.P.R.A. AP. II R. 61.) 35

Regla 62. Defensas y Objeciones; Cómo se Promoverán. (32 L.P.R.A. AP. II R. 62.) 35

Regla 63. Defensas y Objeciones; Cuando se Promoverán; Renuncia. (32 L.P.R.A. AP. II R. 63.) 35

Regla 64. Fundamentos de la Moción para Desestimar. (32 L.P.R.A. AP. II R. 64.) 36

Regla 65. Mociones antes del Juicio; Su Forma, Contenido y Resolución. (32 L.P.R.A. AP. II R. 65.) 39

Regla 66. Mociones antes del Juicio; Procedimiento si el Defecto Alegado no Impidiere Tramites Ulteriores. (32 L.P.R.A. AP. II R. 66.) 39

Regla 67. Orden Desestimando el Proceso; Cuando Impide uno Nuevo. (32 L.P.R.A. AP. II R. 67.) 40

Regla 68. Alegaciones. (32 L.P.R.A. AP. II R. 68.) 40

Regla 69. Alegaciones; Presencia del Acusado; Negativa de Alegar. (32 L.P.R.A. AP. II R. 69.) 40

Regla 70. Alegación de Culpabilidad; Deber Del Tribunal. (32 L.P.R.A. AP. II R. 70.) 41

Regla 71. Alegación de Culpabilidad; Negativa del Tribunal a Admitirla; Permiso para Cambiarla. (32 L.P.R.A. AP. II R. 71.) 41

Regla 72. Alegaciones Preacordadas. (32 L.P.R.A. AP. II R. 72.) 41

Regla 73. Alegación de no Culpable; Sus Efectos. (32 L.P.R.A. AP. II R. 73.) 44

Regla 74. Alegación de no Culpable; Notificación Defensa de Incapacidad Mental o Coartada. (32 L.P.R.A. AP. II R. 74.) 44

Regla 75. Omisión de Alegar; Su Efecto. (32 L.P.R.A. AP. II R. 75.) 45

CAPITULO VIII. INHIBICION DEL JUEZ Y TRASLADO DEL CASO. 46

Regla 76. Inhibición; Fundamentos. (32 L.P.R.A. AP. II R. 76.) 46

Regla 77. Moción de Inhibición; Forma y Requisito. (32 L.P.R.A. AP. II R. 77.) 46

Regla 78. Moción de Inhibición; Cuando se Presentara. (32 L.P.R.A. AP. II R. 78.) 46

Regla 79. Moción de Inhibición; Deber del Juez. (32 L.P.R.A. AP. II R. 79.) 47

Regla 80. Inhibición a Instancia Propia. (32 L.P.R.A. AP. II R. 80.) 47

Regla 81. Traslado; Fundamentos. (32 L.P.R.A. AP. II R. 81.) 47

Regla 82. Moción de Traslado; Como y Cuando se Presentara. (32 L.P.R.A. AP. II R. 82.) 47

Regla 83. Moción de Traslado; Resolución. (32 L.P.R.A. AP. II R. 83.) 48

Regla 84. Traslado; Orden. (32 L.P.R.A. AP. II R. 84.) 48

Regla 85. Traslado; Acusado Bajo Custodia. (32 L.P.R.A. AP. II R. 85.) .. 48

Regla 86. Traslado; Comparecencia de Testigos. (32 L.P.R.A. AP. II R. 86.) 49

Regla 87. Traslado; Si son Varios Acusados. (32 L.P.R.A. AP. II R. 87.) .. 49

Regla 88. Traslado; Tramite en el Tribunal al Cual se Traslada. (32 L.P.R.A. AP. II R. 88.) 49

CAPITULO IX. PROCEDIMIENTOS PRELIMINARES DEL JUICIO. 49

Regla 89. Acumulación de Causas. (32 L.P.R.A. AP. II R. 89.) 49

Regla 90. Juicio por Separado; Fundamentos. (32 L.P.R.A. AP. II R. 90.). 50

Regla 91. Juicio por Separado; Admisiones por un Coacusado. (32 L.P.R.A. AP. II R. 91.) 50

Regla 92. Juicio por Separado; Delito de Conspiración. (32 L.P.R.A. AP. II R. 92.) 50

Regla 93. Acumulación o Separación; Como y Cuando se Presentara la Solicitud. (32 L.P.R.A. AP. II R. 93.) 51

Regla 94. Deposiciones. (32 L.P.R.A. AP. II R. 94.) 51

Regla 94.1. Deposiciones y Declaraciones Juradas a Personas que Padecen Alguna Condición que le Impida Comunicarse Efectivamente. (32 L.P.R.A. AP. II R. 94.1.) 53

Regla 95. Descubrimiento de Prueba del Ministerio Fiscal en Favor del Acusado. (32 L.P.R.A. AP. II R. 95.) 54

Regla 95.1. La Conferencia con Antelación al Juicio. (32 L.P.R.A. AP. II R. 95.1.) 56

Regla 95A. Descubrimiento de Prueba del Acusado en Favor del Ministerio Fiscal. (32 L.P.R.A. AP. II R. 95A.) 56

Regla 95B. Normas que Regirán el Descubrimiento de Prueba. (32 L.P.R.A. AP. II R. 95B.) 57

CAPITULO X. SELECCIÓN DE LA LISTA DEL JURADO 58

Reglas 96 a 108 Derogadas (32 L.P.R.A. AP. II R. 96 a 108.) 58

CAPITULO XI. JUICIO 58

Regla 109. Término para Prepararse para Juicio. (32 L.P.R.A. AP. II R. 109.) 58

Regla 110. Presunción de Inocencia y Duda Razonable. (32 L.P.R.A. AP. II R. 110.) 59

Regla 111. Derecho a Juicio por Jurado y su Renuncia. (32 L.P.R.A. AP. II R. 111.) 60

Regla 112. Jurado; Número que lo Compone; Veredicto. (32 L.P.R.A. AP. II R. 112.) 60

Regla 113. Recusación; General o Individual. (32 L.P.R.A. AP. II R. 113.) 60

Regla 114. Recusación General; Fundamentos. (32 L.P.R.A. AP. II R. 114.) 60

Regla 115. Recusación General; Cuando se Hará. (32 L.P.R.A. AP. II R. 115.) 61

Regla 116. Recusación General; Forma y Contenido. (32 L.P.R.A. AP. II R. 116.) 61

Regla 117. Recusación General; Resolución. (32 L.P.R.A. AP. II R. 117.) 61

Regla 118. Recusación Individual; Cuando se Hará. (32 L.P.R.A. AP. II R. 118.) 61

Regla 119. Jurados; Juramento Preliminar y Examen. (32 L.P.R.A. AP. II R. 119.) 62

Regla 120. Recusaciones Individuales; Orden. (32 L.P.R.A. AP. II R. 120.) 62

Regla 121. Recusación Motivada; Fundamentos. (32 L.P.R.A. AP. II R. 121.) 62

Regla 122. Recusación Motivada; Exención del Servicio. (32 L.P.R.A. AP. II R. 122.) 63

Regla 123. Recusaciones Perentorias; Número. (32 L.P.R.A. AP. II R. 123,) 63

Regla 124. Recusaciones Perentorias; Varios Acusados. (32 L.P.R.A. AP. II R. 124.) 63

Regla 125. Jurados; Juramento Definitivo. (32 L.P.R.A. AP. II R. 125.).... 64

Regla 126. Jurados Suplentes; Requisitos; Recusación; Juramento. (32 L.P.R.A. AP. II R. 126.) 64

Regla 127. Jurados Suplentes; Cuando Actuarán. (32 L.P.R.A. AP. II R. 127.) 64

Regla 128. Juicio; Orden de la Prueba. (32 L.P.R.A. AP. II R. 128.) 65

Regla 129. Testigos; Exclusión y Separación. (32 L.P.R.A. AP. II R. 129.) 65

Regla 130. Reclusos; Comparecencia. (32 L.P.R.A. AP. II R. 130.) 65

Regla 131. Testigos; Evidencia; Juicio Público; Exclusión del Publico. (32 L.P.R.A. AP. II R. 131.) 65

Regla 131.1.-[Testimonio de Victima o Testigo Menores de Edad o Que Padezcan Incapacidad o Impedimento Mental o ...] (32 L.P.R.A. AP. II R. 131.1.) 66

Regla 131.2. Grabación de Deposición en Cinta Video Magnetofónica. (32 L.P.R.A. AP. II R. 131.2.) 69

Regla 131.3. Testigos Menores de Edad; Asistencia Durante el Testimonio. (32 L.P.R.A. AP. II R. 131.3.) 71

Regla 132. Suspensión de Sesión; Advertencia al Jurado. (32 L.P.R.A. AP. II R. 132.) 72

Regla 133. Jurados; Conocimiento Personal de Hechos. (32 L.P.R.A. AP. II R. 133.) 72

Regla 134. Jurado; Inspección Ocular. (32 L.P.R.A. AP. II R. 134.) 73

Regla 135. Absolución Perentoria. (32 L.P.R.A. AP. II R. 135.) 73

Regla 136. Juicio; Informes al Jurado. (32 L.P.R.A. AP. II R. 136.) 74

Regla 137. Juicio; Instrucciones. (32 L.P.R.A. AP. II R. 137.) 74

Regla 138. Jurado; Custodia. (32 L.P.R.A. AP. II R. 138.) 74

Regla 139. Jurado; Deliberación; Juramento Del Alguacil. (32 L.P.R.A. AP. II R. 139.) 75

Regla 140. Jurado; Deliberación; Uso de Evidencia. (32 L.P.R.A. AP. II R. 140.) 75

Regla 141. Jurado; Deliberación; Regreso a Sala a su Solicitud. (32 L.P.R.A. AP. II R. 141.) 75

Regla 142. Jurado; Deliberación; Regreso a Sala a Instancias del Tribunal. (32 L.P.R.A. AP. II R. 142.) 76

Regla 143. Jurado; Deliberación; Tribunal Constituido. (32 L.P.R.A. AP. II R. 143.) 76

Regla 144. Jurado; Disolución. (32 L.P.R.A. AP. II R. 144.) 76

Regla 145. Jurado; Veredicto; Su Rendición. (32 L.P.R.A. AP. II R. 145.) 77

Regla 146. Jurado; Veredicto; Forma. (32 L.P.R.A. AP. II R. 146.) 77

Regla 147. Jurado; Veredicto; Convicción por un Delito Inferior. (32 L.P.R.A. AP. II R. 147.) 77

Regla 148. Jurado; Veredicto; Reconsideración ante una Errónea Aplicación de la Ley. (32 L.P.R.A. AP. II R. 148.) 78

Regla 149. Jurado; Reconsideración de Veredicto Defectuoso. (32 L.P.R.A. AP. II R. 149.) 78

Regla 150. Jurado; Veredicto Parcial. (32 L.P.R.A. AP. II R. 150.) 78

Regla 151. Jurado; Comprobación del Veredicto Rendido. (32 L.P.R.A. AP. II R. 151.) 79

Regla 151.1. Juicio; Confesión del Acusado. (32 L.P.R.A. AP. II R. 151.1.) 79

Regla 152. Juicio; Conspiración; Actos Manifiestos. (32 L.P.R.A. AP. II R. 152.) 79

Regla 153. Juicio; Proceso por Bigamia; Prueba de los Matrimonios. (32 L.P.R.A. AP. II R. 153.) 79

Regla 154. Juicio; Prueba de Corroboración. (32 L.P.R.A. AP. II R. 154.) 80

Regla 154.1. Juicio; Prueba de Conducta Previa. (32 L.P.R.A. AP. II R. 154.1.) 80

Regla 155. Juicio; Corroboración en Casos de Fraude. (32 L.P.R.A. AP. II R. 155.) 81

REGLA 156. Juicio; Testimonio del Coautor y Cooperador. (32 L.P.R.A. AP. II R. 156.) 81

Regla 157. Juicio; Asesinato; Peso de la Prueba. (32 L.P.R.A. AP. II R. 157.) 82

Regla 158. Juicio; Loterías; Prueba Necesaria. (32 L.P.R.A. AP. II R. 158.) 82

Regla 159. Procedimiento ante el Tribunal de Distrito. (32 L.P.R.A. AP. II R. 159.) 82

CAPITULO XII. FALTO Y LA SENTENCIA. 83

Regla 160. Fallo; Definición; Cuando deberá Pronunciarse. (32 L.P.R.A. AP. II R. 160.) 83

Regla 161. Fallo; Especificación del Grado del Delito. (32 L.P.R.A. AP. II R. 161.) 83

Regla 162. Sentencia; Definición; Cuando deberá Dictarse. (32 L.P.R.A. AP. II R. 162) 83

Regla 162.1. Informe Presentencia. (32 L.P.R.A. AP. II R. 162.1.) 84

Regla 162.2. Formulario Corto de Información; Normas y Procedimientos. (32 L.P.R.A. AP. II R. 162.2.) 86

Regla 162.3. Notificación; Objeciones. (32 L.P.R.A. AP. II R. 162.3.) 87

Regla 162.4. Sentencia; Prueba sobre Circunstancias Atenuantes o Agravantes. (32 L.P.R.A. AP. II R. 162.4.) 87

Regla 162.5. Informes Presentencia; Circunstancias Atenuantes o Agravantes; Consolidación de Vistas. (32 L.P.R.A. AP. II R. 162.5.).. 88

Regla 163. Fallo y Sentencia; Sitio y Forma de Dictarlos. (32 L.P.R.A. AP. II R. 163.) 88

Regla 164. Fallo Absolutorio; Consecuencias. (32 L.P.R.A. AP. II R. 164.) 88

Regla 165. Fallo y Sentencia; Comparecencia del Acusado. (32 L.P.R.A. AP. II R. 165.) 89

Regla 166. Sentencia; Advertencias antes de Dictarse. (32 L.P.R.A. AP. II R. 166.) 89

Regla 167. Sentencia; Omisión de Advertencia. (32 L.P.R.A. AP. II R. 167.) 89

Regla 168. Sentencia; Causas por las Cuales no Deberá Dictarse. (32 L.P.R.A. AP. II R. 168.) 90

Regla 169. Sentencia; Incapacidad Mental Como Causa por la Cual no Deberá Dictarse. (32 L.P.R.A. AP. II R. 169.) 90

Regla 170. Sentencia; Prueba Sobre Causas Para Que No Se Dicte. (32 L.P.R.A. AP. II R. 170.) 90

Regla 171. Sentencia; Prueba Sobre Circunstancias Atenuantes o Agravantes. (32 L.P.R.A. AP. II R. 171.) 91

Regla 172. Sentencia; Prisión Subsidiaria. (32 L.P.R.A. AP. II R. 172.) 91

Regla 173. Sentencia; Multa; Gravamen. (32 L.P.R.A. AP. II R. 173.) 92

Regla 174. Sentencia; Trabajos Forzados. (32 L.P.R.A. AP. II R. 174.) 92

Regla 175. Sentencia; Requisitos para su Ejecución. (32 L.P.R.A. AP. II R. 175.) 92

Regla 176. Sentencia; Multa; Pago de Daños; Como Ejecutarla. (32 L.P.R.A. AP. II R. 176.) 92

Regla 177. Sentencia a Prisión; Cumplimiento. (32 L.P.R.A. AP. II R. 177.) 93

Regla 178. Clases de Sentencias. (32 L.P.R.A. AP. II R. 178.) 93

Regla 179. Sentencias Consecutivas o Concurrentes. (32 L.P.R.A. AP. II R. 179.) 93

Regla 180. Términos Que No Podrán Cumplirse Concurrentemente. (32 L.P.R.A. AP. II R. 180.) 94

Regla 181. Informe Sobre Confinado Citado Para Juicio. (32 L.P.R.A. AP. II R. 181.) 94

Regla 182. Término que el Acusado ha Permanecido Privado de Libertad. (32 L.P.R.A. AP. II R. 182.) 95

Regla 183. Término de Reclusión en Espera del Resultado de Apelación Contra la Sentencia. (32 L.P.R.A. AP. II R. 183.) 95

Regla 184. Sentencia Posteriormente Anulada o Revocada. (32 L.P.R.A. AP. II R. 184.) 95

Regla 185. Corrección o Modificación de la Sentencia. (32 L.P.R.A. AP. II R. 185.) 95

Regla 186. Inhabilidad del Juez. (32 L.P.R.A. AP. II R. 186.) 97

CAPITULO XIII. NUEVO JUICIO, CONCESION. 98

Regla 187. Nuevo Juicio; Concesión. (32 L.P.R.A. AP. II R. 187.) 98

Regla 188. Nuevo Juicio; Fundamentos. (32 L.P.R.A. AP. II R. 188.) 98

Regla 189. Nuevo Juicio; Cuando se Presentara la Moción. (32 L.P.R.A. AP. II R. 189.) 99

Regla 190. Nuevo Juicio; Moción; Requisitos; Notificación. (32 L.P.R.A. AP. II R. 190.) 99

Regla 191. Nuevo Juicio; Efectos. (32 L.P.R.A. AP. II R. 191.) 100

Regla 199.1. Preservación de Récord Visual Cuando la Persona Procesada Padece alguna Condición que le Impida Comunicarse Efectivamente. (32 L.P.R.A. AP. II R. 199.1.) 100

Regla 192. Nuevo Juicio; Conocimiento de Nuevos Hechos. (32 L.P.R.A. AP. II R. 192.) 100

Regla 192.1. Procedimiento Posterior a Sentencia; Ante el Tribunal de Primera Instancia y el Tribunal de Distrito. (32 L.P.R.A. AP. II R. 192.1.) 101

CAPITULO XIV. APELACIONES **102**

Regla 193. Apelación al Tribunal de Apelaciones. (32 L.P.R.A. AP. II R. 193.) 102

Regla 194. Procedimiento para Formalizar el Recurso. (32 L.P.R.A. AP. II R. 194.) 103

pRegla 195. Procedimiento Para Formalizar la Apelación de Reclusos. (32 L.P.R.A. AP. II R. 195.) 104

Regla 196. Contenido del Escrito de Apelación. (32 L.P.R.A. AP. II R. 196.) 104

Regla 197. Suspensión de los Efectos de Sentencia Condenatoria; Orden de Libertad a Prueba. (32 L.P.R.A. AP. II R. 197.) 105

Regla 198. Fianza en Apelación. (32 L.P.R.A. AP. II R. 198.) 105

Regla 199. Expediente de Apelación; Documentos Originales. (32 L.P.R.A. AP. II R. 199.) 106

Regla 200. Prueba Oral; Designación. (32 L.P.R.A. AP. II R. 200.) 106

Regla 201. Prueba Oral; Transcripción. (32 L.P.R.A. AP. II R. 201.) 108

Regla 202. [Derogada.] 110

Regla 203. Expediente de Apelación; Remisión. (32 L.P.R.A. AP. II R. 203.) 110

Regla 204. Moción Preliminar en el Tribunal de Circuito de Apelaciones; Documentos. (32 L.P.R.A. AP. II R. 204.) 110

Regla 205. Escritos y Documentos Originales; Preparación. (32 L.P.R.A. AP. II R. 205.) 111

Regla 206. Expediente de Apelación; Corrección. (32 L.P.R.A. AP. II R. 206.) 111

Regla 207. Expediente de Apelación; Varias Apelaciones. (32 L.P.R.A. AP. II R. 207.) 111

Reglas 208 y 209. [Derogadas.] 111

Regla 210. Expediente de Apelación; Archivo; Prorrogas. (32 L.P.R.A. AP. II R. 210.) 112

Regla 211. Facultades de los Tribunales de Apelación. (32 L.P.R.A. AP. II R. 211.) 112

Regla 212. Desestimación de Apelación o Certiorari. (32 L.P.R.A. AP. II R. 212.) 112

Regla 213. Disposición del Caso en Apelación. (32 L.P.R.A. AP. II R. 213.) 113

Regla 214. Remisión del Mandato y Devolución del Expediente de Apelación. (32 L.P.R.A. AP. II R. 214.) 113

Regla 215. Auto de Certificación. (32 L.P.R.A. AP. II R. 215.) 113

Regla 216. Reconsideración. (32 L.P.R.A. AP. II R. 216.) 114

Regla 217. Revisión de Sentencia Dictada en Apelación; Término. (32 L.P.R.A. AP. II R. 217.) 114

CAPITULO XV. DISPOSICIONES GENERALES 114

Regla 218. Fianza y Condiciones, Cuando se Requieran; Criterios de Fijación; Revisión de Cuantía, o Condiciones; En General. (32 L.P.R.A. AP. II R. 218.) 114

Regla 219. Fianza; Condiciones; Requisitos. (32 L.P.R.A. AP. II R. 219.) 121

Regla 220. Fianza; Requisitos de los Fiadores. (32 L.P.R.A. AP. II R. 220.) 122

Regla 221. Fianza; Fiadores; Comprobación de Requisitos. (32 L.P.R.A. AP. II R. 221.) 122

Regla 222. Fianza; Depósito en Lugar de Fianza. (32 L.P.R.A. AP. II R. 222.) 123

Regla 223. Fianza; Sustitución de Deposito por Fianza y Viceversa. (32 L.P.R.A. AP. II R. 223.) 123

Regla 224. Fianza; Fiadores; Exoneración Mediante Entrega Del Acusado. (32 L.P.R.A. AP. II R. 224.) 124

Regla 225. Fianza; Fiadores; Exoneración Mediante Entrega; Arresto del Acusado. (32 L.P.R.A. AP. II R. 225.) 124

Regla 226. Fianza; Cobro de Costas o Multa. (32 L.P.R.A. AP. II R. 226.) 124

Regla 227. Fianza; Procedimiento para su Confiscación; Incumplimiento de Condiciones; Detención. (32 L.P.R.A. AP. II R. 227.) 125

Regla 228. Condiciones; Fianza; Arresto del Acusado. (32 L.P.R.A. AP. II R. 228.) 126

Regla 229. Orden de Allanamiento o Registro y Agente de Rentas Internas; Definiciones. (32 L.P.R.A. AP. II R. 229.) 128

Regla 230. Orden de Allanamiento; Fundamentos para su Expedición. (32 L.P.R.A. AP. II R. 230.) 128

Regla 231. Orden de Allanamiento; Requisitos para Librarla; Forma y Contenido. (32 L.P.R.A. AP. II R. 231.) 129

Regla 232. Orden de Allanamiento; Diligenciamiento. (32 L.P.R.A. AP. II R. 232.) 129

Regla 233. Orden de Allanamiento; Remisión de Orden Diligenciada. (32 L.P.R.A. AP. II R. 233.) 130

Regla 234. Allanamiento; Moción de Supresión de Evidencia. (32 L.P.R.A. AP. II R. 234.) 130

Regla 235. Testigos; Quién Podrá Expedir Citación. (32 L.P.R.A. AP. II R. 235.) 131

Regla 236. Testigos; Diligenciamiento de Citación. (32 L.P.R.A. AP. II R. 236.) 132

Regla 237. Testigos; Adelanto de Gastos. (32 L.P.R.A. AP. II R. 237.) ... 132

Regla 238. Testigos; Arresto y Fianza para Garantizar Comparecencia. (32 L.P.R.A. AP. II R. 238.) 132

Regla 239. Capacidad Mental del Acusado antes de la Sentencia. (32 L.P.R.A. AP. II R. 239.) 133

Regla 240. Capacidad Mental del Acusado; Procedimiento para Determinarla. (32 L.P.R.A. AP. II R. 240.) 133

Regla 241. Procedimiento para Imposición de la Medida de Seguridad. (32 L.P.R.A. AP. II R. 241.) 135

Regla 242. Desacato. (32 L.P.R.A. AP. II R. 242.) 137

Regla 243. Presencia del Acusado. (32 L.P.R.A. AP. II R. 243.) 138

Regla 244. Notificaciones. (32 L.P.R.A. AP. II R. 244.) 138

Regla 245. Notificación de Órdenes. (32 L.P.R.A. AP. II R. 245.) 139

Regla 246. Transacción de Delitos. (32 L.P.R.A. AP. II R. 246.) 139

Regla 247. Sobreseimiento. (32 L.P.R.A. AP. II R. 247.) 139

Regla 247.1. Sobreseimiento y Exoneración de Acusaciones. (32 L.P.R.A. AP. II R. 247.1.) 140

Regla 247.2 – Desvío Terapéutico. (32 L.P.R.A. AP. II R. 247.2.) 141

Regla 248. Excepciones Abolidas. (32 L.P.R.A. AP. II R. 248.) 144

Regla 249. Términos; Cómo se Computarán. (32 L.P.R.A. AP. II R. 249.) 144

Regla 250. Tribunales Siempre Accesibles. (32 L.P.R.A. AP. II R. 250.) 144

Regla 251. Disposición de Propiedad Robada o Ilegalmente Apropiada. (32 L.P.R.A. AP. II R. 251.) 144

Regla 252. Reglas para la Identificación Anterior al Juicio. (32 L.P.R.A. AP. II R. 252.) 145

Regla 252.1. Reglas a Seguirse al Efectuarse una Rueda de Detenidos. (32 L.P.R.A. AP. II R. 252.1.) 145

Regla 252.2. Utilización de Fotografías como Procedimiento de Identificación. (32 L.P.R.A. AP. II R. 252.2.) 147

Regla 253. Expedientes; Libros; Actas; Registros. (32 L.P.R.A. AP. II R. 253.) 148

Regla 254. Presentación, Tramitación y Notificación por Medios Electrónicos; Firma y Expediente Electrónico. (32 L.P.R.A. AP. II R. 254.) 148

Regla 255. Derogación de Leyes Incompatibles. (32 L.P.R.A. AP. II R. 255.) 149

Reglas de Procedimiento Para Asuntos de Menores. 150

Regla 1.1. Título. (34 L.P.R.A. Ap. I-A Regla 1.1 et. seq.) 150

Regla 1.2. Aplicación e interpretación 150

Regla 2.1. Aprehensión; definición; cómo y por quién se hará. 150

Regla 2.2. Obtención de la orden de aprehensión; quién puede dictarla. .. 150

Regla 2.3. Requisitos de la orden de aprehensión. 151

Regla 2.4. Aprehensión sin una orden judicial previa. 151

Regla 2.5. Aprehensión; información al realizarla. 152

Regla 2.6. Deber de informar sobre los padres o encargados. 152

Regla 2.7. Advertencias al menor y a sus padres. 152

Regla 2.8. Citación; forma y requisitos. 152

Regla 2.9. Procedimiento ante el juez luego de la aprehensión. 153

Regla 2.10. Vista de determinación de causa probable para radicar la querella. 155

Regla 2.11. Determinación sobre la existencia de causa probable o no. ... 155

Regla 2.12. Efectos de la determinación de no causa probable. 156

Regla 2.13. Libertad provisional del menor; citación. 156

Regla 2.14. Determinación de causa probable en ausencia. 157

Regla 2.15. Orden de detención; forma y requisitos. 157

Regla 2.16. Revisión de la orden de detención. 157

Regla 2.17. Procedimiento en casos de menores referidos del procedimiento criminal ordinario. 158

Regla 2.18.- Procesamiento de menor con alguna condición que le impida comunicarse efectivamente. 159

Regla 2.19. - Derecho del menor con alguna condición que le impida comunicarse efectivamente a comunicarse efectivamente con su abogado. 159

Regla 2.20. Prohibición de uso de restricciones mecánicas; excepciones. 160

Regla 3.1. La querella; contenido. 160

Regla 3.2. Alegaciones de la querella; interpretación; suficiencia. 161

Regla 3.3. Acumulación de faltas. 162

Regla 3.4. Efecto de no alegar la fecha. 162

Regla 4.1. Solicitud; discrecional. 162

Regla 4.2. Término; contenido. 162

Regla 4.3. Renuncia de jurisdicción; señalamiento de vista y notificación. 163

Regla 4.4. Procedimiento en la vista. 163

Regla 4.5. Resolución y traslado. 163

Regla 4.6. Renuncia de jurisdicción en ausencia. 164

Regla 5.1. Cuando se efectuará. 164

Regla 5.2. Referimientos; Consentimiento. 165

Regla 5.3. Referimientos; cumplimiento de condiciones. 166

Regla 6.1. Mociones. 167

Regla 6.2. Mociones antes de la vista adjudicativa. 167

Regla 6.3. Mociones antes de la vista adjudicativa - Procedimiento si el defecto alegado no impide trámites ulteriores. 168

Regla 6.4. Moción para solicitar descubrimiento de prueba. 168

Regla 6.5. Moción para interponer las defensas de incapacidad mental o coartada; notificación. 169

Regla 6.6. Moción para solicitar el uso de mecanismos de identificación. 170

Regla 6.7. Normas al efectuarse una rueda de detenidos. 170
Regla 6.8. Moción para solicitar suspensión. 172
Regla 6.9. Moción de supresión de evidencia. 172
Regla 6.10. Moción de inhibición. 173
Regla 6.11. Conferencia con antelación a la vista adjudicativa. 173
Regla 7.1. Vista; términos para su celebración; derechos del menor. 174
Regla 7.2. Lectura de la querella; advertencia al menor; vista en ausencia del menor. 174
Regla 7.3. Alegaciones. 174
Regla 7.3-A Alegaciones Pre-Acordadas 175
Regla 7.4. Alegación que admita los hechos; negativa del tribunal a admitirlos; permiso para cambiarlos. 175
Regla 7.5. Alegación que admita los hechos; deber del tribunal. 175
Regla 7.6. Orden de la prueba. 176
Regla 7.7. Absolución perentoria. 176
Regla 7.8. Adjudicación del caso. 176
Regla 7.9. Moción de nueva vista adjudicativa. 177
Regla 8.1. Disposición del caso; término. 177
Regla 8.2. Procedimiento en la vista dispositiva. 177
Regla 8.3. Informe para la disposición del caso. 178
Regla 8.4. Medida dispositiva. 178
Regla 8.5. Duración de la medida dispositiva. 178
Regla 8.6. Términos concurrentes o consecutivos. 179
Regla 8.7. Disposición y adjudicación mediante resolución. 179
Regla 8.8. Informes sobre el progreso del menor en libertad condicional. . 179
Regla 8.9. Informes sobre el progreso del menor bajo custodia. 180
Regla 8.10. Informe a ser suministrado a organismos públicos o privados. 180
Regla 8.11. Revisión periódica de la medida dispositiva. 180
Regla 8.12. Modificación de la medida dispositiva. 180
Regla 8.13. Revocación de la medida dispositiva. 181
Regla 8.14. En general. 183
Regla 8.15. Pago de multas. 183

Regla 8.16. Falta de pago de multa. 183

Regla 8.17. Faltas administrativas. 184

Regla 8.18. Recurso de revisión. 184

Regla 9.1. Recursos ante el Tribunal Supremo. 184

Regla 10.1. Expediente judicial. 187

Regla 10.2. Confidencialidad del expediente judicial. 188

Regla 10.3. Información sobre los expedientes. 188

Regla 10.4. Confidencialidad de los expedientes del Procurador y de la Policía. 188

Regla 10.5. Traslado de expedientes; de una sala a otra. 188

Regla 10.6. Disposición final del expediente. 189

Regla 11.1. Transcripción taquigráfica o grabación. 189

Regla 11.2. Registro de querellas. 190

Regla 11.3. Minutas. 190

Regla 12.1. Citaciones; personas que pueden expedirlas. 191

Regla 12.2. Citaciones. 191

Regla 12.3. Citaciones; diligenciamiento. 191

Regla 12.4. Citación; forma de diligenciarla y prueba del diligenciamiento. 191

Regla 12.5. Otras formas de citaciones; por correo y teléfono. 191

Regla 12.6. Incomparecencia; efectos. 192

Regla 12.7. Notificación de resoluciones y órdenes. 192

Regla 13.1. Orden de allanamiento, requisitos para librarla; forma y contenido. 192

Regla 13.2. Orden de allanamiento; diligenciamiento. 193

Regla 13.3. Orden de allanamiento; revisión de orden diligenciada. 193

Regla 13.4. Prescripción. 193

Regla 13.5. Términos; cómo se computarán. 194

Regla 13.6. Derecho a asistencia legal. 194

Regla 13.7. Notificación al menor. 194

Regla 13.8. Renuncia de derechos constitucionales. 194

Regla 13.9. Acceso al público; entrevistas con el trabajador social u otros peritos. 194

Regla 13.10. Jueces.. 195

Regla 13.11. Desacato. 195

Regla 13.12. De los procedimientos no previstos en estas reglas.............. 195

Regla 13.13. Vigencia... 195

Ley de Menores de Puerto Rico 196

Art. 1. Título, naturaleza y aplicación. (34 L.P.R.A. sec. 2201)............... 196

Art. 2. Interpretación. (34 L.P.R.A. sec. 2202)... 196

Art. 3. Definiciones. (34 L.P.RA. sec. 2203).. 196

Art. 4. Jurisdicción del Tribunal. (34 L.P.R.A. sec. 2204) 198

Art. 4-A. Agotamiento de Remedios Administrativos. (34 L.P.R.A. sec. 2204-A) 200

Art. 5. Duración de la autoridad del Tribunal. (34 L.P.R.A. sec. 2205).... 200

Art. 6. Derecho a representación legal. (34 L.P.R.A. sec. 2206).............. 201

Art. 7. Registros y allanamientos. (34 L.P.R.A. sec. 2207)...................... 201

Art. 8. Excepción a juicio público; jurado. (34 L.P.R.A. sec. 2208) 202

Art. 9. Evidencia anterior. (34 L.P.R.A. sec. 2209).................................. 202

Art. 10. Fianza. (34 L.P.R.A. sec. 2210) 202

Art. 11. Renuncia de derechos. (34 L.P.R.A. sec. 2211) 202

Art. 12. Procurador para Asuntos de Menores. (34 L.P.R.A. sec. 2212)... 203

Art. 13. Especialista en Relaciones de Familia. (34 L.P.R.A. 2213) 204

Art. 14. Técnico de Relaciones de Familia. (34 L.P.R.A. sec.2214) 205

Art. 15. Renuncia de jurisdicción. (34 L.P.R.A. sec. 2215) 205

Art. 16. –Renuncia de Jurisdicción en Ausencia. (34 L.P.R.A. sec. 2216) 206

Art. 17. Traslado del caso al tribunal de adultos. (34 L.P.R.A. sec. 2217) 207

Art. 18. Determinación de causa probable. (34 L.P.R.A. sec. 2218) 207

Art. 19. Libertad provisional del menor; promesa de comparecencia. (31 L.P.RA. sec. 2219) 207

Art. 20. Detención del menor. (34 L.P.R.A. sec. 2220)............................ 207

Art. 20–A.- Prohibición de uso indiscriminado de restricciones mecánicas. (34 L.P.R.A. sec. 2220-A) 208

Art. 21. Referidos. (34 L.P.R.A. sec. 2221).. 208

Art. 22. Vista adjudicativa. (34 L.P.R.A. sec. 2222) 209

Art. 23. Vista dispositiva. (34 L.P.R.A. sec. 2223) 210

Art. 24. Imposición de medidas dispositivas al menor incurso en falta. (34 L.P.R.A. sec. 2224) 210

Art. 25. Criterios al imponer medidas dispositivas. (34 L.P.R.A. sec. 2225) 212

Art. 26. Infracción a la Ley de Vehículos y Tránsito. (34 L.P.R.A. sec. 2226) 212

Art. 27. Medidas dispositivas y su duración. (34 L.P.R.A. sec. 2227) 212

Art. 28. Cuándo termina la medida dispositiva. (34 L.P.R.A. sec. 2228).. 213

Art. 29. Extensión del término máximo. (34 L.P.R.A. sec. 2229) 213

Art. 30. Resumen del Tribunal; informes del organismo o agencia para la evaluación periódica. (34 L.P.R.A. sec. 2230) 214

Art. 31. Revisión periódica de la medida dispositiva. (34 L.P.R.A. sec. 2231) 214

Art. 32. Autorización del Tribunal para acción de agencia u organismo. (34 L.P.R.A. sec. 2232) 214

Art. 33. Resoluciones. (34 L.P.R.A. sec. 2233) 215

Art. 34. Modificación de resolución. (34 L.P.R.A. sec. 2234) 215

Art. 35. Ubicación en los centros de tratamiento y detención y tratamiento social. (34 L.P.R.A. sec. 2235) 216

Art. 36. Apelación. (34 L.P.R.A. sec. 2236) 217

Art. 37. Disposiciones generales. (34 L.P.R.A. sec. 2237) 217

Art. 38. Reglas sobre procedimientos. (31 L.P.RA. sec. 2238) 219

Reglas de Procedimiento Criminal de Puerto Rico, según enmendada.

CITESE: TITULO 34 L.P.R.A. AP II, R. 1 et seq.

En General

Adoptadas por el Tribunal Supremo en 21 de enero de 1960.
Desaprobadas por la Asamblea Legislativa por la Ley de junio de 1960, Núm. 76.
Adoptadas Nuevamente por el Tribunal Supremo en 27 de diciembre de 1960.
Desaprobadas por la Asamblea Legislativa por la Ley de junio de 1961, Núm. 127.
Adoptadas Nuevamente en 7 de febrero de 1962.
Desaprobadas por la Ley de 21 de junio de 1962, Núm. 86.
Adoptadas Nuevamente en 5 de febrero de 1963, y sometidas a la Asamblea Legislativa al comienzo de la Tercera Sesión Ordinaria (1963).
Enmendadas por la Ley Núm. 87 aprobada en 26 de junio de 1963.
En vigor 60 días después de la terminación de la sesión (30 de julio de 1963) a tenor con el art. V, sec. 6 de la Constitución.
La Tercera Sesión Ordinaria se extendió hasta el 31 de mayo de 1963 a tenor con la Resolución Conjunta Núm. 23, aprobada en 25 de abril de 1963.

CAPITULO I. TITULO, VIGENCIA E INTERPRETACION.

Regla 1. Titulo e Interpretación. (32 L.P.R.A. AP. II R. 1 et seq.)

Estas reglas serán conocidas y citadas como "Reglas de Procedimiento Criminal". Se interpretarán de modo que aseguren la tramitación justa de todo procedimiento y eviten dilaciones y gastos injustificados.

(Reglas de Procedimiento Criminal, 1963, Regla 1, efectiva 60 días después del 30 de julio de 1963)

Regla 2. Aplicación y Vigencia. (32 L.P.R.A. AP. II R. 2.)

Estas reglas regirán el procedimiento en el Tribunal General de Justicia del Estado Libre Asociado de Puerto Rico en todos los procesos de naturaleza penal iniciados en o con posterioridad a la fecha en que entraren en vigor, y en todos los procesos entonces pendientes siempre que su aplicación fuere practicable y no perjudicare los derechos sustanciales del acusado.

(Reglas de Procedimiento Criminal, 1963, Regla 2, efectiva 60 días después del 30 de julio de 1963)

CAPITULO II. PROCEDIMIENTO PRELIMINARES

Regla 3. Magistrados. (32 L.P.R.A. AP. II R. 3.)

Un magistrado es un funcionario con autoridad para dictar una orden de arresto contra una persona a quien se le imputa un delito. Son magistrados los jueces del Tribunal Supremo, los jueces del Tribunal de Primera Instancia, los jueces del Tribunal de Distrito y los jueces de paz.

(Reglas de Procedimiento Criminal, 1963, Regla 3, efectiva 60 días después del 30 de julio de 1963)

Regla 4. Arresto; Definición; Como se hará y por Quien; Visita de Abogado. (32 L.P.R.A. AP. II R. 4.)

Un arresto es el acto de poner a una persona bajo custodia en los casos y del modo que la ley autoriza. Podrá hacerse por un funcionario del orden público o por una persona particular. El arresto se hará por medio de la restricción efectiva de la libertad de la persona o sometiendo a dicha persona a la custodia de un funcionario. El arrestado no habrá de estar sujeto a más restricciones que las necesarias para su arresto y detención, y tendrá derecho a que su abogado o su familiar más cercano lo visite y se comunique con él.

(Reglas de Procedimiento Criminal, 1963, Regla 4, efectiva 60 días después del 30 de julio de 1963)

Regla 4.1. Procesamiento de Persona que padece alguna Condición que le impide Comunicarse Efectivamente. (32 L.P.R.A. AP. II R. 4.1.)

Cuando se inicie un procedimiento criminal contra una persona que padezca de sordera profunda, severa, moderada o leve, o que refleje cualquier otra situación de hipoacusia o condición que le impida comunicarse efectivamente, los funcionarios del orden público, según requiere la Ley 136-1996, y/o el tribunal, conforme a las disposiciones del "Americans with Disabilities Act" (Ley Pública 101-336, según enmendada), deberán garantizar que se le asigne un intérprete de lenguaje de señas y/o labio lectura, o que se le provea algún otro acomodo razonable que garantice la efectividad de la comunicación, así como los derechos de la persona denunciada, arrestada, imputada y/o acusada a comprender el proceso, a comunicarse efectivamente con su abogado y a colaborar con su propia defensa. Esta garantía se observará en todas las etapas del proceso criminal.

El tribunal tomará providencias para asegurar la comparecencia del intérprete, o la adopción de los acomodos razonables necesarios, tan pronto como advengan en conocimiento de dicha necesidad, o a solicitud de parte. Si fuese necesario suspender la celebración de una vista, el tribunal hará los arreglos pertinentes para que ésta se celebre con la mayor prontitud, sin que se vea afectado el derecho a juicio rápido de la persona sorda o que padece alguna condición que le impida comunicarse efectivamente o las garantías derivadas del Debido Proceso de Ley. Si la necesidad del intérprete o el acomodo razonable correspondiente estuviere en controversia, se presumirá que la parte sorda o que padece una condición que le impida comunicarse efectivamente, necesita un intérprete o el correspondiente acomodo razonable.

(Reglas de Procedimiento Criminal, 1963, efectiva 60 días después del 30 de julio de 1963; Agosto 5, 2018, Núm. 174, art. 9, añade esta nueva regla 4.1, efectiva 180 días después de su aprobación.)

Regla 4.2. Derecho de la Persona que padece Alguna Condición que le Impida Comunicarse Efectivamente a Comunicarse Efectivamente con su Abogado. (32 L.P.R.A. AP. II R. 4.2.)

El derecho de la persona sorda o que padece una condición que le impida comunicarse efectivamente a comunicarse con su abogado y a colaborar con su propia defensa se garantizará en todas las etapas del proceso criminal. Con el propósito de lograr este objetivo, el tribunal tomará medidas para que a la persona sorda o que padece una condición que le impida comunicarse efectivamente, a petición de la defensa, se le retiren las esposas y/o cualquier otro aparato que restrinja su capacidad de comunicarse mediante lenguaje de señas. El tribunal tomará aquellas medidas ulteriores que estime necesarias para garantizar la seguridad de los guardias penales, alguaciles, funcionarios del tribunal o cualquier público presente, sin lesionar otros derechos constitucionales y estatutarios ostentados por la persona sorda, o que padece una condición que le impida comunicarse efectivamente, denunciada, arrestada, imputada y/o acusada.

(Reglas de Procedimiento Criminal, 1963, efectiva 60 días después del 30 de julio de 1963; Agosto 5, 2018, Núm. 174, art. 9, añade esta nueva regla 4.2, efectiva 180 días después de su aprobación.)

Regla 5. La Denuncia. (32 L.P.R.A. AP. II R. 5.)

La denuncia es un escrito firmado y jurado que imputa la comisión de un delito a una o a varias personas. Cualquier persona que tuviere conocimiento personal de los hechos que constituyen el delito imputado en la denuncia tendrá capacidad para ser el denunciante. Los fiscales y los miembros de la Policía Estatal en todos los casos y otros funcionarios y empleados públicos en los casos relacionados con el desempeño de sus deberes y funciones podrán, sin embargo, firmar y jurar denuncias cuando los hechos constitutivos del delito les consten por información y creencia.

(Reglas de Procedimiento Criminal, 1963; Regla 5, Junio 19, 1987, Núm. 29, p. 98, art. 1, ef. 60 días después de Junio 19, 1987.)

Regla 6. Orden de Arresto a Base de una Denuncia. (32 L.P.R.A. AP. II R. 6.)

(a) Expedición de la orden. Si de una denuncia jurada o de la declaración o declaraciones juradas sometidas con la denuncia o del examen bajo juramento del denunciante o sus testigos, si algunos, constare que hay causa probable para creer que se ha cometido el delito por la persona o personas contra quienes se imputa, el magistrado expedirá la orden para el arresto de dichas personas, con excepción de lo dispuesto en la regla 7(a). El Ministerio Público tendrá discreción para presentar cargos en ausencia a toda persona sospechosa de delito cuando entienda que existen circunstancias justificadas, excepto: (a) cuando el sospechoso comunique por sí o a través de su representación legal que está disponible para acudir a la vista de Regla 6 o su alzada, en el día y la hora indicada por el fiscal; (b) cuando se tenga al sospechoso de delito y esté bajo custodia estatal o federal en una institución penal; (c) cuando se tenga del sospechoso de delito una dirección física de trabajo o dirección residencial en la cual se pueda notificar personalmente de la radicación de cargos en su contra. El Tribunal deberá evaluar la justificación presentada por el Ministerio Público para radicar en ausencia antes de tomar una determinación. No obstante, la determinación del Ministerio Público de que existen circunstancias justificadas para someter el caso en ausencia será merecedora de amplia deferencia por parte del magistrado. La determinación de causa probable podrá estar fundada total o parcialmente en una declaración por información o creencia con suficiente garantía circunstancial de confiabilidad. Cuando hubiere más de una persona afectada, el magistrado podrá expedir una orden de arresto para cada una de ellas. El magistrado hará constar en la denuncia los nombres de las personas examinadas por él para determinar causa probable.

El magistrado podrá también determinar causa probable para creer que se ha cometido un delito sin necesidad de que se presente ante él una denuncia cuando haya examinado bajo juramento a algún testigo o testigos que tuvieren conocimiento personal del hecho delictivo. En tales casos, el magistrado, además de la expedición de la orden de arresto o citación, deberá levantar un acta concisa y breve en la que exponga los hechos del delito por el cual determina causa probable, la fecha, hora y sitio donde se cometieron, el delito imputado y el nombre y dirección del testigo o testigos examinados por él bajo juramento para determinar causa probable.

En esta determinación de causa probable el imputado tendrá derecho a estar asistido de abogado, a contrainterrogar a los testigos en su contra y a ofrecer prueba en su favor.

Cualquier magistrado podrá expedir una orden de arresto contra una persona a quien se le imputa la comisión de un delito, aun cuando la sala donde actúe el magistrado no tenga competencia para la celebración del juicio contra el imputado. En tal caso, luego de expedir la orden de arresto y de cumplir con los trámites preliminares que se establecen en estas reglas, el magistrado ordenará que se transfiera el caso a la sala correspondiente para la continuación del proceso criminal.

(b) Forma y requisitos de la orden de arresto. La orden de arresto se expedirá por escrito a nombre de El Pueblo de Puerto Rico bajo la firma y el título oficial del magistrado que la expidiere, dirigida para su ejecución y diligenciamiento a uno, varios o a cualquier funcionario del orden público. Ordenará el arresto de la persona o personas a quienes se les imputare el delito y que una vez arrestadas se les conduzca sin dilación innecesaria ante un magistrado, según se dispone en la Regla 22(a). La orden deberá además, describir el delito imputado y deberá especificar el nombre de la persona o personas a ser arrestadas y, si los nombres son desconocidos, designará a dichas personas mediante la descripción más adecuada posible que las identifique con razonable certeza. La orden deberá expresar también la fecha y el sitio de su expedición y el monto de la fianza fijada por el magistrado que la expidió.

(c) Si de la denuncia jurada o de la declaración o declaraciones juradas sometidas con la misma o del examen bajo juramento del denunciante o sus testigos, si algunos, el magistrado determinare la inexistencia de causa probable, no podrá presentarse denuncia o acusación de clase alguna. En tal caso o cuando la determinación de causa probable fuere por un delito inferior o distinto a aquél que el fiscal entendiere procedente, éste podrá someter el asunto nuevamente con la misma o con otra prueba a un magistrado de categoría superior del Tribunal de Primera Instancia. El magistrado, una vez tenga ante sí dicha solicitud, podrá prontamente expedir u ordenar al secretario del tribunal que expida citación tanto al imputado como a los testigos de cargo anunciados, las cuales serán diligenciadas por los alguaciles del tribunal o sus delegados.

(Reglas de Procedimiento Criminal, 1963, Regla 6; Febrero 8, 1966; Julio 9, 1986, Núm. 80, p. 268, art. 1; Junio 19, 1987, Núm. 29, p. 98, art. 2; Diciembre 8, 1990, Núm. 26, p. 1503, art. 1; Diciembre 27, 2011, Núm. 281, art, enmienda el inciso (a).)

Regla 6.1. Fianza hasta que se Dicte Sentencia; Cuando se Exigirá. (32 L.P.R.A. AP. II R. 6.1.)

Las personas arrestadas por delito no serán restringidas innecesariamente de su libertad antes de mediar fallo condenatorio.

(a) **En casos menos graves.** En todo caso menos grave en que no hubiere derecho a juicio por jurado, ni sean delitos de carácter violento, no será necesaria la prestación de fianza, imposición de condiciones o una determinación de fianza diferida para permanecer en libertad provisional hasta que se dicte sentencia. Se considerarán de carácter violento cualesquiera delitos cuya comisión envuelva el uso, intento de uso o amenaza de uso de fuerza física con la persona o contra la propiedad. En el caso de los delitos menos graves exceptuados, el magistrado deberá imponer fianza sólo si el fiscal así lo solicita, tomando en consideración los criterios que establece la Regla 218(b). En todo caso en que motu proprio, o a solicitud del ministerio fiscal, el magistrado determine que existen circunstancias de orden o interés público podrá imponer condiciones de conformidad con la Regla 218(c).

El fiscal solicitará la prestación de una fianza o la imposición de condiciones de conformidad con la Regla 218 en todo caso en que la persona arrestada haya sido convicta anteriormente por cualquier delito grave, o en tres (3) delitos menos graves, o cuando se trate de un no domiciliado en Puerto Rico.

(b) **En casos graves o menos graves en que hubiere derecho a juicio por jurado.** En todo caso grave o menos grave en que hubiere derecho a juicio por jurado el magistrado exigirá la prestación de fianza al imputado para permanecer en libertad provisional hasta que se dicte sentencia. En casos apropiados el magistrado podrá permitirle al imputado permanecer en libertad provisional bajo su propio reconocimiento, bajo custodia de tercero, bajo fianza diferida o bajo cualesquiera condiciones que estime pertinentes imponer. El tribunal podrá imponer, motu proprio o a solicitud del Ministerio Fiscal, condiciones de conformidad con la Regla 218(c). En los casos de personas a quienes se le imputen alguno de los siguientes delitos graves, según tipificados en el Código Penal de Puerto Rico y otras leyes especiales, además de fijar la fianza correspondiente, el tribunal tendrá, al fijar la fianza, que imponer la condición de que se sujete a supervisión electrónica al imputado y aquéllas otras condiciones enumeradas en el inciso (c) de la Regla 218, conforme al procedimiento establecido en dicha Regla. Los delitos son: asesinato; secuestro, secuestro agravado, secuestro de menores; robo agravado; incendio agravado; utilización de un menor para pornografía infantil; envenenamiento intencional de aguas de uso público; agresión sexual; maltrato intencional de menores según dispuesto en el Artículo 75 de la Ley 177, *supra* o su análoga en una ley posterior; Artículo 401 de la Ley de Sustancias Controladas, específicamente cuando la transacción envuelva medio kilo (1.1 libras) o más de cocaína o heroína, o un kilo (2.2 libras) o más de marihuana, y los Artículos 405 sobre Distribución a personas menores de dieciocho (18) años, 408 sobre Empresa

Criminal Continua y 411-A sobre Introducción de Drogas en las escuelas e instituciones; los siguientes Artículos de la Ley de Armas: Artículos 2.14 sobre Armas de Asalto, el 5.01 sobre Fabricación, Importación, Venta y Distribución de Armas, el 5.03 sobre Comercio de armas de fuego automáticas, el 5.07 sobre Posesión o Uso ilegal de Armas Automáticas o Escopetas de Cañón, el 5.08 sobre Posesión o Venta de Accesorios para Silenciar, el 5.09 sobre Facilitación a terceros y el 5.10 sobre Remoción o Mutilación de Número de Serie o Nombre de Dueño en Arma de Fuego; violaciones a las disposiciones de la Ley Núm. 54 de 15 de agosto de 1989, según enmendada, conocida como "Ley para la Prevención e Intervención con la Violencia Doméstica", que impliquen grave daño corporal y aquellos delitos graves en los cuales se utilice cualquier tipo de arma, según ésta se define en la Ley 404-2000, según enmendada, conocida como "Ley de Armas de Puerto Rico".

En todos los casos en que se impute la comisión de los delitos enumerados anteriormente, el tribunal contará con el informe de evaluación y recomendación de la Oficina de Servicios con Antelación al Juicio, salvo que no autorizará la fianza diferida. En caso de que se determine causa probable para arresto en ausencia del imputado, la fianza que fije el magistrado, sólo podrá ser modificada mediante moción bajo la Regla 218.

(c) En cualquier momento en que las circunstancias lo justifiquen, el magistrado o el tribunal podrá exigir la prestación de una fianza, revocar o modificar una determinación de libertad bajo propio reconocimiento o bajo custodia de tercero, revocar o modificar una concesión de libertad bajo fianza diferida, o imponer condiciones, así como revocar o modificar condiciones previamente impuestas, de conformidad con la Regla 218(c) antes del fallo condenatorio a cualquier persona que se encontrare en libertad haya o no prestado fianza.

(d) Si la persona a quien se ha dejado en libertad sin la prestación de fianza no compareciere, y se le detuviere fuera de Puerto Rico, se considerará que ha renunciado a impugnar su extradición.

(e) No se admitirá fianza ni se hará una determinación de libertad bajo propio reconocimiento, libertad bajo custodia de tercero ni de fianza diferida con relación a imputados que se encuentran fuera de la jurisdicción de Puerto Rico. Tampoco se impondrán condiciones ni se admitirá fianza ni se hará determinación de libertad bajo propio reconocimiento, libertad bajo custodia de tercero ni de fianza diferida con relación a un imputado que no haya sido arrestado o comparecido ante un magistrado para ser informado del delito o los delitos por los cuales ha sido denunciado o acusado de acuerdo a los procedimientos establecidos en la Regla 22.

(f) En todo caso, el magistrado requerirá la evaluación, informe y recomendaciones de la Oficina de Servicios con Antelación al Juicio sobre todo imputado antes de hacer una determinación sobre fianza o hacer una determinación de fianza diferida, libertad bajo propio reconocimiento o libertad bajo custodia de tercero.

(Reglas de Procedimiento Criminal, 1963; Adicionada Regla. 6.1 en Febrero 8, 1966; Junio 22, 1966, Núm. 100, p. 338, art. 1; Marzo 30, 1984, Núm. 5, p. 17, sec. 1; Junio 5, 1986, Núm. 39, p. 104, art. 1; Julio 20, 1989, Núm. 30, p. 114, art. 1; Diciembre 6, 1993, Núm. 105, art. 1; Agosto 13, 1994, Núm. 82, art. 1; Diciembre 1, 1995, Núm. 230, art. 1; Diciembre 24, 1995, Núm. 245, art. 1, ef. 60 días después de Diciembre 24, 1995; Junio 3, 2004, ley 133, art. 5, enmendados los incisos (b) y (f); Junio 3, 2004, Núm. 134, art. 1, incisos (b) y (f); Septiembre 15, 2004, Núm. 317, art. 1, efectiva el 1 de mayo de 2005 Diciembre 22, 2009, Núm. 190, , art. 1, enmienda el inciso (b); Diciembre 27, 2011, Núm. 281, art. 2, enmienda el inciso (b).)

HISTORIAL
Enmiendas
-2011, ley 281 – Esta ley 281 enmienda el inciso (b).
-2009, ley 190- Esta ley 190 enmienda el inciso (b).)
-2004, ley 317 – Esta ley enmienda el inciso (a) y es efectiva el 1 de mayo de 2005 para atemperarlas al Nuevo Código Penal de Puerto Rico.
-2004, ley 134 – Esta ley enmiendan el inciso (b) y el inciso (f) de la Regla 6.1.
-2004, ley 133 – Esta ley enmiendan los incisos (b) y (f) de la Regla 6.1.

Regla 7. Citación por un Magistrado o Funcionario del Orden Público. (32 L.P.R.A. AP. II R. 7.)

(a) Citación. Se podrá expedir una citación en lugar de una orden de arresto si el magistrado ante quien se presentare la denuncia o que haya examinado a algún testigo que tenga conocimiento personal de los hechos, tuviere motivos fundados para creer que la persona va a comparecer al ser citada, o si la persona fuere una corporación. Se podrá expedir más de una citación basada en un solo delito imputado. En aquellos casos en que un funcionario del orden público pudiere arrestar sin orden de un magistrado, dicho agente, si se tratare de un delito menos grave (misdemeanor), podrá citar por escrito y bajo su firma a la persona para que comparezca ante un magistrado, en vez de arrestarla. La citación informará a la persona que si no compareciere se expedirá una orden de arresto en su contra.

Cualquier magistrado podrá expedir una citación contra una persona a quien se le imputa la comisión de un delito aun cuando la sala donde actúe el magistrado no tenga competencia para la celebración del juicio contra el imputado. En tal caso, luego de expedirse la correspondiente citación y de cumplirse con los trámites preliminares que se establecen en estas reglas, el magistrado ordenará que el caso se transfiera a la sala correspondiente para la continuación del proceso criminal.

(b) Procedimiento si la persona no compareciere después de citada. Si la persona que ha sido debidamente citada no compareciere, o si hay causa razonable para creer que no comparecerá, se expedirá una orden de arresto contra ella. Si la persona fuere una corporación y no compareciere después de haber sido debidamente citada, se hará constar ese hecho en el expediente y se continuará el procedimiento como si la corporación hubiese comparecido.

(c) Forma y requisitos de la citación. Excepto lo dispuesto en el inciso (a) de esta regla, la citación se expedirá por escrito a nombre de El Pueblo de Puerto Rico y será firmada por un magistrado. Requerirá que la persona mencionada en ella comparezca ante el magistrado ante quien se hubiere presentado la denuncia, con expresión del día, la hora y el sitio, e informará a la persona que si no compareciere se expedirá una orden de arresto en su contra. Si la persona fuere una corporación se le advertirá que de no comparecer los procedimientos continuarán de acuerdo con lo dispuesto en el inciso (b) de esta regla.

(Reglas de Procedimiento Criminal, 1963, Regla 7; Enmendada en Junio 19, 1987, Núm. 29, p. 98, art. 3, ef. 60 días después de Junio 19, 1987.)

Regla 8. Orden de Arresto o Citación; Diligenciamiento. (32 L.P.R.A. AP. II R. 8.)

(a) Personas autorizadas. La orden de arresto o citación será diligenciada por el alguacil de cualquier sección o sala del Tribunal General de Justicia o por cualquier agente del orden público o cualquier otro funcionario autorizado por la ley. [Efectiva el 1 de mayo de 2004]

(b) Límites territoriales. La orden o citación podrá ser diligenciada en cualquier sitio bajo la jurisdicción del Estado Libre Asociado de Puerto Rico o fuera del Estado Libre Asociado de Puerto Rico, cuando los tratados o convenios ratificados por los Estados Unidos de América, así lo permitan." [Efectiva el 1 de mayo de 2005]

(c) Manera de hacerlo. La orden de arresto será diligenciada arrestando a la persona o personas. El funcionario que diligencie la orden no estará obligado a tenerla en su poder al hacer el arresto. Si la tuviere deberá mostrarla al detenido al momento de dicho arresto; si no la tuviere, deberá en dicho momento informar al detenido el delito del cual se le acusa y el hecho de que se ha expedido una orden para su arresto. A requerimiento del detenido deberá mostrarle dicha orden tan pronto como fuere posible.

La citación se diligenciará entregando copia a la persona o dejando dicha copia en su hogar o en el sitio usual donde residiere, o enviándosela por correo a su última residencia con acuse de recibo. Si la persona fuere una corporación se diligenciará entregándole copia personalmente a uno de sus directores o funcionarios o a su agente residente, o enviándosela por correo con acuse de recibo.

(d) Constancia. El funcionario que diligenciare la orden de arresto deberá dar constancia del diligenciamiento de la misma ante el magistrado ante quien se condujere la persona arrestada, según se dispone en la Regla 22.

El funcionario que diligenciare la citación dará constancia de haberlo hecho y de la manera como lo hizo mediante certificación al efecto. En los casos en que la citación se enviare por correo deberá además, acompañarse el acuse de recibo.

(Reglas de Procedimiento Criminal, 1963, Regla 8; Enmendada en Septiembre 15, 2004, Núm. 317, art. 2, efectiva el 1 de mayo de 2005)

Regla 9. Orden de Arresto o Citación Defectuosa. (32 L.P.R.A. AP. II R. 9.)

(a) Efectos; enmiendas. No se pondrá en libertad a ninguna persona que fuere arrestada mediante una orden de arresto o que hubiere comparecido ante un magistrado por el mandato de una citación, por defectos de forma de la orden de arresto o citación. El magistrado podrá enmendar dichos defectos.

(b) Nueva denuncia o nueva orden de arresto o citación. Si al llevarse ante el magistrado a la persona arrestada o citada se demostrare que la denuncia o la orden de arresto o citación no nombran o describen con certeza a la persona o al delito que se le imputa, pero hay fundamentos razonables para creer que la persona ha cometido el delito u otro delito, el magistrado no libertará ni exonerará a la persona, sino que hará que se presente una nueva denuncia o expedirá una nueva orden de arresto o citación, según proceda.

(Reglas de Procedimiento Criminal, 1963, Regla 9, efectiva 60 días después del 30 de julio de 1963)

Regla 10. Arresto; Cuando podrá Hacerse. (32 L.P.R.A. AP. II R. 10.)

La orden de arresto podrá diligenciarse en cualquier hora del día o de la noche salvo en el caso de delito menos grave en cuyo caso el arresto no podrá hacerse por la noche, a menos que el magistrado que expidió la orden lo autorizare así en ella.

(Reglas de Procedimiento Criminal, 1963, Regla 10; Junio 19, 1987, Núm. 29, p. 98, art. 4, ef. 60 días después de Junio 19, 1987; Septiembre 15, 2004, Núm. 317, art. 3, efectiva el 1 de mayo de 2005; Mayo 27, 2022, Núm. 22, art. 1, enmienda en términos generales.)

Regla 11. Arresto por un Funcionario del Orden Público. (32 L.P.R.A. AP. II R. 11.)

Un funcionario del orden público podrá hacer un arresto sin la orden correspondiente:

(a) Cuando tuviere motivos fundados para creer que la persona que va a ser arrestada ha cometido un delito en su presencia. En este caso deberá hacerse el arresto inmediatamente o dentro de un término razonable después de la comisión del delito. De lo contrario, el funcionario deberá solicitar que se expida una orden de arresto.

(b) Cuando la persona arrestada hubiese cometido un delito grave (felony), aunque no en su presencia.

(c) Cuando tuviere motivos fundados para creer que la persona que va a ser arrestada ha cometido un delito grave (felony), independientemente de que dicho delito se hubiere cometido o no en realidad.

Para efectos de estas Reglas, se considera funcionario o funcionaria del orden público a aquella persona que tiene a su cargo proteger a las personas, la propiedad y mantener el orden y la seguridad pública. Esto incluye, pero sin limitarse a, todo miembro de la Policía de Puerto Rico y de la Policía Municipal, Agentes del Negociado de Investigaciones Especiales del Departamento de Justicia y Alguaciles de la Rama Judicial.

Se considera también funcionario o funcionaria del orden público de carácter limitado a todo empleado o empleada público estatal o federal, con autoridad expresa en ley para efectuar arrestos en el desempeño de sus funciones y responsabilidades especiales.

(Reglas de Procedimiento Criminal, 1963, Regla 11; Abril 16, 2010, Núm. 43, art. 1, añade los últimos dos párrafos.)

Notas Importantes
ENMIENDAS
-**2010, ley 43** – Esta ley 43 añadió los últimos dos párrafos de esta Regla.
-**2006, ley 206** – Esta ley 206 enmienda la Ley Núm. 20 del 1995 que declara el término de Oficiales de Orden Público.
-**2004, ley 98**- Esta ley 98 enmienda la Ley Núm. 20 del 1995 que declara el término de Oficiales de Orden Público.

Regla 12. Arresto por Persona Particular. (32 L.P.R.A. AP. II R. 12.)

Una persona particular podrá arrestar a otra:

(a) Por un delito cometido o que se hubiere intentado cometer en su presencia. En este caso deberá hacerse el arresto inmediatamente.

(b) Cuando en realidad se hubiere cometido un delito grave (felony) y dicha persona tuviere motivos fundados para creer que la persona arrestada lo cometió.

(Reglas de Procedimiento Criminal, 1963, Regla 12, efectiva 60 días después del 30 de julio de 1963)

Regla 13. Arresto; Información al Realizarlo. (32 L.P.R.A. AP. II R. 13.)

La persona que hiciere el arresto deberá informar a la persona que va a ser arrestada de su intención de arrestarla, de la causa del arresto y de su autoridad para hacerlo, excepto cuando la persona que hiciere el arresto tuviere motivos fundados para creer que la persona a ser arrestada está cometiendo o tratando de cometer un delito, o cuando se persiguiere a la persona arrestada inmediatamente después de haberlo cometido o luego de una fuga, o cuando la persona ofreciere resistencia antes de que el funcionario pudiere informarle, o cuando surgiere el peligro de que no pudiere hacerse el arresto si se ofreciere la información.

(Reglas de Procedimiento Criminal, 1963, Regla 13, efectiva 60 días después del 30 de julio de 1963)

Regla 14. Arresto; Orden Verbal. (32 L.P.R.A. AP. II R. 14.)

Un magistrado podrá verbalmente ordenar a un funcionario del orden público o a un particular que arreste a cualquier persona que estuviere cometiendo o intentare cometer un delito en la presencia de dicho magistrado.

(Reglas de Procedimiento Criminal, 1963, Regla 14, efectiva 60 días después del 30 de julio de 1963)

Regla 15. Arresto; Requerimiento de Ayuda. (32 L.P.R.A. AP. II R. 15.)

Cualquier persona que estuviere haciendo un arresto podrá verbalmente requerir el auxilio de tantas personas como estimare necesarias para ayudarle a llevarlo a cabo.

(Reglas de Procedimiento Criminal, 1963, Regla 15, efectiva 60 días después del 30 de julio de 1963)

Regla 16. Arresto; Medios Lícitos para Efectuarlo. (32 L.P.R.A. AP. II R. 16.)

Cuando el arresto se hiciere por un funcionario con autorización de una orden de arresto, o sin orden de arresto por un delito grave (felony) cometido en su presencia, si después de que se informare a la persona que ha de ser arrestada de la intención de verificar el arresto, dicha persona huyere o resistiere violentamente, el funcionario podrá usar todos los medios necesarios para efectuar el arresto.

Para realizar un arresto en cualesquiera otras circunstancias, cualquier funcionario o persona particular podrá emplear todos los medios necesarios, excepto que no podrá infligir grave daño corporal.

(Reglas de Procedimiento Criminal, 1963, Regla 16, efectiva 60 días después del 30 de julio de 1963)

Regla 17. Arresto; Derecho a Forzar Entrada. (32 L.P.R.A. AP. II R. 17.)

Cuando una persona particular realizare un arresto por un delito grave (felony), y cuando en cualquier caso lo realizare un funcionario del orden público, podrá forzarse cualquier puerta o ventana del edificio en que estuviere la persona que ha de ser arrestada, o de aquél en que ellos tengan fundamentos razonables para creer que estuviere dicha persona, después de haber exigido la entrada y explicado el propósito para el cual se deseare dicha entrada.

(Reglas de Procedimiento Criminal, 1963, Regla 17, efectiva 60 días después del 30 de julio de 1963)

Regla 18. Arresto; Salida a la Fuerza al ser Detenido. (32 L.P.R.A. AP. II R. 18.)

Cualquier persona que hubiere entrado legalmente en un edificio con el propósito de realizar un arresto podrá forzar cualquier puerta o ventana si ha sido detenida dentro y si dicha acción fuere necesaria para obtener su libertad, y un funcionario del orden público podrá hacer lo mismo para libertar a una persona que hubiere entrado legalmente a un edificio con el fin de efectuar un arresto y estuviere detenida dentro.

(Reglas de Procedimiento Criminal, 1963, Regla 18, efectiva 60 días después del 30 de julio de 1963)

Regla 19. Arresto; Desarme del Arrestado; Disposición de las Armas. (32 L.P.R.A. AP. II R. 19.)

Cualquier persona que realizare un arresto podrá quitar al individuo arrestado todas las armas que llevare encima y deberá entregarlas al magistrado ante quien se condujere al arrestado. En el caso de que el arresto se realizare por una persona particular y ésta entregare la persona arrestada a un funcionario del orden público según lo dispuesto en la Regla 22(a), dicha persona particular deberá entregar al funcionario las armas que ocupare, y éste a su vez deberá entregarlas al magistrado ante quien condujere a la persona arrestada.

(Reglas de Procedimiento Criminal, 1963, Regla 19, efectiva 60 días después del 30 de julio de 1963)

Regla 20. Arresto; Transmisión de la Orden. (32 L.P.R.A. AP. II R. 20.)

Por medio de un endoso escrito de su puño y letra en una orden de arresto, cualquier magistrado podrá autorizar la transmisión de dicha orden por teléfono, teletipo, radioteléfono, fax o cualquier otro medio electrónico de comunicación, y desde ese momento tendrá que enviarse copia de la orden de arresto a todo funcionario del orden público a quien se le haya transmitido la orden. Dichas copias tendrán completa validez y los funcionarios que las reciban habrán de proceder con ellas del mismo modo que si tuviesen una orden de arresto original.

El magistrado que expidiere copias de una orden de arresto con el objeto de transmitirlas deberá certificar su exactitud con el original, y enviará a la oficina desde la cual dichas copias han de ser transmitidas, una copia de la orden de arresto y del endoso puesto en ella haciendo constar en el original lo actuado por él.

(Reglas de Procedimiento Criminal, 1963, Regla 20; Enmienda en Enero 10, 1999, Núm. 31, art. 1.)

Regla 21. Arresto Después de Fuga. (32 L.P.R.A. AP. II R. 21.)

Si un individuo arrestado o bajo custodia se fugare o fuere rescatado, la persona encargada de su custodia deberá perseguirlo diligentemente y prenderlo de nuevo a cualquier hora y en cualquier lugar, y para ello podrá utilizar los mismos medios autorizados para realizar un arresto.

(Reglas de Procedimiento Criminal, 1963, Regla 21, efectiva 60 días después del 30 de julio de 1963)

Regla 22. Procedimiento ante el Magistrado. (32 L.P.R.A. AP. II R. 22.)

(a) Comparecencia ante el magistrado. Un funcionario del orden público que hiciere un arresto autorizado por una orden de arresto deberá llevar a la persona arrestada sin demora innecesaria ante el magistrado disponible más cercano. Cualquier persona que hiciere un arresto sin orden de arresto deberá llevar a la persona arrestada sin demora innecesaria ante el magistrado disponible más cercano, y si la persona que hiciere el arresto sin orden de arresto fuere una persona particular, podrá entregar a la persona arrestada a cualquier funcionario del orden público, quien a su vez deberá llevar a la persona arrestada sin demora innecesaria ante un magistrado, según se dispone en esta regla. Cuando se arrestare a una persona sin que se hubiere expedido orden de arresto y se le llevare ante un magistrado, se seguirá el procedimiento que disponen las Reglas 6 y 7, según corresponda.

(b) Deberes del magistrado; advertencias. El magistrado informará a la persona arrestada o que hubiere comparecido mediante citación, del contenido de la denuncia o acusación presentada contra ella, de su derecho a comunicarse con su familiar más cercano o con un abogado y a obtener sus servicios, y de su derecho a que se le celebre una vista preliminar si el delito que se le imputa es grave. Le informará, además, a la persona que no viene obligada a hacer declaración alguna y que cualquier declaración que hiciere podrá usarse en su contra. El magistrado impondrá condiciones, admitirá fianza, con o sin condiciones, según se dispone en estas reglas, o hará las determinaciones correspondientes en los casos de imputados de delito que se hayan sometido voluntariamente a la supervisión de la Oficina de Servicios con Antelación al Juicio para evaluación, informe y recomendaciones de la Oficina en los casos de aquellos imputados de delito que se hayan sometido voluntariamente a la supervisión de dicha Oficina. De no obligarse la persona arrestada a cumplir con las condiciones impuestas, o no prestar la fianza, ordenará su encarcelación. En caso de un imputado que se encuentre en libertad bajo fianza diferida, libertad bajo propio reconocimiento, libertad bajo custodia de tercero o libertad condicional e incumpla las condiciones impuestas, el magistrado revocará la determinación de fianza diferida y ordenará la prestación de la fianza, con o sin condiciones, y de no prestar la misma el imputado, ordenará su encarcelación.

(c) Constancias en la orden de arresto o citación; remisión. En la orden de arresto o citación el magistrado hará constar la comparecencia de la persona y las advertencias que se le hicieron, y en los casos de delito grave (felony), de ser ello así, la circunstancia de que dicha persona no puede obtener los servicios de un abogado para asistirle en el juicio o en la vista preliminar.

En tal caso, será deber del magistrado que determine causa para arresto por un delito grave citar al imputado de delito que no tenga representación legal a una conferencia con antelación a la vista preliminar dentro de las dos semanas de efectuado el arresto. A dicha conferencia, si el imputado está confinado, éste deberá ser transportado al tribunal por el Departamento de Rehabilitación y Corrección a los fines de gestionarle representación legal. La Administración de Tribunales proveerá facilidades para que funcionarios de programas de asistencia legal lo entrevisten y certifiquen su indigencia antes de asumir su defensa. Si no puede ser representado por uno de estos programas y el tribunal acredita que dicho confinado no tiene los recursos para contratar abogado, procederá a designarle uno de oficio.

El magistrado remitirá la denuncia, el acta en aquellos casos en que se hubiere levantado la misma y la orden de arresto o citación a la sección y sala correspondiente del Tribunal de Primera Instancia para que se dé cumplimiento a los trámites posteriores que ordenan estas reglas.

Toda corporación no gubernamental que sea parte en un proceso criminal deberá identificar mediante una certificación a esos efectos, la existencia de cualquier corporación que posea el diez por ciento (10%) o más de sus acciones o la inexistencia de estas. La certificación aludida deberá ser presentada en la primera comparecencia ante el Tribunal y se hará formar parte del expediente. Si esa información cambia, debe notificarlo inmediatamente.

Si la corporación es la víctima del delito, el ministerio público debe divulgar esa información.

(d) Representación Conjunta de Coacusados

Un abogado o entidad que ofrece representación legal a personas acusadas de delito podrá representar a más de un acusado en un mismo caso criminal, cuando la posibilidad que surja un conflicto a medida que avanza el proceso es mínima o que la representación en común será ventajosa para cada uno de los representados.

El abogado o abogados asociados que deseen asumir esta representación legal deberán, antes de la celebración de la vista preliminar o de comenzar el juicio, presentar una Moción solicitando permiso del Tribunal para asumir la representación conjunta de coacusados. Ante tal petición, el Tribunal deberá dirigirse personalmente a cada uno de los acusados para récord asegurándose de cumplir con los siguientes criterios:

a) Advertir a los coacusados sobre su derecho a una efectiva representación legal, la cual podría incluir una representación individual;

b) Indagar sobre la voluntariedad informada de la selección de la representación legal;

c) Auscultar sobre la existencia de potenciales conflictos y sobre la posibilidad de que surja un potencial conflicto de interés; y

d) Advertir a cada uno de los acusados sobre las complejidades y las posibles consecuencias de la representación en conjunto.

Aun cuando los imputados hayan consentido a la representación conjunta, el Tribunal podrá rechazar dicha solicitud de entender que existe o podría existir un serio conflicto de interés. Ante la ausencia de determinación de conflicto o potencial conflicto, el Tribunal deberá tomar las medidas necesarias para garantizar el derecho de los coacusados a estar representados por abogado. De surgir un conflicto de interés no anticipado en la representación de un acusado, el abogado deberá prontamente revelarlo a la Corte y a los representados, y renunciar inmediatamente a la representación de los coacusados.

(Reglas de Procedimiento Criminal, 1963, Regla 22; Febrero 8, 1966; Junio 22, 1966, Núm. 100, p. 338, art. 1; Junio 5, 1986, Núm. 39, p. 104, art. 2; Junio 19, 1987, Núm. 29, p. 98, art. 5; Diciembre 8, 1990, Núm. 26, p. 1503, art. 22; Diciembre 24, 1995, Núm. 245, art. 2; Septiembre 2, 2000, Núm. 376, sec. 1, ef. 30 días después de su aprobación; Agosto 5, 2018, Núm. 180, añade los últimos dos párrafos, efectiva 180 días después de su aprobación; Mayo 27, 2022, Núm. 23, art. 1, añade el inciso (d).)

Regla 23. Vista Preliminar. (32 L.P.R.A. AP. II R. 23.)

(a) Cuándo se celebrará. Se celebrará una vista preliminar en aquel caso en que se imputare a una persona un delito grave (felony). En estos casos deberá citársele para esa vista por lo menos cinco (5) días antes de su celebración. En los casos en que se hiciere constar, de acuerdo con la Regla 22(c), que la persona no puede obtener asistencia legal, el magistrado correspondiente le nombrará abogado y el nombre de éste se incluirá en la citación para la vista preliminar. El magistrado comunicará dicha vista al abogado.

(b) Renuncia. Luego de haber sido citada, la persona podrá renunciar a la vista preliminar mediante escrito al efecto firmado por ella y sometido al magistrado antes de comenzar la vista o personalmente en cualquier momento durante la vista. Si la persona renunciare a la vista o no compareciere a ella luego de haber sido citada debidamente, el magistrado la detendrá para que responda por la comisión de un delito ante la sala correspondiente del Tribunal de Primera Instancia.

(c) Procedimiento durante la vista. La vista iniciará con la presentación de la prueba del Ministerio Público. Éste pondrá a disposición de la persona imputada las declaraciones juradas de aquellos testigos que hayan declarado en la vista. La persona podrá contrainterrogar a estos testigos y ofrecer prueba a su favor. Al hacer la determinación de causa probable, el tribunal tomará en cuenta la admisibilidad en el juicio de la evidencia presentada por el Ministerio Público sobre los elementos del delito y la conexión de la persona imputada con el delito. En ningún caso será obligatoria la presentación de informes periciales forenses. Si, a pesar de lo anterior, fueran a presentarse los referidos informes de peritos forenses, no será requerido el testimonio de los peritos forenses durante la vista, sin perjuicio de que el imputado pueda confrontarlos en el juicio, de determinarse causa probable para acusar. Si a juicio del magistrado la prueba demostrare que existe causa probable para creer que se ha cometido un delito y que la persona lo cometió, el magistrado detendrá inmediatamente a la persona para que responda por la comisión de un delito ante la sección y sala correspondiente del Tribunal de Primera Instancia; de lo contrario determinará no causa y ordenará que la persona sea puesta en libertad. El magistrado podrá mantener en libertad a la persona bajo la misma fianza o determinación de fianza diferida, libertad bajo propio reconocimiento o libertad bajo custodia de tercero o bajo las mismas condiciones que hubiere impuesto un magistrado al ser arrestada, o podrá alterar las mismas o imponer una fianza o tomar una determinación de fianza diferida, libertad bajo propio reconocimiento, libertad bajo custodia de tercero o condiciones de acuerdo con la Regla 218(c) si éstas no se le hubiesen impuesto, y si a juicio del magistrado ello fuere necesario. No obstante lo anterior el magistrado no podrá alterar la fianza fijada o la determinación de fianza diferida, libertad bajo propio reconocimiento o libertad bajo custodia de tercero o condiciones impuestas por un magistrado de categoría superior, a menos que en la vista preliminar se determine causa probable por un delito inferior al que originalmente se le imputó a la persona. Después de que terminare el procedimiento ante él, el magistrado remitirá inmediatamente a la secretaría de la sección y sala correspondiente del Tribunal de Primera Instancia todo el expediente relacionado con dicho procedimiento, incluyendo cualquier fianza prestada. En el expediente se hará constar la fecha y el sitio de la vista preliminar, las personas que a ella comparecieron y la determinación del magistrado.

La vista preliminar será pública a menos que el magistrado determine, previa solicitud del imputado, que una vista pública acarrea una probabilidad sustancial de menoscabo a su derecho constitucional a un juicio justo e imparcial, y que no hay disponibles otras alternativas menos abarcadoras y razonables que una vista privada para disipar tal probabilidad. En tales casos la decisión del magistrado deberá fundamentarse en forma precisa y detallada.

También se podrá limitar el acceso a la vista preliminar cuando el magistrado determine, previa solicitud a tales efectos, que tal limitación es necesaria para proteger cualquier otro interés de naturaleza apremiante y que no existen otras alternativas menos abarcadoras y razonables. La decisión del magistrado deberá fundamentarse en forma precisa y detallada.

Se dispone que el magistrado deberá limitar el acceso a la vista preliminar, previa solicitud del fiscal, en aquellos casos en que éste interese presentar el testimonio de un agente encubierto o un confidente que aún se encuentre en esas funciones o cuando esté declarando la víctima de un caso de violación o actos impúdicos o lascivos.

(Reglas de Procedimiento Criminal, 1963, Regla 23; Enero 24, 1967; Junio 5, 1986, Núm. 39, p. 104, art. 3; Junio 19, 1987, Núm. 29, p. 98, art. 6; Diciembre 8, 1990, Núm. 26, p. 1503, art. 3; Agosto 12, 1995, Núm. 197, art. 1; Diciembre 24, 1995, Núm. 245, art. 3, ef. 60 días después de Diciembre 24, 1995; Diciembre 27, 2011, Núm. 281, art. 1, enmienda el primer párrafo del inciso (c); Junio 24, 2012, Núm. 124, art. 1, enmienda el principio del inciso (c).)

Notas Importantes
Enmiendas
-2012, ley 124- enmienda el principio del inciso (c) e incluye los siguientes artículos relacionados:
Artículo 4.-Cláusula de separabilidad -Si alguno de los artículos, secciones, párrafos, oraciones, frases o disposiciones de esta Ley fuera declarado inconstitucional por un tribunal con autoridad para ello, las restantes disposiciones permanecerán con toda su fuerza y vigor.
Artículo 5.-Esta Ley comenzará a regir inmediatamente luego de su aprobación.
-2011, ley 281- enmienda el inciso (c).
-1995, ley 245. Inciso (c): La Ley de Diciembre 24, 1995, enmendó las sexta y septima oraciónes del primer párrafo en terminos generales y agrego el segundo párrafo al final del primero, redesignando asi los anteriores cinco párrafos en cuatro.
Inciso (c): La Ley de Agosto 12, 1995, suprimio la segunda oración disponiendo sobre vista privada; redesigno las dos ultimas oraciónes del primer párrafo como un segundo párrafo, y añadió los tercer a quinto párrafos.
-1990, ley 26. Inciso (a): La ley de 1990 suprimio "y el magistrado que hizo la determinación inicial de causa probable para creer que la persona ha cometido el delito imputado, no hubiere examinado a ningun testigo con conocimiento personal de los hechos o cuando el imputado no hubiere estado presente en la determinación de causa probable o habiendo estado presente no estuviera acompañado de abogado" al final de la primera oración.

-**1987, ley 29.** Inciso (a): La ley de 1987 enmendó este inciso en terminos generales.

-**1986, ley 39.** Inciso (c): La ley de 1986 enmendó en terminos generales lo relativo a la prestación de fianza.

-**1967.** Inciso (c): La Resolución del Tribunal Supremo de 24 de enero de 1967 añadió la quinta oración.

Regla 24. Procedimientos Posteriores. (32 L.P.R.A. AP. II R. 24.)

(a) En el Tribunal de Distrito. Cuando de acuerdo con lo prescrito en la Regla 22(c) se recibiere el expediente de un caso en la secretaría de alguna sala de la Sección de Distrito del Tribunal de Primera Instancia, se procederá en dicha sala a la celebración del juicio, y la denuncia remitida por el magistrado servirá de base al mismo.

(b) En el Tribunal de Primera Instancia. Cuando el expediente fuere remitido a la secretaría de alguna sala de la Sección de Distrito del Tribunal de Primera Instancia, el secretario deberá referir el mismo inmediatamente al fiscal de dicha sala, quien presentará la acusación que procediere si se tratare de un caso donde no se hubiere radicado la correspondiente acusación de conformidad con lo dispuesto en la Regla 6(a). Si por causa justificada el fiscal considerare que no debe presentarse acusación, archivará el expediente en la secretaría de la sala correspondiente con su endoso en tal sentido. El secretario, previa aprobación del tribunal, lo guardará registrando dicha causa en el "Registro de Causas Archivadas" que deberá llevar en su oficina, y expedirá inmediatamente una orden para la excarcelación de la persona, si ésta se hallare bajo custodia. Si se hallare en libertad bajo fianza, ésta quedará sin efecto desde el momento del archivo de la causa y si la fianza fuere en depósito será devuelta una vez acreditado el archivo.

Si a juicio del fiscal el proceso por el delito imputado debiera verse ante alguna sala de la Sección de Distrito del Tribunal de Primera Instancia, el fiscal remitirá el expediente a dicha sala dentro de los diez (10) días de habérsele sometido, para que ésta continúe el procedimiento según se dispone en el inciso (a) de esta regla.

(c) Efectos de la determinación de no haber causa probable. Si luego de la vista preliminar, en los casos en que corresponda celebrar la misma, el magistrado hiciere una determinación de que no existe causa probable, el fiscal no podrá presentar acusación alguna. En tal caso o cuando la determinación fuere la de que existe causa por un delito inferior al imputado, el fiscal podrá someter el asunto de nuevo con la misma o con otra prueba a un magistrado de categoría superior del Tribunal de Primera Instancia.

(d) Efectos de la determinación de renuncia de jurisdicción en Procedimientos para Asuntos de Menores. Cuando el expediente fuere remitido a la secretaría de la Sección de Distrito del Tribunal de Primera Instancia en virtud de una resolución del tribunal renunciando a la jurisdicción sobre un menor, el secretario deberá referir el mismo inmediatamente al fiscal de distrito. El fiscal deberá presentar la acusación que proceda en el término de quince (15) días a partir del recibo de la notificación de renuncia.

No será necesaria la celebración de vista para determinar causa probable para arresto conforme a la Regla 22, ni la vista preliminar en los casos que deba celebrarse conforme a la Regla 23, de existir determinación previa de un magistrado dictada según las Reglas 2.9 y 2.10 de Procedimiento para Asuntos de Menores, Ap. I-A de este título.

(Reglas de Procedimiento Criminal, 1963, Regla 24; Julio 9, 1986, Núm. 80, p. 268, art. 2; Junio 19, 1987, Núm. 29, p. 98, art. 7; Agosto 22, 1990, Núm. 55, p. 221, sec. 1, ef. 30 días después de Agosto 22, 1990.)

CAPITULO III. COMPETENCIA

Regla 25. Distrito; Definición. (32 L.P.R.A. AP. II R. 25.)

Según se usa en las Reglas 25 a 33, "distrito" significará una de las unidades territoriales en que Puerto Rico está dividido para fines judiciales, e incluirá las unidades correspondientes a las salas del Tribunal de Distrito y a las salas del Tribunal Superior.

(Reglas de Procedimiento Criminal, 1963, Regla 25, efectiva 60 días después del 30 de julio de 1963)

Regla 26. Delitos Enjuiciables en Puerto Rico. (32 L.P.R.A. AP. II R. 26.)

Será enjuiciable en Puerto Rico, toda persona que cometa o intente cometer un delito en la extensión territorial sujeta a la jurisdicción del Estado Libre Asociado de Puerto Rico.

Será también enjuiciable en Puerto Rico, toda persona que cometa o intente cometer un delito fuera de la extensión territorial del Estado Libre Asociado de Puerto Rico, en las circunstancias establecidas en el Artículo 7 del Código Penal del Estado Libre Asociado de Puerto Rico.

(Reglas de Procedimiento Criminal, 1963, Regla 26; Enmendada en septiembre 15, 2004, Núm. 317, art. 4, efectiva el 1 de mayo de 2005)

Regla 27. Competencia; En General. (32 L.P.R.A. AP. II R. 27.)

En todo proceso criminal el juicio se celebrará en la sala correspondiente al distrito donde se cometió el delito, excepto lo que en contrario se provea en estas reglas. En los delitos cometidos fuera de la extensión territorial del Estado Libre Asociado de Puerto Rico, serán juzgados en el distrito de San Juan.

(Reglas de Procedimiento Criminal, 1963, Regla 27; Enmendada en septiembre 15, 2004, Núm. 317, art. 4, efectiva el 1 de mayo de 2005)

Regla 28. Competencia; Coautores en Distintos Distritos. (32 L.P.R.A. AP. II R. 28.)

Cuando en un distrito una persona ayudare, indujere o procurare la comisión de un delito en otro distrito, podrá ser juzgada por dicho delito en cualquiera de los dos distritos.

(Reglas de Procedimiento Criminal, 1963, Regla 28, efectiva 60 días después del 30 de julio de 1963)

Regla 29. Competencia; Actos Realizados en más de un Distrito. (32 L.P.R.A. AP. II R. 29.)

Cuando para la comisión de un delito se requiriese la realización de varios actos, el juicio podrá celebrarse en cualquier distrito donde se realizare cualquiera de dichos actos.

(Reglas de Procedimiento Criminal, 1963, Regla 29, efectiva 60 días después del 30 de julio de 1963)

Regla 30. Competencia; Delitos en un Distrito Cometidos desde Otro. (32 L.P.R.A. AP. II R. 30.)

Cuando desde un distrito una persona cometiere un delito en otro distrito, el juicio podrá celebrarse en cualquiera de los dos distritos.

(Reglas de Procedimiento Criminal, 1963, Regla 30, efectiva 60 días después del 30 de julio de 1963)

Regla 31. Competencia; Delitos Cometidos en Tránsito. (32 L.P.R.A. AP. II R. 31.)

Cuando se cometiere un delito en cualquier vehículo público o privado mientras se encontrare en el curso de un viaje, y no pudiere determinarse el sitio donde se cometió, el juicio podrá celebrarse en cualquier distrito a través del cual dicho vehículo pasare en dicho viaje.

(Reglas de Procedimiento Criminal, 1963, Regla 31, efectiva 60 días después del 30 de julio de 1963)

Regla 32. Competencia; Delitos en o Contra Naves Aéreas. (32 L.P.R.A. AP. II R. 32.)

Cualquier persona que cometiere un delito en o contra cualquier nave aérea mientras ésta volare sobre el territorio de Puerto Rico, podrá ser juzgada en los tribunales estatales y en cualquier distrito.

(Reglas de Procedimiento Criminal, 1963, Regla 32, efectiva 60 días después del 30 de julio de 1963)

Regla 33. Competencia; Propiedad Llevada de un Distrito a Otro. (32 L.P.R.A. AP. II R. 33.)

Cuando una persona adquiriere bienes mediante la comisión de un delito en un distrito y transportare dichos bienes a otro distrito, podrá ser juzgada en cualquiera de los dos distritos.

(Reglas de Procedimiento Criminal, 1963, Regla 33, efectiva 60 días después del 30 de julio de 1963)

CAPITULO IV. LA ACUSACION Y LA DENUNCIA

Regla 34. Definiciones. (32 L.P.R.A. AP. II R. 34.)

(a) La acusación. La acusación es una alegación escrita hecha por un fiscal al Tribunal de Primera Instancia en la cual se imputa a una persona la comisión de un delito. La primera alegación de parte de El Pueblo en un proceso iniciado en el Tribunal de Primera Instancia será la acusación. Se firmará y jurará por el fiscal y se radicará en la secretaría del Tribunal de Primera Instancia correspondiente.

En todo caso, el juramento será suficiente si expresare que la acusación se basa en causa probable determinada de acuerdo con lo dispuesto en estas reglas o de acuerdo con lo dispuesto en la Regla 2.10 de Procedimiento para Asuntos de Menores, Ap. I-A de este título, en los casos de renuncia de jurisdicción del tribunal sobre un menor.

(b) La denuncia. La primera alegación en un proceso iniciado en el Tribunal de Distrito será la denuncia, según ésta se define en la Regla 5 y del modo dispuesto en la Regla 24(a).

(Reglas de Procedimiento Criminal, 1963, Regla 34; Mayo 27, 1980, Núm. 67, p. 176; Junio 19, 1987, Núm. 29, p. 98, art. 8; Agosto 22, 1990, Núm. 55, p. 221, sec. 2, ef. 30 días después de Agosto 22, 1990.)

Regla 35. Contenido de la Acusación y de la Denuncia. (32 L.P.R.A. AP. II R. 35.)

La acusación y la denuncia deberán contener:

(a) El título del proceso designando la sección y la sala del Tribunal de Primera Instancia en las cuales se iniciare el mismo. Si se tratare de una denuncia, el juez deberá ordenar la enmienda correspondiente en el título de la misma designando su sala en sustitución del magistrado ante quien se presentó la denuncia.

(b) La identificación del acusado por su verdadero nombre o por aquel nombre por el cual se le conociere. Si se desconociere su nombre, se alegará ese hecho y se le designará por un nombre ficticio.

En los casos de delitos graves en que se desconozca el nombre de la persona a ser acusada, pero el Estado cuente con evidencia forense que incluya el perfil genético, entiéndase la identificación por perfil de ácido desoxirribonucléico (ADN) de ésta, se emitirá la acusación utilizando un nombre ficticio tal como "Jane Doe" o "John Doe". Dicha acusación será enmendada cuando el Instituto de Ciencias Forenses o cualquier agencia o ente del orden público, local, estatal o federal con competencia, correlacione el perfil genético con el de una persona para que contenga el nombre verdadero del acusado, o el nombre por el cual es conocido. En estos casos, el término prescriptivo del delito, según se haya establecido en el Código Penal de Puerto Rico, no comenzará a decursar hasta tanto se logre dicha correlación y la acusación haya sido enmendada a los efectos de identificar al acusado por su nombre verdadero o por el cual es conocido.

En ningún caso será necesario que se pruebe que el fiscal o el denunciante desconocen el verdadero nombre del acusado. Para identificar a cualquier persona que no fuere el acusado, bastará en todo caso que se le identifique del modo dispuesto en esta regla para el acusado.

Si la acusada fuere una corporación o sociedad, será suficiente el expresar el nombre corporativo o la razón social, o cualquier otro nombre o denominación por el cual la acusada fuere conocida o pudiere ser identificada, sin que fuere necesario alegar que se trata de una corporación o sociedad ni cómo fue ésta organizada o constituida. Para identificar a cualquier corporación o sociedad que no fuere la acusada, bastará en todo caso que se le identifique del modo dispuesto en esta regla en cuanto a una corporación o sociedad acusada.

Para referirse a algún grupo o asociación de personas que no formen una corporación o sociedad, bastará en todo caso expresar el nombre de dicho grupo o asociación o aquel nombre por el cual ha sido o fuere conocido, o expresar los nombres de todas las personas que constituyen dicho grupo o asociación o el de una o varias de dichas personas, y referirse a las demás como "y otros".

Al hacer referencia a cualquier persona o entidad que no fuere la parte acusada, no será necesario en caso alguno alegar ni probar que el fiscal o el denunciante desconocen el verdadero nombre de la persona o entidad.

(c) Una exposición de los hechos esenciales constitutivos del delito, redactada en lenguaje sencillo, claro y conciso, y de tal modo que pueda entenderla cualquier persona de inteligencia común. Las palabras usadas en dicha exposición se interpretarán en su acepción usual en el lenguaje corriente, con excepción de aquellas palabras y frases definidas por ley o por la jurisprudencia, las cuales se interpretarán en su significado legal. Dicha exposición no tendrá que emplear estrictamente las palabras usadas en la ley, y podrá emplear otras que tuvieren el mismo significado. En ningún caso será necesario el expresar en la acusación o denuncia presunciones legales ni materias de conocimiento judicial.

(d) La cita de la ley, reglamento o disposición que se alegue han sido infringidos, pero la omisión de tal cita o una cita errónea se considerará como un defecto de forma.

(e) La firma y juramento del denunciante o del fiscal según se dispone en las Reglas 5 y 34, respectivamente.

(Reglas de Procedimiento Criminal, 1963, Regla 26; Enero 24, 1967, Regla 35; Diciembre 30, 2010, Núm. 252, art. 1, enmienda el inciso (b).)

Nota Importante
-Enmienda
-2010, ley 252 – Esta ley 252 enmienda el inciso (b) a esta Regla 35 e incluye el siguiente artículo relacionado:
Artículo 3. -Cláusula de Separabilidad -Si cualquier cláusula, párrafo, sub-párrafo, artículo, disposición, artículo o parte de esta Ley fuera anulada o declarada inconstitucional, la sentencia a tal efecto dictada no afectará, perjudicará, ni invalidará el resto de esta Ley. El efecto de dicha sentencia quedará limitado a la cláusula, párrafo, sub-párrafo, artículo, disposición, artículo o parte de la misma que así hubiere sido anulada o declarada inconstitucional.

Regla 36. Defectos de Forma. (32 L.P.R.A. AP. II R. 36.)

Una acusación o denuncia no será insuficiente, ni podrán ser afectados el juicio, la sentencia o cualquier otro procedimiento basados en dicha acusación o denuncia, por causa de algún defecto, imperfección u omisión de forma que no perjudicare los derechos sustanciales del acusado.

(Reglas de Procedimiento Criminal, 1963, Regla 36, efectiva 60 días después del 30 de julio de 1963)

Regla 37. Acumulación de Delitos y de Acusados. (32 L.P.R.A. AP. II R. 37.)

(a) Acumulación de delitos. En la misma acusación o denuncia se podrán imputar dos o más delitos, en cargos por separado para cada uno de ellos, si los delitos imputados fueren de igual o similar naturaleza, o hubieren surgido del mismo acto o transacción, o de dos o más actos o transacciones relacionadas entre sí o que constituyeren partes de un plan común. Las alegaciones de un cargo podrán incorporarse en los demás cargos por referencia.

(b) Inclusión de varios acusados. En la misma acusación o denuncia se podrán incluir dos o más acusados si se les imputare el haber participado en el mismo acto o transacción o en la misma serie de actos o transacciones, constitutivos del delito o delitos imputados. Se podrá incluir a dichos acusados en uno o más cargos conjunta o separadamente, y no se tendrá que incluir a todos los acusados en cada cargo.

(Reglas de Procedimiento Criminal, 1963, Regla 37, efectiva 60 días después del 30 de julio de 1963)

Regla 38. Enmiendas a la Acusación, Denuncia o Escrito de Especificaciones. (32 L.P.R.A. AP. II R. 38.)

(a) Subsanación de defectos de forma. Si la acusación, la denuncia o un escrito de especificaciones adolecieren de algún defecto, imperfección u omisión de forma aludido en la Regla 36, el tribunal podrá permitir en cualquier momento las enmiendas necesarias para subsanarlo. En ausencia de enmienda, dicho defecto, imperfección u omisión se entenderá subsanado una vez rendido el veredicto del jurado o el fallo del tribunal.

(b) Subsanación de defecto sustancial. Si la acusación o la denuncia adolecieren de algún defecto u omisión sustancial, el tribunal en el cual se ventilare originalmente el proceso podrá permitir, en cualquier momento antes de la convicción o absolución del acusado, las enmiendas necesarias para subsanarlo. Si se tratare de una acusación, el acusado tendrá derecho a que se le celebre de nuevo el acto de la lectura de la acusación. Si se tratare de una denuncia, el acusado tendrá derecho a que el juicio se le celebre después de los cinco (5) días siguientes a aquél en que se hiciere la enmienda.

(c) Adición de cargos o de acusados. Antes de comenzado el juicio el Tribunal de Distrito podrá permitir enmiendas a la denuncia para añadir nuevos cargos, a nuevos acusados a quienes se les hubieren celebrado los procedimientos preliminares provistos en las Reglas 6, 7 y 22. En tales casos, los acusados tendrán derecho a que el juicio se les celebre después de los cinco (5) días siguientes a aquél en que se hiciere la enmienda.

(d) Incongruencia entre las alegaciones y la prueba. El tribunal podrá permitir enmiendas a la acusación, a la denuncia o a un escrito de especificaciones en cualquier momento antes de la convicción o absolución del acusado, en caso de que hubiere incongruencia entre las alegaciones y la prueba. La incongruencia o desacuerdo entre las alegaciones y la prueba no será fundamento para la absolución del acusado; pero el tribunal, siempre que el acusado no se opusiere, deberá posponer el juicio si es de opinión que los derechos sustanciales del acusado se han perjudicado, para celebrarlo ante otro jurado o ante el mismo tribunal si el juicio no fuere por jurado, y según el tribunal determinare.

Si la incongruencia o desacuerdo es de tal naturaleza que la prueba estableciere un delito distinto del imputado, no incluido en éste, o estableciere la comisión de un delito fuera de la competencia del tribunal, se deberá disolver el jurado y se sobreseerá el proceso.

(e) Identificación por nombre de un acusado previamente identificado por nombre ficticio y mediante perfil de ácido desoxirribonucléico (ADN). El tribunal permitirá enmiendas a una acusación emitida con nombre ficticio a los efectos de identificar por nombre verdadero, o por el cual es conocido, a un acusado que hubiese sido identificado previamente mediante perfil de ácido desoxirribonucléico (ADN) y por nombre ficticio, según lo dispuesto en la Regla 35.

(Reglas de Procedimiento Criminal, 1963, Regla 38; Enero 24, 1967, Regla 38; Diciembre 30, 2010, Núm. 252, art. 2, añade el inciso (e).)

Nota Importante
-Enmienda
-**2010, ley 252** – Esta ley 252 añade el inciso (e) a esta Regla 38 e incluye el siguiente artículo relacionado:
Artículo 3. -Cláusula de Separabilidad -Si cualquier cláusula, párrafo, sub-párrafo, artículo, disposición, artículo o parte de esta Ley fuera anulada o declarada inconstitucional, la sentencia a tal efecto dictada no afectará, perjudicará, ni invalidará el resto de esta Ley. El efecto de dicha sentencia quedará limitado a la cláusula, párrafo, sub-párrafo, artículo, disposición, artículo o parte de la misma que así hubiere sido anulada o declarada inconstitucional.

CAPITULO V. LAS ALEGACIONES

Regla 39. Omisión de Alegar la Fecha. (32 L.P.R.A. AP. II R. 39.)

La acusación o la denuncia serán suficientes aunque no especificaren la fecha o el momento en que se alega que se cometió el delito, a menos que una alegación en tal sentido fuere necesaria para imputar la comisión de un delito.

La alegación en una acusación o denuncia al efecto de que el acusado cometió el delito se considerará como una alegación de que el delito se cometió después de creado por ley, antes de presentarse la acusación, y dentro del período de prescripción.

Todas las alegaciones en una acusación, denuncia o escrito de especificaciones se interpretarán en el sentido de que se refieren a la misma fecha o momento, a menos que se expresare lo contrario.

(Reglas de Procedimiento Criminal, 1963, Regla 39, efectiva 60 días después del 30 de julio de 1963)

Regla 40. Omisión de Alegar el Sitio. (32 L.P.R.A. AP. II R. 40.)

La acusación o la denuncia serán suficientes aunque no especificaren el sitio exacto en donde se alega que se cometió el delito, siendo bastante la alegación de que el mismo se cometió en un sitio dentro de la competencia del tribunal, a menos que una alegación en aquel sentido fuere necesaria para imputar la comisión de un delito.

Todas las alegaciones en una acusación, denuncia o escrito de especificaciones se interpretarán en el sentido de que se refieren al mismo sitio, a menos que se expresare lo contrario.

(Reglas de Procedimiento Criminal, 1963, Regla 40, efectiva 60 días después del 30 de julio de 1963)

Regla 41. Alegación de Sentencia o Procedimiento. (32 L.P.R.A. AP. II R. 41.)

Al referirse una acusación o denuncia a una sentencia, o a un procedimiento ante cualquier tribunal o funcionario, civil o militar, no será necesario alegar los hechos que confieran jurisdicción a dicho tribunal o funcionario, sino que bastará con alegar en términos generales que la sentencia se dictó o que el procedimiento se llevó a cabo, de modo que se identifiquen los mismos.

(Reglas de Procedimiento Criminal, 1963, Regla 41, efectiva 60 días después del 30 de julio de 1963)

Regla 42. Alegación Errónea en Cuanto a la Persona Perjudicada. (32 L.P.R.A. AP. II R. 42.)

Cuando un delito ocasionare la realización de un daño particular, o la tentativa para realizarlo, y en sus demás particulares se describiere con claridad, se considerará como defecto de forma una alegación errónea con respecto a la persona perjudicada o que se intentó perjudicar.

(Reglas de Procedimiento Criminal, 1963, Regla 42, efectiva 60 días después del 30 de julio de 1963)

Regla 43. Alegaciones en Cuanto a Coautores o Cooperadores. (32 L.P.R.A. AP. II R. 43.)

Al acusarse a personas como coautores o cooperadores en la comisión de un delito, por haber ayudado, forzado, inducido, provocado, instigado o cooperado a su comisión, no será necesario hacer en cuanto a ella más alegaciones que las requeridas contra el principal o autor personal de los hechos.

(Reglas de Procedimiento Criminal, 1963, Regla 43; Mayo 27, 1980, Núm. 64, p. 172; septiembre 15, 2004, Núm. 317, art. 5, efectiva el 1 de mayo de 2005.)

Regla 44. Procesos Contra Coautores. (32 L.P.R.A. AP. II R. 44.)

Un coautor podrá ser acusado, juzgado y castigado aunque el autor no fuere acusado ni juzgado, o aunque hubiere sido juzgado y absuelto.

(Reglas de Procedimiento Criminal, 1963, Regla 44; Mayo 27, 1980, Núm. 66, p. 175; 2003, Núm. 230, art. 1).

Nota Importante:
Enmienda-
-2003, ley 230- Véase la Exposición de Motivos de la Ley Núm. 230 de 2 de septiembre de 2003. En la ley tiene jurisprudencia importante de Puerto Rico y la ley original de California referente a la Regla.

Regla 45. Omisión de Alegar Valor o Precio. (32 L.P.R.A. AP. II R. 45.)

La acusación o la denuncia serán suficientes aunque no especificaren el valor o precio de la propiedad afectada a menos que una alegación en tal sentido fuere necesaria para imputar la comisión de un delito. Bastará con alegar que el valor o precio de la propiedad iguala o excede el valor o precio determinativo del delito. No habrá que alegar los hechos que determinan dicho valor o precio.

(Reglas de Procedimiento Criminal, 1963, Regla 45, efectiva 60 días después del 30 de julio de 1963)

Regla 46. Alegación Sobre Intención de Defraudar. (32 L.P.R.A. AP. II R. 46.)

Una alegación sobre intención de defraudar o de causar daño será suficiente sin que se alegue la intención de defraudar o de causar daño a determinada persona en particular, a menos que una alegación en ese sentido fuere necesaria para imputar la comisión de un delito.

(Reglas de Procedimiento Criminal, 1963, Regla 46, efectiva 60 días después del 30 de julio de 1963)

Regla 47. Alegación con Relación a Documentos. (32 L.P.R.A. AP. II R. 47.)

Cuando en una acusación o denuncia fuere necesario hacer una alegación con relación a un documento bastará con referirse a dicho documento por cualquier nombre mediante el cual usualmente fuere conocido o identificado, y no tendrá que incluirse una copia de todo o de parte del mismo.

(Reglas de Procedimiento Criminal, 1963, Regla 47, efectiva 60 días después del 30 de julio de 1963)

Regla 48. Alegación de Convicción Anterior. (32 L.P.R.A. AP. II R. 48.)

Una acusación o denuncia no deberá contener alegación alguna de convicciones anteriores del acusado, a menos que una alegación en tal sentido fuere necesaria para imputar la comisión de un delito, o para alegar la condición de reincidente, de subsiguiente o de delincuencia habitual en relación con el acusado.

(Reglas de Procedimiento Criminal, 1963, Regla 48, efectiva 60 días después del 30 de julio de 1963)

Regla 49. Omisión de Negar Excepciones. (32 L.P.R.A. AP. II R. 49.)

Una acusación o denuncia no será insuficiente por razón de que no se nieguen en ellas las excepciones o excusas establecidas por ley, a menos que la excepción o excusa hubiere sido incorporada formando parte inseparable de la definición del delito, de tal manera que si se omitiere negar dicha excepción o excusa la acusación o denuncia no cumpliría con los requisitos de la Regla 35.

(Reglas de Procedimiento Criminal, 1963, Regla 49, efectiva 60 días después del 30 de julio de 1963)

Regla 50. Alegaciones en la Alternativa. (32 L.P.R.A. AP. II R. 50.)

Una acusación o denuncia por un delito que se podría cometer mediante la realización de uno o más actos, o por uno o más medios, o con una o más intenciones, o con uno o más resultados, no será insuficiente por razón de que se aleguen en la alternativa dos o más de dichos actos, medios, intenciones o resultados.

(Reglas de Procedimiento Criminal, 1963, Regla 50, efectiva 60 días después del 30 de julio de 1963)

Regla 51. Orden de Arresto Después de Presentada la Acusación. (32 L.P.R.A. AP. II R. 51.)

Si los hechos alegados en la acusación constituyeren delito y no se hubiere arrestado al acusado por dicho delito con anterioridad a la presentación de la misma, el tribunal deberá expedir la orden correspondiente para su arresto. El funcionario que diligenciare la orden de arresto deberá llevar a la persona arrestada sin demora innecesaria ante el tribunal que expidió la orden o ante cualquier magistrado disponible, a los efectos de que se le fije fianza al acusado.

El término para diligenciar una orden de arresto será igual al término prescriptivo del delito imputado, computado a partir de la expedición de la orden de arresto. En el caso de delitos que tengan un término prescriptivo mayor de cinco (5) años o que carezcan del mismo, el término para diligenciar una orden de arresto será de cinco (5) años computado a partir de la expedición de la orden de arresto.

En circunstancias excepcionales, el juez podrá aceptar como válida una orden de arresto diligenciada fuera del término establecido. A tales efectos, el juez deberá tomar en consideración, entre otros, los siguientes factores:

(1) Gestiones oficiales tendentes a arrestar al imputado.

(2) Si el acusado conoce de la orden de arresto en su contra.

(3) Si el acusado ha huido o se ha ocultado.

(4) La disponibilidad del acusado a los fines de haberse podido realizar el diligenciamiento efectivo.

(5) Si se conoce o debió conocerse su dirección o paradero.

(6) Si se ha mudado de dirección.

(7) Si ha salido de la jurisdicción del Estado Libre Asociado.

(8) Su movilidad dentro de la jurisdicción del Estado Libre Asociado.

(Reglas de Procedimiento Criminal, 1963, Regla 51; Enmendado en el 2003, Núm. 146, art. 1)

Nota Importante:
Enmienda-
-2003, ley 146 - Véase la Exposición de Motivos de la Ley Núm. 246 de 3 de septiembre de 2003. Tiene jurisprudencia importante de Puerto Rico y los Estados Unidos referentes a esta Regla.

CAPITULO VI. ACTO DE LECTURA DE LA ACUSACION

Regla 52. Cuando se Leerá la Acusación. (32 L.P.R.A. AP. II R. 52.)

En los casos en que se presentare acusación, antes de someterse a juicio al acusado deberá llevársele al tribunal para el acto en sesión pública de la lectura de la misma, a no ser que en ese acto el acusado renunciare a dicha lectura, y para que formule su alegación. Tampoco será necesaria la lectura de la acusación si con anterioridad se hubiere entregado personalmente al acusado una copia de la misma y estando representado por abogado, hubiere respondido o cuando no hubiere contestado y ha transcurrido el término de diez (10) días para hacer alegación, en cuyo caso se registrará una alegación de no culpable. Sujeto a lo dispuesto en la Regla 243, el acusado deberá hallarse presente para la lectura de la acusación en los casos en que deba celebrarse dicho acto. Se le entregará una copia de la acusación con una lista de los testigos, antes de que se le requiera que formule alegación alguna.

Cuando en los casos en que por virtud de renuncia de jurisdicción sobre un menor se le procese como adulto se le entregarán, a petición de éste, las declaraciones juradas de los testigos que haya utilizado en la vista el Procurador para Asuntos de Menores para determinar causa probable conforme a la Regla 2.10 de Procedimiento para Asuntos de Menores, Ap. I-A de este título.

(Reglas de Procedimiento Criminal, 1963, Regla 52; Junio 19, 1987, Núm. 29, p. 98, art. 9; Agosto 22, 1990, Núm. 55, p. 221, sec. 3, ef. 30 días después de Agosto 22, 1990.)

Regla 53. Necesidad del Acto de Lectura en Casos de Denuncias. (32 L.P.R.A. AP. II R. 53.)

En los casos en que se imputare mediante denuncia la comisión de un delito menos grave (misdemeanor) podrá prescindirse del acto de la lectura de la denuncia, pero ésta se le leerá al acusado al comenzar el juicio.

Al citarse al acusado para juicio deberá entregársele una copia de la denuncia.

(Reglas de Procedimiento Criminal, 1963, Regla 53, efectiva 60 días después del 30 de julio de 1963)

Regla 54. Lectura de la Acusación en Casos de Coacusados. (32 L.P.R.A. AP. II R. 54.)

La lectura de una acusación formulada contra dos o más coacusados se podrá efectuar separada o conjuntamente, a discreción del tribunal.

(Reglas de Procedimiento Criminal, 1963, Regla 54, efectiva 60 días después del 30 de julio de 1963)

Regla 55. Comparecencia del Acusado. (32 L.P.R.A. AP. II R. 55.)

El tribunal podrá ordenar al funcionario que tuviere al acusado bajo custodia que lo conduzca ante su presencia para oír la acusación. Si el acusado estuviere bajo fianza, se le notificará personalmente cuándo deberá comparecer a oír la lectura de la acusación. Si el acusado no compareciere, el tribunal podrá confiscar la fianza de acuerdo con lo provisto en la Regla 227, o expedir mandamiento de arresto, o disponer ambas cosas. Dicho mandamiento de arresto se podrá diligenciar en cualquier sitio bajo la jurisdicción del Estado Libre Asociado de Puerto Rico.

(Reglas de Procedimiento Criminal, 1963, Regla 55, efectiva 60 días después del 30 de julio de 1963)

Regla 56. Sala en que se Efectuará la Lectura. (32 L.P.R.A. AP. II R. 56.)

La lectura de la acusación se efectuará ante la sala del Tribunal de Primera Instancia en que se presentare, a no ser que antes de la lectura la causa se hubiere trasladado a otra sala. De haber ocurrido esto último, la lectura se efectuará en esa otra sala.

(Reglas de Procedimiento Criminal, 1963, Regla 56, efectiva 60 días después del 30 de julio de 1963)

Regla 57. Asistencia de Abogado. (32 L.P.R.A. AP. II R. 57.)

Si el acusado compareciere sin abogado a responder de la acusación, el tribunal deberá informarle de su derecho a tener abogado defensor y designará un abogado para que lo represente en el acto de la lectura de la acusación y en todos los trámites siguientes, a no ser que el acusado renunciare a su derecho a asistencia de abogado o pudiere obtener uno de su propia selección. El tribunal concederá al abogado que nombre un período de tiempo razonable para prepararse para el juicio. Dicho abogado servirá sin costo alguno para el acusado.

(Reglas de Procedimiento Criminal, 1963, Regla 57, efectiva 60 días después del 30 de julio de 1963)

Regla 58. Advertencia sobre Nombre del Acusado y Juicio en Ausencia. (32 L.P.R.A. AP. II R. 58.)

(a) Al leerse la acusación se advertirá al acusado que si el nombre bajo el cual se procede contra él no es el suyo deberá declarar su verdadero nombre, o que de lo contrario se seguirá la causa bajo el nombre consignado en la acusación. Si el acusado no dijere que tiene otro nombre, el tribunal proseguirá de conformidad, pero si alegare ser otro su verdadero nombre, el tribunal ordenará que se anote éste en el acta de la lectura de la acusación y de ahí en adelante el proceso se sustanciará bajo dicho nombre, haciéndose referencia también al nombre bajo el cual se inició la acusación.

(b) En el acto de lectura de acusación, el tribunal señalará la fecha para el juicio y apercibirá al acusado que de no comparecer, podrá celebrarse el juicio en su ausencia, incluyendo la selección del jurado y todas las otras etapas hasta el veredicto o fallo y el pronunciamiento de la sentencia y que su incomparecencia voluntaria equivaldrá a una renuncia a estar presente en estas etapas del proceso.

(Reglas de Procedimiento Criminal, 1963, Regla 58; Julio 23, 1974, Núm. 138, Parte 1, p. 686, art. 1; Mayo 27, 1980, Núm. 70, p. 185, sec. 1.)

Regla 59. Plazo para Alegar. (32 L.P.R.A. AP. II R. 59.)

Si el acusado lo solicitare al hacércele la acusación, se le deberá conceder un término razonable, no menor de un (1) día, ni mayor de diez (10) días para contestar la acusación.

(Reglas de Procedimiento Criminal, 1963, Regla 59; Junio 3, 1980, Núm. 93, p. 270.)

Regla 60. Omisión de leer la Acusación; Irregularidad en el Acto de la Lectura. (32 L.P.R.A. AP. II R. 60.)

Si en el acto de la lectura de la acusación se omitiere leer la acusación, o si ocurriere alguna otra irregularidad en este acto, no se afectará por ello la validez de cualquier trámite del proceso si el acusado, por conducto de su abogado o por sí mismo si hubiere renunciado a tener asistencia legal, contestare la acusación o se sometiere a juicio sin objetar dicha omisión o irregularidad.

(Reglas de Procedimiento Criminal, 1963, Regla 60, efectiva 60 días después del 30 de julio de 1963)

CAPITULO VII. MOCIONES ANTES DEL JUICIO Y ALEGACION

Regla 61. Cómo se Responderá a la Acusación. (32 L.P.R.A. AP. II R. 61.)

Oída la acusación, y a no ser que el tribunal le concediere término para contestar, el acusado responderá a ella inmediatamente mediante alegación, o podrá presentar moción para desestimar o solicitar cualquier remedio apropiado. Si se presentare una moción sin que hubiere alegación, y dicha moción se retirare o fuere desestimada, el acusado responderá entonces mediante alegación.

(Reglas de Procedimiento Criminal, 1963, Regla 61, efectiva 60 días después del 30 de julio de 1963)

Regla 62. Defensas y Objeciones; Cómo se Promoverán. (32 L.P.R.A. AP. II R. 62.)

La excepción perentoria y cualquier otra alegación que no fuere la de culpable o no culpable quedan abolidas. Todas las defensas, objeciones y remedios hasta ahora disponibles mediante moción o excepción perentoria, o cualquier otra alegación que no fuere la de culpable o no culpable deberán presentarse mediante moción para desestimar o para solicitar un remedio apropiado.

(Reglas de Procedimiento Criminal, 1963, Regla 62, efectiva 60 días después del 30 de julio de 1963)

Regla 63. Defensas y Objeciones; Cuando se Promoverán; Renuncia. (32 L.P.R.A. AP. II R. 63.)

Excepto las defensas de falta de jurisdicción del tribunal y la de que no se imputa delito, las cuales podrán presentarse en cualquier momento, cualquier defensa u objeción susceptible de ser determinada sin entrar en el caso en su fondo se deberá promover mediante moción presentada al hacerse alegación de no culpable o antes de alegar, pero el tribunal podrá permitir por causa justificada la presentación de dicha moción dentro de un período no mayor de veinte (20) días después del acto de lectura de la acusación en los casos en que deba celebrarse dicho acto. Cuando se hubiere entregado personalmente al acusado una copia de la acusación, el término para la presentación de esta moción será de no más de veinte (20) días desde que el acusado hubiese respondido. Cuando no hubiese contestado, el término será de no más de veinte (20) días después de que se registre la alegación de no culpable.

La moción incluirá todas las defensas y objeciones de tal índole de que pueda disponer el acusado. La omisión de presentar cualquiera de dichas defensas u objeciones en el término dispuesto constituirá una renuncia de la misma, pero el tribunal podrá eximir al acusado, por causa justificada, de los efectos de tal renuncia.

Una moción para desestimar basada en lo provisto en la Regla 64(n)(3) ó (4) deberá presentarse antes de ser llamado el caso para juicio.

(Reglas de Procedimiento Criminal, 1963, Regla 63; Julio 5, 1988, Núm. 65, p. 315, art. 1, ef. 60 días después de Julio 5, 1988.)

Regla 64. Fundamentos de la Moción para Desestimar. (32 L.P.R.A. AP. II R. 64.)

La moción para desestimar la acusación o la denuncia, o cualquier cargo de las mismas sólo podrá basarse en uno o más de los siguientes fundamentos:

(a) Que la acusación o denuncia no imputa un delito.

(b) Que el tribunal carece de jurisdicción para conocer del delito imputado.

(c) Que la acusación o la denuncia no han sido debidamente firmadas o juradas.

(d) Que el tribunal ha ordenado la presentación de un pliego de especificaciones y no se han suplido las especificaciones ordenadas.

(e) Que el acusado ha sido convicto, o ha estado expuesto a serlo, o ha sido absuelto del delito que se le imputa. Si la moción para desestimar se basare en este fundamento, la misma expresará el nombre bajo el cual el acusado fue convicto, expuesto a convicción o absuelto, y la fecha, tribunal y lugar de convicción, exposición o absolución. La moción para desestimar podrá presentarse por cualquier acusado que hubiere sido absuelto por los méritos del caso, no obstante haber existido cualquier defecto en la acusación o denuncia.

(f) Que la causa, o alguna controversia esencial de la misma, es cosa juzgada. Si la moción para desestimar se basare en este fundamento, la misma expresará el nombre del tribunal, el título del caso y la fecha y lugar del fallo anterior.

(g) Que el acusado ha sido indultado del delito que se le imputa. Si la moción para desestimar se basare en este fundamento, la misma expresará el nombre bajo el cual se indultó al acusado, el nombre del Gobernador que lo indultó y la fecha del indulto.

(h) Que al acusado se le ha concedido por ley inmunidad contra proceso por ese delito. Si la moción se basare en este fundamento, la misma expresará la ley y los hechos a base de los cuales se reclama la inmunidad.

(i) Que el fiscal carecía de autoridad para presentar la acusación.

(j) Que uno o más de los cargos de la acusación o la denuncia imputan más de un delito.

(k) Que existe una indebida acumulación de delitos.

(l) Que existe una indebida acumulación de acusados.

(m) Que el delito ha prescrito.

(n) Que existen una o varias de las siguientes circunstancias, a no ser que se demuestre justa causa para la demora o a menos que la demora para someter el caso a juicio se deba a la solicitud del acusado o a su consentimiento:

(1) Que el acusado estuvo detenido en la cárcel por un total de treinta (30) días después de su arresto sin que se hubiere presentado acusación o denuncia contra él, o que ha estado detenido por un total de quince (15) días sin que se hubiere presentado una acusación o denuncia contra él si se tratare de un caso en que un magistrado autorizó la radicación de las mismas de conformidad con lo dispuesto en la Regla 6(a).

(2) Que no se presentó acusación o denuncia contra el acusado dentro de los sesenta (60) días de su arresto o citación si se encontraba bajo fianza o dentro de los treinta (30) días si se encontraba sumariado o si se tratare de un caso en que un magistrado autorizó la radicación de las mismas de conformidad con lo dispuesto en la Regla 6(a).

(3) Que el acusado estuvo detenido en la cárcel por un total de sesenta (60) días con posterioridad a la presentación de la acusación o denuncia sin ser sometido a juicio.

(4) Que el acusado no fue sometido a juicio dentro de los ciento veinte (120) días siguientes a la presentación de la acusación o denuncia.

(5) Que la persona estuvo detenida en la cárcel por un total de treinta (30) días después de su arresto sin que se le hubiere celebrado la vista preliminar en los casos en que deba celebrarse.

(6) Que no se celebró vista preliminar a la persona dentro de los sesenta (60) días de su arresto en los casos en que deba celebrarse.

(7) Que se celebró una vista de causa probable para arresto o citación luego de los 60 días de la determinación de no causa.

(8) Que se celebró una vista preliminar en alzada luego de 60 días de la determinación de no causa en vista preliminar.

Se dispone que el tribunal no podrá desestimar una acusación o denuncia, bajo este inciso, sin antes celebrar una vista evidenciaria. En la vista, las partes podrán presentar prueba y el tribunal considerará los siguientes aspectos:

(1) Duración de la demora;

(2) Razones para la demora;

(3) Si la demora fue provocada por el acusado o expresamente consentida por éste;

(4) Si el Ministerio Público demostró la existencia de justa causa para la demora; y

(5) Los perjuicios que la demora haya podido causar.

Una vez celebrada la vista, el magistrado consignará por escrito los fundamentos de su determinación, de forma tal que las partes tengan la oportunidad efectiva y objetiva de evaluar, si así lo solicitan, la reconsideración o revisión de dicha determinación.

(ñ) Que no se ha notificado al acusado la lista de los nombres y direcciones de los testigos que El Pueblo se propone usar en el juicio.

(o) Que de los hechos expresados en el pliego de especificaciones consta que el delito imputado en la acusación o denuncia no fue cometido, o que el acusado no lo cometió. Se desestimará la moción si el fiscal supliere otro pliego de especificaciones que obviare dichas objeciones.

(p) Que se ha presentado contra el acusado una acusación o denuncia, o algún cargo de las mismas, sin que se hubiere determinado causa probable por un magistrado u ordenado su detención para responder del delito, con arreglo a la ley y a derecho.

(q) Que una persona que padece de sordera profunda, severa, moderada o leve, o que refleja cualquier otra situación de hipoacusia o condición que le impida comunicarse efectivamente, fue arrestada, denunciada, imputada y/o acusada y no se le proveyó un intérprete de lenguaje de señas, labio lectura, o algún otro acomodo razonable que garantizara la efectividad de la comunicación, en la vista de causa probable para arresto, la vista de causa probable para arresto en alzada, la vista preliminar o la vista preliminar en alzada.

Una moción para desestimar basada en lo provisto en esta regla deberá presentarse, excepto por causa debidamente justificada y fundamentada, por lo menos veinte (20) días antes del juicio, salvo lo dispuesto en la Regla 63.

(Reglas de Procedimiento Criminal de 1963, Regla 64; Enmendada en Enero 24, 1967; Junio 19, 1987, Núm. 29, p. 98, art. 10; Junio 19, 1987, Núm. 31, p. 110, art. 1; Julio 5, 1988, Núm. 65, p. 315, art. 2, ef. 60 días después de

Julio 5, 1988; Septiembre 15, 2004, Núm. 317, art. 7, adicionados los incisos (n)(7) y (n)(8), efectiva el 1 de mayo de 2005; Diciembre 27, 2011, Núm. 281, art. 4, enmienda los apartados (2), (3), (4) y añade dos párrafos al final del inciso (n); Julio 21, Núm. 99, art. 1, enmienda los subincisos (3) y (4) del inciso (n); Agosto 5, 2018, Núm. 174, art. 13, añade el inciso (q), efectiva 180 días después de su aprobación.)

Regla 65. Mociones antes del Juicio; Su Forma, Contenido y Resolución. (32 L.P.R.A. AP. II R. 65.)

Cualquier moción antes del juicio deberá presentarse por escrito y estar firmada por el acusado o por su abogado, pero el tribunal por causa justificada podrá permitir que se formule oralmente. Deberá exponer detalladamente los fundamentos de las defensas u objeciones a la acusación. El tribunal desestimará de plano sin necesidad de vista toda moción que no cumpla con los requisitos establecidos en esta regla.

Las mociones planteando defensas u objeciones a la acusación o denuncia deberán presentarse en el Tribunal de Primera Instancia dentro de los diez (10) días siguientes al acto de lectura de acusación en los casos en que deba celebrarse dicho acto. Cuando se hubiere entregado personalmente al acusado una copia de la acusación, el término para la presentación de estas mociones será de no más de veinte (20) días desde que el acusado hubiese respondido. Cuando no hubiese contestado, el término será de no más de veinte (20) días después de que se registre la alegación de no culpable. En el Tribunal de Distrito estas mociones se presentarán, excepto por causa debidamente justificada y fundamentada, por lo menos veinte (20) días antes del juicio. Estas mociones deberán notificarse al fiscal, simultáneamente, quien contestará dentro del término no mayor de veinte (20) días de haber sido notificado. El tribunal resolverá las mociones por lo menos veinte (20) días antes del juicio, salvo justa causa o a no ser que ordenare su posposición para ser consideradas en la vista del caso en su fondo. Todas las cuestiones de hecho o de derecho que surjan de dichas mociones deberán ser juzgadas por el tribunal.

(Reglas de Procedimiento Criminal, 1963, Regla 65; Julio 5, 1988, Núm. 65, p. 315, art. 3, ef. 60 días después de Julio 5, 1988.)

Regla 66. Mociones antes del Juicio; Procedimiento si el Defecto Alegado no Impidiere Tramites Ulteriores. (32 L.P.R.A. AP. II R. 66.)

Si la moción se basare en defectos de la acusación, denuncia o pliego de especificaciones que pudieren subsanarse mediante enmienda, el tribunal ordenará se haga la enmienda, y denegará la moción. Si el tribunal declarare con lugar una moción basada en defectos en la presentación o tramitación del proceso, o en la acusación o denuncia, podrá también ordenar que se mantenga al acusado bajo custodia, o que continúe bajo fianza por un término específico, sujeto a la presentación de una nueva acusación o denuncia. Nada de lo aquí expresado afectará las disposiciones sobre los términos de prescripción.

(Reglas de Procedimiento Criminal, 1963, Regla 66, efectiva 60 días después del 30 de julio de 1963)

Regla 67. Orden Desestimando el Proceso; Cuando Impide uno Nuevo. (32 L.P.R.A. AP. II R. 67.)

Una resolución declarando con lugar una moción para desestimar no será impedimento para la iniciación de otro proceso por el mismo delito a menos que el defecto u objeción fuere insubsanable, o a menos que tratándose de un delito menos grave (misdemeanor) dicha moción fuere declarada con lugar por alguno de los fundamentos relacionados en la Regla 64(n).

(Reglas de Procedimiento Criminal, 1963, Regla 67, efectiva 60 días después del 30 de julio de 1963)

Regla 68. Alegaciones. (32 L.P.R.A. AP. II R. 68.)

El acusado hará alegación de culpable o no culpable. La alegación se formulará verbalmente en sesión pública por el acusado o su abogado. Se anotará en las minutas del tribunal, pero la omisión de anotarla no afectará su validez en la tramitación de proceso.

Cuando la acusación imputare un delito en algún grado de reincidencia, el acusado podrá al momento de hacer alegación, o en cualquier ocasión posterior siempre que fuere antes de leerse la acusación al jurado, admitir la convicción o convicciones anteriores y, en tal caso, no se hará saber al jurado en forma alguna la existencia de dicha convicción o convicciones.

(Reglas de Procedimiento Criminal, 1963, Regla 68; enmendada en Septiembre 15, 2004, Núm. 317, art. 8, efectiva el 1 de mayo de 2005)

Regla 69. Alegaciones; Presencia del Acusado; Negativa de Alegar. (32 L.P.R.A. AP. II R. 69.)

Excepto cuando la acusación fuere contra una corporación, no se admitirá una alegación de culpable por un delito grave (felony) a no ser que el acusado estuviere presente y formulare la alegación en persona. Una corporación podrá comparecer a alegar por conducto de su abogado. Cuando un acusado se negare a presentar alegación alguna o cuando una corporación dejare de comparecer se registrará alegación de no culpable.

(Reglas de Procedimiento Criminal, 1963, Regla 69, efectiva 60 días después del 30 de julio de 1963)

Regla 70. Alegación de Culpabilidad; Deber Del Tribunal. (32 L.P.R.A. AP. II R. 70.)

El Tribunal no aceptará la alegación de culpabilidad sin determinar primeramente que la misma se hace voluntariamente, con conocimiento de la naturaleza del delito imputado y de las consecuencias de dicha alegación.

El Tribunal, previo a aceptar una alegación de culpabilidad en casos de delito grave deberá, además, efectuar, haciéndolo constar en el registro, la siguiente advertencia al imputado:

"Si usted no es ciudadano de los Estados Unidos, por este medio queda advertido que una convicción por el delito del cual se le acusa puede traer como consecuencia la deportación, la exclusión de entrada a los Estados Unidos o la denegación de naturalización conforme a las leyes de los Estados Unidos."

De ser solicitado, el Tribunal concederá al imputado un tiempo adicional para considerar si la alegación de culpabilidad es la acción adecuada a la luz de la advertencia descrita en esta Regla.

(Reglas de Procedimiento Criminal, 1963, Regla 70, efectiva 60 días después del 30 de julio de 1963; Enmendada en el 2003, Núm. 70)

Notas importantes:
Enmienda
-2003, ley 70 - Véase Exposición de Motivos de la Ley Núm. 70 de 1 de enero de 2003. Esta tiene jurisprudencia importante de Puerto Rico y los Estados Unidos referente a las alegaciones preacordadas.

Regla 71. Alegación de Culpabilidad; Negativa del Tribunal a Admitirla; Permiso para Cambiarla. (32 L.P.R.A. AP. II R. 71.)

El tribunal podrá negarse a admitir una alegación de culpable y podrá ordenar que se anote alegación de no culpable. El tribunal podrá, además, en cualquier momento antes de dictar sentencia, permitir que la alegación de culpable se retire y que se sustituya por la alegación de no culpable o, previo el consentimiento del fiscal, por la de culpable de un delito inferior al imputado pero incluido en éste, o de un grado inferior del delito imputado.

(Reglas de Procedimiento Criminal, 1963, Regla 71, efectiva 60 días después del 30 de julio de 1963)

Regla 72. Alegaciones Preacordadas. (32 L.P.R.A. AP. II R. 72.)

En todos aquellos casos en que mediaren alegaciones preacordadas entre la defensa del imputado y el representante del Ministerio Público, se seguirá el siguiente procedimiento:

(1) El fiscal y el imputado, por mediación de su abogado, podrán iniciar conversaciones con miras a acordar que, a cambio de una alegación de culpabilidad por el delito alegado en la acusación o denuncia, o por uno de grado inferior o relacionado, el fiscal se obliga a uno o varios de los siguientes cursos de acción:

(a) Solicitar el archivo de otros cargos pendientes que pesen sobre él;

(b) eliminar alegación de reincidencia en cualquiera de sus grados;

(c) recomendar una sentencia en particular o no oponerse a la solicitud que haga la defensa sobre una sentencia específica, entendiéndose que ni lo uno ni lo otro serán obligatorios para el tribunal, o

(d) acordar que determinada sentencia específica es la que dispone adecuadamente del caso.

El tribunal no participará en estas conversaciones.

(2) De llegarse a un acuerdo, las partes notificarán de sus detalles al tribunal en corte abierta, o en cámara si mediare justa causa para ello. Dicho acuerdo se hará constar en récord. Si el imputado se refiere a alguno de los cursos de acción especificados en las cláusulas (a), (b) y (d) del inciso (1) de esta regla, el tribunal podrá aceptarlo o rechazarlo, o aplazar su decisión hasta recibir y considerar el informe presentencia. Si el curso de acción acordado fuere del tipo especificado en la cláusula (c) de dicho inciso el tribunal advertirá al imputado que si la recomendación del fiscal o la solicitud de la defensa no es aceptada por el tribunal, el imputado no tendrá derecho a retirar su alegación.

(3) Si la alegación preacordada es aceptada por el tribunal, éste informará al imputado que la misma se incorporará y se hará formar parte de la sentencia.

(4) Si la alegación preacordada es rechazada por el tribunal, éste así lo informará a las partes y advertirá al imputado personalmente en corte abierta, o en cámara si mediare justa causa para ello, que el tribunal no está obligado por el acuerdo, y brindará al imputado la oportunidad de retirar su alegación. Le advertirá, además, que si persiste en su alegación de culpabilidad, la determinación final del caso podrá serle menos favorable que la acordada entre su abogado y el fiscal. De este trámite se tomará constancia en el récord.

(5) La notificación al tribunal sobre una alegación preacordada se hará antes del juicio, preferiblemente en el acto de lectura de la acusación, pero el tribunal podrá, en el ejercicio de su discreción, si las circunstancias lo ameritaren, permitirlo en cualquier otro momento.

(6) La existencia de una alegación preacordada, sus términos o condiciones, y los detalles y conversaciones conducentes a la misma no serán admisibles contra el imputado en ningún procedimiento criminal, civil o administrativo si la alegación preacordada hubiere sido rechazada por el tribunal o invalidada en algún recurso posterior o retirada válidamente por el imputado. Lo anterior será admisible por excepción en un procedimiento criminal por perjurio contra el imputado basado en manifestaciones hechas por él bajo juramento.

(7) Al decidir sobre la aceptación de una alegación preacordada el tribunal deberá cerciorarse de que ha sido hecha con pleno conocimiento, conformidad y voluntariedad del imputado; que es conveniente a una sana administración de justicia, y que ha sido lograda conforme a derecho y a la ética. A este fin, el tribunal podrá requerir del fiscal y del abogado del imputado aquella información, datos y documentos que tengan en su poder y que estime necesarios, y podrá examinar al imputado y a cualquier otra persona que a su juicio sea conveniente.

El tribunal, previo a aceptar una alegación preacordada deberá, haciéndolo constar en el registro, efectuar la siguiente advertencia al imputado: "Si usted no es ciudadano de los Estados Unidos, se le advierte que una convicción por el delito por el cual se le acusa puede traer como consecuencia la deportación, la exclusión de admisión a los Estados Unidos o la denegación de naturalización conforme a las leyes de los Estados Unidos."

De ser solicitado, el tribunal concederá al imputado un tiempo adicional para considerar si la alegación preacordada es la acción adecuada a la luz de la advertencia descrita en esta regla.

Toda alegación preacordada en una causa en la que se impute la venta, posesión, transporte, portación o uso ilegal de un arma de fuego, según establecido en los Artículos 5.04 o 5.15 de la Ley 404-2000, según enmendada, conocida como la Ley de Armas de Puerto Rico, o sus versiones subsiguientes, deberá conllevar para el imputado o acusado una pena de reclusión de al menos dos (2) años, cuando la pena de reclusión estatuida para la conducta imputada bajo dichos Artículos *sea* mayor de dos (2) años. Cuando circunstancias extraordinarias relacionadas con el proceso judicial así lo requieran, el Secretario de Justicia tendrá la facultad para autorizar por escrito una alegación preacordada que incluya una pena de reclusión menor de dos (2) años. El Secretario de Justicia podrá delegar esta facultad en el Subsecretario de Justicia o en el Jefe de los Fiscales.

No podrá acogerse al sistema de alegaciones preacordadas ninguna persona a quien se le impute la violación a los incisos (a) y (b) del Artículo 405 o del

Artículo 411A de la Ley Núm. 4 de 23 de junio de 1971, según enmendada, conocida como la Ley de Sustancias Controladas de Puerto Rico.

(Reglas de Procedimiento Criminal, 1963, Regla 72; Julio 13, 1988, Núm. 85, p. 381, art. 1; Septiembre 2, 2000, Núm. 337, art. 1; Septiembre 15, 2004, Núm. 317, art. 9, enmienda inciso (b), efectiva el 1 de mayo de 2005 para atemperarlo al nuevo Código Penal de P.R.; Diciembre 2, 2013, Núm. 142, art. 1, enmienda el inciso 7.)

Regla 73. Alegación de no Culpable; Sus Efectos. (32 L.P.R.A. AP. II R. 73.)

La alegación de no culpable constituye una negación de todas las alegaciones esenciales de la acusación o denuncia. Sujeto a lo dispuesto por las Reglas 63 y 64, dicha alegación permitirá la presentación en evidencia de todos los hechos tendentes a establecer una defensa.

(Reglas de Procedimiento Criminal, 1963, Regla 73, efectiva 60 días después del 30 de julio de 1963)

Regla 74. Alegación de no Culpable; Notificación Defensa de Incapacidad Mental o Coartada. (32 L.P.R.A. AP. II R. 74.)

Cuando el acusado hiciere alegación de no culpable e intentare establecer la defensa de trastorno mental transitorio o de incapacidad mental en el momento de la alegada comisión del delito imputándole, o cuando su defensa fuera la de coartada, deberá presentar en el Tribunal de Primera Instancia un aviso al efecto, con notificación al fiscal, dentro de los veinte (20) días siguientes al acto de la lectura de la acusación en los casos en que deba celebrarse dicho acto. Cuando se hubiere entregado personalmente al acusado una copia de la acusación, el término para la presentación de estas mociones será de no más de veinte (20) días desde que el acusado hubiese respondido. Cuando no hubiese contestado, el término será de no más de veinte (20) días después de que se registre la alegación de no culpable. En casos por delitos menos graves a los cuales no aplique el derecho a juicio por jurado el aviso con notificación al fiscal se presentará por lo menos veinte (20) días antes del juicio.

El acusado que desee establecer la defensa de incapacidad mental o de trastorno mental transitorio deberá suministrar al Ministerio Público, al momento de plantearla, la siguiente información:

(a) Los testigos con los que se propone establecer la defensa de incapacidad mental o trastorno mental transitorio.

(b) La dirección de dichos testigos.

(c) Los documentos a ser utilizados para sostener la defensa, supliendo copia de los mismos, y de no poseerlos, informar en poder de quién se encuentran tales documentos, autorizando a que los mismos sean fotocopiados.

(d) Hospital u hospitales en que estuvo recibiendo tratamiento y las fechas en que lo recibió.

(e) Médicos o facultativos que hubiesen tratado o atendido al imputado en relación a su incapacidad mental o condición de trastorno mental transitorio.

El acusado que desee establecer la defensa de coartada deberá suministrar al Ministerio Público, al momento de plantearla, la siguiente información:

(a) Sitio en que se encontraba el acusado a la fecha y hora de la comisión del delito.

(b) Desde qué hora se encontraba el acusado en ese sitio.

(c) Hasta qué hora estuvo el acusado en ese sitio.

(d) Informar qué documentos, escritos, fotografías o papeles se propone utilizar el acusado para establecer su defensa de coartada, supliendo copia de los mismos, y de no poseerlos, informar en poder de quién se encuentran tales documentos, autorizando a que los mismos sean fotocopiados.

El Ministerio Público tendrá la obligación recíproca de informar al acusado el nombre y dirección de los testigos o los documentos que se propone utilizar para refutar la defensa de coartada, trastorno mental transitorio o incapacidad mental.

En ambos casos, si el acusado o el Ministerio Público no cumplen con dicho aviso o no suplen la información requerida, no tendrán derecho a ofrecer tal evidencia. El tribunal podrá, sin embargo, permitir que se ofrezca dicha evidencia cuando se demostrare la existencia de causa justificada para haber omitido la presentación del aviso o información. En tales casos el Tribunal podrá decretar la posposición del juicio o proveer cualquier otro remedio apropiado.

(Reglas de Procedimiento Criminal, 1963, Regla 74; Mayo 29, 1984, Núm. 30, p. 70; Julio 5, 1988, Núm. 65, p. 315, art. 4, ef. 60 días después de Julio 5, 1988; 2002, ley 298; septiembre 15, 2004, Núm. 317, art. 10, efectiva el 1 de mayo de 2005.)

Regla 75. Omisión de Alegar; Su Efecto. (32 L.P.R.A. AP. II R. 75.)

El hecho de que el acusado dejare de formular alegación alguna no afectará la validez de ningún trámite de la causa si el acusado se sometiere a juicio sin formular alegación.

(Reglas de Procedimiento Criminal, 1963, Regla 75, efectiva 60 días después del 30 de julio de 1963)

CAPITULO VIII. INHIBICION DEL JUEZ Y TRASLADO DEL CASO.

Regla 76. Inhibición; Fundamentos. (32 L.P.R.A. AP. II R. 76.)

En cualquier proceso criminal, El Pueblo o la defensa podrán solicitar la inhibición del juez por cualquiera de los siguientes motivos:

(a) Que el juez haya sido fiscal o abogado de la defensa en el caso.

(b) Que el juez sea testigo esencial en el caso.

(c) Que el juez haya presidido el juicio del mismo caso en un tribunal inferior.

(d) Que el juez tenga interés en el resultado del caso.

(e) Que el juez tenga relaciones de parentesco por consanguinidad o afinidad dentro del cuarto grado con el acusado, con la víctima del delito imputado, o con el abogado defensor o el fiscal.

(f) Que el juez tenga opinión formada o prejuicio a favor o en contra de cualquiera de las partes, o haya prejuzgado el caso.

(g) Que el juez haya actuado como magistrado a los fines de expedir la orden de arresto o de citación o a los fines de determinar causa probable en la vista preliminar.

(Reglas de Procedimiento Criminal, 1963, Regla 76, efectiva 60 días después del 30 de julio de 1963)

Regla 77. Moción de Inhibición; Forma y Requisito. (32 L.P.R.A. AP. II R. 77.)

La moción de inhibición del juez se hará por escrito y bajo juramento y especificará los motivos en que se funda.

(Reglas de Procedimiento Criminal, 1963, Regla 77, efectiva 60 días después del 30 de julio de 1963)

Regla 78. Moción de Inhibición; Cuando se Presentara. (32 L.P.R.A. AP. II R. 78.)

La moción de inhibición deberá presentarse por lo menos veinte (20) días antes del juicio, pero si los fundamentos de tal moción no fueren conocidos por el peticionario con veinte (20) días de antelación al juicio, deberá presentarse tan pronto como fuere posible.

(Reglas de Procedimiento Criminal, 1963, Regla 78, efectiva 60 días después del 30 de julio de 1963; Julio 5, 1988, Núm. 65, p. 315, art. 5, ef. 60 días después de Julio 5, 1988.)

Regla 79. Moción de Inhibición; Deber del Juez. (32 L.P.R.A. AP. II R. 79.)

Cuando se presentare una moción de inhibición fundada en los incisos (d) y (f) de la Regla 76, el juez impugnado no conocerá de la misma, y dicha moción será vista ante otro juez.

(Reglas de Procedimiento Criminal, 1963, Regla 79, efectiva 60 días después del 30 de julio de 1963)

Regla 80. Inhibición a Instancia Propia. (32 L.P.R.A. AP. II R. 80.)

Nada de lo dispuesto en estas reglas impedirá a un juez inhibirse a instancia propia por los motivos señalados en la Regla 76 o por cualquier otra causa justificada.

(Reglas de Procedimiento Criminal, 1963, Regla 80, efectiva 60 días después del 30 de julio de 1963)

Regla 81. Traslado; Fundamentos. (32 L.P.R.A. AP. II R. 81.)

A solicitud de El Pueblo o del acusado, un tribunal ante el cual se hallare pendiente una causa criminal podrá trasladarla a otra sala por los siguientes fundamentos:

(a) Cuando por cualquier razón que no sea una de las enumeradas en la Regla 76 no pueda obtenerse un juicio justo e imparcial en el distrito donde está pendiente la causa.

(b) Cuando por razón de desorden público que exista en el distrito no pueda obtenerse un juicio justo e imparcial para el acusado y El Pueblo con seguridad y rapidez.

(c) Cuando la vida del acusado o de algún testigo pueda ponerse en peligro si se juzgare la causa en tal distrito.

(d) Cuando en dicho distrito no pueda obtenerse un jurado para el juicio del acusado.

(Reglas de Procedimiento Criminal, 1963, Regla 81, efectiva 60 días después del 30 de julio de 1963)

Regla 82. Moción de Traslado; Como y Cuando se Presentara. (32 L.P.R.A. AP. II R. 82.)

La moción de traslado se hará por escrito, expresará los fundamentos en que se basa y deberá apoyarse en declaración jurada. Dicha moción y la declaración jurada se presentarán en el tribunal y se notificarán a la parte contraria o a su abogado con no menos de veinte (20) días de antelación al juicio, si los fundamentos para la misma fueren entonces conocidos. Se señalará para discutirse antes del juicio si los fundamentos para tal moción no fueren conocidos por el peticionario con no menos de veinte (20) días de antelación al juicio, la moción deberá presentarse y notificarse tan pronto como fuere posible, pero nunca después de ser llamado el caso para juicio, y deberá demostrar que la misma no pudo presentarse antes. En tal caso el juicio podrá posponerse hasta la resolución de dicha moción.

(Reglas de Procedimiento Criminal, 1963, Regla 82, efectiva 60 días después del 30 de julio de 1963; Julio 5, 1988, Núm. 65, p. 315, art. 6, ef. 60 días después de Julio 5, 1988.)

Regla 83. Moción de Traslado; Resolución. (32 L.P.R.A. AP. II R. 83.)

Al resolver la moción de traslado, el tribunal considerará los hechos alegados en ella y la declaración jurada que se acompañe, cualesquiera otras declaraciones juradas que se presenten y la evidencia admitida en la vista de dicha moción. Si el tribunal concediere el traslado, dictará una orden trasladando la causa a la sala de la misma sección que fuere la propia o a la sala más convenientemente situada, donde pueda celebrarse un juicio justo e imparcial.

(Reglas de Procedimiento Criminal, 1963, Regla 83, efectiva 60 días después del 30 de julio de 1963)

Regla 84. Traslado; Orden. (32 L.P.R.A. AP. II R. 84.)

La orden de traslado deberá consignarse en acta y el secretario remitirá inmediatamente a la sala a la cual se trasladare la causa, copias certificadas de la orden de traslado, del expediente y de todas las actuaciones, incluyendo las fianzas garantizando la comparecencia del acusado y de los testigos, si las hubiere.

(Reglas de Procedimiento Criminal, 1963, Regla 84, efectiva 60 días después del 30 de julio de 1963)

Regla 85. Traslado; Acusado Bajo Custodia. (32 L.P.R.A. AP. II R. 85.)

Si el acusado se encontrare bajo custodia, la orden dispondrá su traslado, e inmediatamente el alcaide de la cárcel en que estuviere lo pondrá bajo la custodia del alcaide de la cárcel del distrito al que pasare la causa.

(Reglas de Procedimiento Criminal, 1963, Regla 85, efectiva 60 días después del 30 de julio de 1963)

Regla 86. Traslado; Comparecencia de Testigos. (32 L.P.R.A. AP. II R. 86.)

Cuando una causa se trasladare a otro tribunal, los testigos que hubieren prestado fianza para comparecer al juicio deberán, luego de ser notificados de dicho traslado, comparecer ante la sala a la cual se trasladó la causa en la fecha para la cual se les citare. Su ausencia será suficiente causa para la confiscación de la fianza.

(Reglas de Procedimiento Criminal, 1963, Regla 86, efectiva 60 días después del 30 de julio de 1963)

Regla 87. Traslado; Si son Varios Acusados. (32 L.P.R.A. AP. II R. 87.)

Si hubiere varios acusados y se dictare una orden trasladando la causa a solicitud de uno o varios, pero no de todos ellos, el juicio de los acusados que no solicitaren el traslado se celebrará ante la sala que dictó la orden de traslado.

(Reglas de Procedimiento Criminal, 1963, Regla 87, efectiva 60 días después del 30 de julio de 1963)

Regla 88. Traslado; Tramite en el Tribunal al Cual se Traslada. (32 L.P.R.A. AP. II R. 88.)

La sala a la cual se trasladare la causa procederá a juzgar el caso y dictar sentencia al igual que si se hubiere iniciado la causa ante ella. Si fuere necesario para dicha sala tener ante sí las alegaciones originales u otros documentos, la sala de donde procediere la causa deberá en cualquier momento, a petición del fiscal o del acusado, ordenar su envío por el secretario, reteniendo copia certificada de los mismos.

(Reglas de Procedimiento Criminal, 1963, Regla 88, efectiva 60 días después del 30 de julio de 1963)

CAPITULO IX. PROCEDIMIENTOS PRELIMINARES DEL JUICIO.

Regla 89. Acumulación de Causas. (32 L.P.R.A. AP. II R. 89.)

El tribunal podrá ordenar que dos o más acusaciones o denuncias sean vistas conjuntamente si los delitos y los acusados, si hubiere más de uno, pudieron haber sido unidos en una sola acusación o denuncia. El proceso se seguirá como si se tratare de una sola acusación o denuncia.

Si se radicare denuncia ante el Tribunal de Distrito por la comisión de un delito menos grave que esté relacionado con algún delito grave por haber surgido del mismo acto o transacción, o de dos o más actos o transacciones relacionadas entre sí o que constituyeren parte de un plan común, el acusado o el fiscal podrán solicitar del Tribunal de Primera Instancia y este emitirá una orden para que se eleven los autos del caso para ante el Tribunal de Primera Instancia. La solicitud del acusado deberá radicarse en el Tribunal de Distrito antes de que haya comenzado el juicio en el Tribunal de Primera Instancia. El procedimiento en el Tribunal de Primera Instancia se continuará teniendo como base la denuncia radicada en el Tribunal de Distrito y el juicio se ventilará por tribunal de derecho.

(Reglas de Procedimiento Criminal, 1963, Regla 89; Mayo 20, 1970, Núm. 28, p. 60; Junio 19, 1987, Núm. 29, p. 98, art. 11, ef. 60 días después de Junio 19, 1987.)

Regla 90. Juicio por Separado; Fundamentos. (32 L.P.R.A. AP. II R. 90.)

Si se demostrare que un acusado o El Pueblo han de perjudicarse por haberse unido varios delitos o acusados en una acusación o denuncia, o por la celebración del juicio conjuntamente, el tribunal podrá ordenar el juicio por separado de delitos o de acusados, o conceder cualquier otro remedio que en justicia proceda.

(Reglas de Procedimiento Criminal, 1963, Regla 90, efectiva 60 días después del 30 de julio de 1963)

Regla 91. Juicio por Separado; Admisiones por un Coacusado. (32 L.P.R.A. AP. II R. 91.)

A solicitud de un coacusado el tribunal ordenará la celebración de un juicio por separado cuando se acusare a varias personas y una de ellas hubiere hecho declaraciones, admisiones o confesiones pertinentes al caso que afectaren adversamente a dicho coacusado, a menos que el fiscal anunciare que no ofrecerá tales declaraciones, admisiones o confesiones como prueba y que tampoco hará, en forma alguna, referencia a las mismas durante el juicio.

Esta regla no será aplicable a juicios por el delito de conspiración.

(Reglas de Procedimiento Criminal, 1963, Regla 91, efectiva 60 días después del 30 de julio de 1963)

Regla 92. Juicio por Separado; Delito de Conspiración. (32 L.P.R.A. AP. II R. 92.)

Cuando fueren acusadas conjuntamente varias personas por el delito de conspiración, el tribunal a solicitud de una de ellas ordenará para ésta la celebración de un juicio por separado si demostrare que alguno de los otros conspiradores, después de realizado o fracasado el objetivo para el cual se tramó la alegada conspiración, hizo declaraciones, admisiones o confesiones pertinentes al caso que han de afectar adversamente a la persona que solicitare el juicio por separado, a menos que el fiscal anunciare que no ofrecerá tales declaraciones, admisiones o confesiones como prueba y que tampoco hará, en forma alguna, referencia a las mismas durante el juicio.

(Reglas de Procedimiento Criminal, 1963, Regla 92, efectiva 60 días después del 30 de julio de 1963)

Regla 93. Acumulación o Separación; Como y Cuando se Presentara la Solicitud. (32 L.P.R.A. AP. II R. 93.)

La solicitud para la acumulación o separación de causas bajo las Reglas 89 a 92 deberá presentarse por escrito, con no menos de veinte (20) días de antelación al juicio y expresará las razones en que se funda. Deberá notificarse a la otra parte. Por causa justificada, el tribunal podrá permitir que dicha solicitud se presente en cualquier momento antes de ser llamado el caso para juicio.

(Reglas de Procedimiento Criminal, 1963, Regla 93; Julio 5, 1988, Núm. 65, p. 315, art. 7, ef. 60 días después de Julio 5, 1988.)

Regla 94. Deposiciones. (32 L.P.R.A. AP. II R. 94.)

(a) Fundamentos; testigo bajo arresto. Por circunstancias excepcionales y en interés de la justicia, el tribunal podrá ordenar en cualquier momento después de haberse presentado la denuncia o acusación, a moción de cualquiera de las partes con notificación a las demás partes, que el testimonio del testigo de la parte solicitante se tome por deposición, ya sea por medio de la estenografía, taquigrafía o cualquier otro medio de grabación diferente a éstos y que cualesquiera libros, papeles, documentos u objetos no privilegiados que se designen en dicha moción se presenten en el momento y lugar en que deba tomarse la deposición.

Si el testigo estuviese bajo arresto por no haber prestado fianza para comparecer a un juicio o a una vista, el tribunal, a solicitud escrita del testigo arrestado notificada a las partes, podrá ordenar que se tome su deposición. Luego de ser suscrita la deposición, el tribunal podrá poner en libertad al testigo.

(b) Notificación. La parte a cuya instancia se vaya a tomar una deposición notificará con diez (10) días de anticipación a cada otra parte, el día, hora y lugar de la toma de deposición y especificará el nombre y dirección de cada una de las personas a ser examinadas. A moción de cualquier parte notificada, el tribunal podrá, por justa causa, extender o acortar la fecha fijada o cambiar el lugar señalado para la toma de la deposición.

Una parte que ha sido notificada de la toma de una deposición podrá solicitar al tribunal la posposición de la misma mediante moción apoyada en declaración jurada en la cual se especifiquen los motivos para solicitar la posposición. De ser la moción de posposición declarada con lugar, el tribunal señalará en la misma orden el día, hora y sitio para la toma de deposición. La posposición así concedida no será mayor de diez (10) días.

El acusado tendrá derecho a estar presente en el acto de la toma de deposición y a estar asistido por abogado. Si estuviese bajo custodia, se le notificará al oficial a su cargo de la fecha, hora y lugar de la toma de deposición y dicho oficial lo conducirá al mismo, a menos que el acusado renuncie por escrito a su derecho a estar presente en cuyo caso la toma de deposición se celebrará en su ausencia. Si el acusado estuviese en libertad, en adición a notificársele la fecha, hora y lugar de la toma de deposición, se le deberá advertir que de no comparecer al acto de la toma de deposición, ésta se celebrará en su ausencia. Dicha ausencia será considerada como una renuncia a su derecho a estar presente, a no ser que medie justa causa para ella.

(c) Pago de gastos. Cuando el acusado fuere insolvente, o la deposición sea tomada a instancia del Ministerio Fiscal, el tribunal ordenará que el Estado sufrague los gastos de la toma de deposición, incluyendo los de viaje y hospedaje del acusado y su abogado. La solicitud del acusado a estos efectos se hará bajo juramento detallando las razones para el requerimiento del pago de gastos y la condición económica de dicho acusado.

(d) Forma de tomarlas. Toda deposición se tomará en la forma prescrita para la toma de deposiciones en las Reglas de Procedimiento Civil. El tribunal, a petición de cualquier parte podrá ordenar que una deposición se tome mediante interrogatorio por escrito de la manera prevista en las acciones civiles o por cualquier medio diferente al de la estenografía o taquigrafía. En este último caso, la orden del tribunal dispondrá la manera en que habrá de tomarse o grabarse la deposición, así como el costo, la custodia y la disposición de la misma proveyendo para que dicho testimonio sea grabado y preservado en forma correcta y confiable. La solicitud de cualquiera de las partes para tomar deposición por determinado medio constituirá una renuncia de su objeción a la toma y uso de la deposición tomada por el medio solicitado.

Con anterioridad a la toma de deposición, el Ministerio Fiscal pondrá a disposición del acusado o su abogado para su examen y uso en el acto de la toma de deposición, cualquier declaración que haya prestado el testigo deponente que esté en posesión de El Pueblo y a la cual tuviese derecho el acusado en el juicio.

(e) Uso. Una deposición podrá ser usada como prueba total o parcialmente durante el juicio o durante la vista, si previamente se demostrare: que el testigo deponente ha fallecido; o que el deponente está fuera del Estado Libre Asociado de Puerto Rico, a menos que resultare que la ausencia fuere procurada por la parte que ofrece la deposición; o que el testigo está imposibilitado de asistir al juicio o prestar su declaración debido a enfermedad; o que la parte que ofreciere la deposición no ha podido conseguir la comparecencia del testigo mediante su citación u otros medios razonables. Cualquier parte podrá utilizar cualquier deposición con el propósito de contradecir o impugnar el testimonio del deponente como testigo.

Si una parte sólo ofreciere una porción de la deposición, cualquier parte contraria en el caso podrá requerirla para que ofrezca todo lo de la misma que fuere pertinente a la porción ya ofrecida, y cualquier parte podrá ofrecer cualesquiera otras porciones de la deposición.

Las objeciones sobre la admisión como evidencia del todo o parte de una deposición se harán como se provea en las acciones civiles.

(f) Deposiciones por estipulación. Nada de lo dispuesto en esta regla impedirá la toma de deposiciones oralmente, por interrogatorios escritos o por cualquier medio diferente a la estenografía o taquigrafía, que acuerden las partes, previo consentimiento del tribunal.

(Reglas de Procedimiento Criminal, 1963, Regla 94; unio 4, 1983, Núm. 80, p. 185.)

Regla 94.1. Deposiciones y Declaraciones Juradas a Personas que Padecen Alguna Condición que le Impida Comunicarse Efectivamente. (32 L.P.R.A. AP. II R. 94.1.)

Las deposiciones y/o declaraciones juradas tomadas a personas que padezcan de sordera profunda, severa, moderada o leve, o que reflejen cualquier otra situación de hipoacusia o condición que le impida comunicarse efectivamente, deberán ser conservadas mediante algún método de grabación video-magnetofónico o digital que permita la reproducción de la grabación y garantice la preservación e integridad visual del proceso, particularmente de los interrogatorios, testimonios y argumentaciones prestadas o interpretadas mediante lenguaje de señas, lectura labiofacial o a base de los acomodos razonables necesarios.

(Reglas de Procedimiento Criminal, 1963, efectiva 60 días después del 30 de julio de 1963; Agosto 5, 2018, Num. 174, art. 12, añade esta nueva Regla 94.1, efectiva 180 días después de su aprobación.)

Regla 95. Descubrimiento de Prueba del Ministerio Fiscal en Favor del Acusado. (32 L.P.R.A. AP. II R. 95.)

(a) El acusado presentará moción al amparo de esta Regla dentro en un término de cumplimiento estricto de veinte (20) días contados a partir de: i) la celebración del acto de lectura de acusación en los casos que se impute la comisión de un delito grave; o ii) la primera comparecencia del acusado al proceso asistido por el abogado que habrá de representarlo en el juicio, en los casos en que se impute la comisión de un delito menos grave. En el caso que la persona acusada manifieste que se representará por derecho propio, el Tribunal deberá advertirle desde cuándo comienza a discurrir el término establecido en esta Regla, así como las consecuencias de su incumplimiento. Sometida la moción de la defensa conforme a lo dispuesto en esta Regla, el Tribunal ordenará al Ministerio Fiscal o a cualquier agencia o instrumentalidad pública que permita al acusado inspeccionar, copiar o fotocopiar el siguiente material o información que está en posesión, custodia o control del Ministerio Fiscal o a cualquier agencia o instrumentalidad pública:

(1) Cualquier declaración jurada que el Ministerio Fiscal tenga del acusado.

(2) Cualquier declaración jurada de los testigos de cargo que hayan declarado en la vista para determinación de causa probable para el arresto o citación, en la vista preliminar, en el juicio o que fueron renunciados por el Ministerio Fiscal y los récords de convicciones criminales previas de éstos.

(3) Cualquier resultado o informe de exámenes físicos o mentales y de experimentos o pruebas científicas que sea relevante para preparar adecuadamente la defensa del acusado o que vaya a ser utilizado en el juicio por el Ministerio Fiscal.

(4) Cualquier libro, papel, documento, fotografía, objeto tangible, estructura o lugar que sea relevante para preparar adecuadamente la defensa del acusado, que el Ministerio Fiscal se propone utilizar en el juicio o que fue obtenido del acusado o perteneciera al acusado.

(5) El récord de convicciones criminales previas del acusado.

(6) Cualquier informe preparado por agentes de la Policía en relación con las causas seguidas contra el acusado que sea relevante para preparar adecuadamente la defensa del acusado. El descubrimiento de esta prueba estará sujeto a las siguientes condiciones:

(A) Que los objetos, libros, documentos y papeles que el acusado interesa examinar se relacionan o describen con suficiente especificación;

(B) que no afecte la seguridad del Estado ni las labores investigativas de sus agentes policíacos, y

(C) que la correspondiente moción del acusado sea presentada con suficiente antelación a la fecha señalada para la celebración del juicio, de manera que no haya innecesarias dilaciones en los procedimientos ni se produzcan molestias indebidas a los funcionarios del Estado.

(b) El Ministerio Fiscal revelará toda aquella evidencia exculpatoria del acusado que tenga en su poder.

(c) La defensa deberá incluir, junto con la solicitud de Descubrimiento de Prueba, las órdenes necesarias para solicitar el material o la información que prevee que el Ministerio Público no tendrá bajo su custodia, dirigidas a las personas o entidades que la poseen, custodian o controlan. El Ministerio Público deberá entregar la información y/o material solicitado que tenga bajo su custodia o control e informar al tribunal si existe algún material o información que le fue solicitada, pero que no se encuentra bajo su posesión, custodia o control, en cuyo caso el tribunal ordenará a la persona o entidad que la posea, custodie o controle, que la ponga a la disposición del acusado.

(d) No estarán sujetos a descubrimiento o inspección de la defensa los escritos de investigación legal, informes, memorandos, correspondencia u otros documentos internos que contengan opiniones, teorías o conclusiones del Ministerio Fiscal.

(e) Toda información y/o material que se pretenda solicitar y no esté enumerado en esta regla, deberá venir acompañado de una explicación sobre la necesidad o pertinencia que tiene el mismo para la defensa del acusado.

(Reglas de Procedimiento Criminal, 1963, Regla 95; enmienda en Junio 24, 2012, Núm. 124, art. 2, enmienda los incisos (a), (c) y añade el (e); Julio 30, 2013, Núm. 90, art. 1, enmienda el primer párrafo.)

Notas Importantes
Enmiendas
-__2013, ley 90__ – enmienda el primer párrafo.
-__2012, ley 124__ -enmienda los incisos (a), (c) y añade el inciso (e) e incluye los siguientes artículos relacionados:

Artículo 4.-Cláusula de separabilidad -Si alguno de los artículos, secciones, párrafos, oraciones, frases o disposiciones de esta Ley fuera declarado inconstitucional por un tribunal con autoridad para ello, las restantes disposiciones permanecerán con toda su fuerza y vigor.

Artículo 5.-Esta Ley comenzará a regir inmediatamente luego de su aprobación.

Regla 95.1. La Conferencia con Antelación al Juicio. (32 L.P.R.A. AP. II R. 95.1.)

(a) En el Tribunal de Primera Instancia. En cualquier momento, después de la celebración del acto de la lectura de la acusación, el tribunal, a solicitud de una de las partes o por iniciativa propia, podrá disponer la celebración de una o más conferencias con el propósito de considerar cualesquiera asuntos susceptibles de resolverse o estipularse con antelación al juicio. Al terminar la conferencia, el tribunal preparará un acta consignando los acuerdos obtenidos y dictámenes emitidos. El acta se radicará en autos una vez sea aceptada y firmada por el acusado, su abogado defensor y el fiscal. Ninguna admisión del acusado o de su abogado en la conferencia será usada en contra del acusado a menos que éste, mediante escrito firmado por él y su abogado, así lo autoricen y acepten.

(b) En el Tribunal de Distrito. Radicada la denuncia correspondiente en el Tribunal de Distrito, siempre y cuando El Pueblo esté representado por un fiscal, podrá celebrarse una conferencia con antelación al juicio siguiéndose el procedimiento establecido en esta regla.

(c) Presencia del acusado. Toda conferencia deberá celebrarse con la presencia del acusado y su abogado o con la sola representación legal del primero, siempre y cuando el acusado expresamente lo autorice mediante un escrito al efecto que se radicará en autos.

(d) Cuándo se celebrará. La conferencia con antelación al juicio se celebrará en cámara por lo menos diez (10) días con anterioridad a la celebración del juicio, excepto que por circunstancias excepcionales, o mediante solicitud de parte, el tribunal podrá autorizar su celebración en cualquier momento antes del juicio.

(e) Efectos de los acuerdos. Las estipulaciones y otros acuerdos a que lleguen las partes constituirán la ley entre las partes y regirán los procedimientos posteriores del caso específico objeto de la conferencia.

(f) Juez podrá presidir el juicio. El juez que presidió la conferencia podrá entender y presidir la vista del caso en su fondo.

(Reglas de Procedimiento Criminal, 1963; Adicionada como Regla 95.1 en Junio 26, 1974, Núm. 88, Parte 1, p. 334, ef. 90 días después de Junio 26, 1974.)

Regla 95A. Descubrimiento de Prueba del Acusado en Favor del Ministerio Fiscal. (32 L.P.R.A. AP. II R. 95A.)

(a) Previa moción del Ministerio Fiscal luego de que el acusado haya solicitado el descubrimiento de prueba bajo las cláusulas (3) y (4) del inciso

(a) de la Regla 95, y dentro del término prescrito para someterla, el tribunal ordenará al acusado que permita al Ministerio Fiscal inspeccionar, copiar o fotocopiar el siguiente material o información que esté en posesión, custodia o control del acusado y que pretenda presentar como prueba en el juicio:

(1) Cualquier libro, papel, documento, fotografía u objetos tangibles.

(2) Cualquier resultado o informe de exámenes físicos o mentales y de pruebas científicas o experimentos realizados en relación con el caso en particular.

(b) Esta regla no autoriza inspeccionar, copiar o fotocopiar récords, correspondencia, escritos o memorandos que sean producto de la labor del acusado o del abogado del acusado en la investigación, estudio y preparación de su defensa, ni de cualquier comunicación hecha por el acusado, como tampoco de aquellas declaraciones hechas por el acusado, por los testigos o posibles testigos de la defensa o de El Pueblo para el acusado o para los agentes o abogados del acusado.

(Reglas de Procedimiento Criminal, 1963; Adicionada como Regla 95A en Julio 1, 1988, Núm. 58, p. 287, art. 2, ef. 90 días después de Julio 1, 1988.)

Regla 95B. Normas que Regirán el Descubrimiento de Prueba. (32 L.P.R.A. AP. II R. 95B.)

(a) Deber continuo de informar. Si antes de o durante el juicio, una parte descubre prueba o material adicional al que fue previamente requerido u ordenado, que está sujeto a descubrimiento bajo las Reglas 95 y 95A, dicha parte deberá notificar, tan pronto advenga en conocimiento de la existencia de esa evidencia o material adicional, a la otra parte, al abogado de dicha parte o al tribunal.

(b) Término para concluir el descubrimiento de prueba. El descubrimiento de prueba previsto en las Reglas 95 y 95A debe completarse en un plazo no mayor de diez (10) días antes del juicio.

(c) Ordenes protectoras. Mediante moción de cualquiera de las partes que esté debidamente fundamentada, el tribunal podrá ordenar que el descubrimiento o inspección sea dirigido, restringido, aplazado o condicionado, así como emitir cualquier orden que estime necesaria. Si el tribunal emite una orden protectora que afecte un escrito, el texto completo del escrito de la parte deberá ser sellado y preservado en el récord del tribunal para que esté disponible al tribunal apelativo en caso de certiorari o apelación.

(d) Tiempo, lugar y forma del descubrimiento de prueba ordenado por el tribunal. La orden del tribunal autorizando el descubrimiento de prueba deberá especificar la fecha, lugar y forma en que se hará la inspección, copia o fotocopia y podrá establecer los términos y condiciones que el tribunal considere justos y necesarios.

(e) Efectos de negarse a cumplir la orden del tribunal. Si en cualquier momento durante el procedimiento se trae a la atención del tribunal que una parte no ha cumplido con la orden, el tribunal podrá ordenar a dicha parte que permita el descubrimiento o inspección del material o de la información, prohibir que dicha parte presente la prueba no descubierta en el juicio, o podrá emitir aquellas órdenes o remedios que estime necesarios de acuerdo a las circunstancias.

(Reglas de Procedimiento Criminal, 1963; adicionada como Regla 95B en Julio 1, 1988, Núm. 58, p. 287, art. 3, ef. 90 días después de Julio 1, 1988; Junio 24, 2012, Núm. 124, enmienda los incisos (a) y (b).)

Notas Importantes
Enmiendas
-**2012, ley 124** - enmienda los incisos (a) y (b) e incluye los siguientes artículos relacionados:
Artículo 4.-Cláusula de separabilidad -Si alguno de los artículos, secciones, párrafos, oraciones, frases o disposiciones de esta Ley fuera declarado inconstitucional por un tribunal con autoridad para ello, las restantes disposiciones permanecerán con toda su fuerza y vigor.
Artículo 5.-Esta Ley comenzará a regir inmediatamente luego de su aprobación.

CAPITULO X. SELECCIÓN DE LA LISTA DEL JURADO
Reglas 96 a 108 Derogadas (32 L.P.R.A. AP. II R. 96 a 108.)
Ley Núm. 281 de 27 de septiembre de 2003, según enmendada.

Nota importante:
Enmienda-
-**2003, ley 27**- Véase la Ley Núm. 281 de 27 de septiembre de 2003, Ley para la Administración del Servicio de Jurado de Puerto Rico.

CAPITULO XI. JUICIO
Regla 109. Término para Prepararse para Juicio. (32 L.P.R.A. AP. II R. 109.)

(a) Suspensiones aplicables al Ministerio Fiscal y a la Defensa Después de formular su alegación el acusado tendrá derecho a por lo menos 20 días para prepararse para el juicio.

(b) Toda moción de suspensión, transferencia de vista o estipulación de suspensión antes del juicio se hará por escrito, por lo menos con cinco (5) días de anterioridad a la fecha del señalamiento. En la misma se expondrá lo siguiente:

(1) Los fundamentos para tal solicitud.

(2) No menos de tres (3) fechas disponibles del solicitante para la ventilación de la vista, de ésta suspenderse. Las fechas disponibles a ser consignadas deberán estar comprendidas dentro del período del calendario judicial, en el cual el tribunal en cuestión está señalando para vista.

Una moción de suspensión que no cumpla con lo previamente dispuesto será declarada sin lugar de plano. Sólo podrá formularse una solicitud de suspensión verbalmente el día de la vista fundada en circunstancias extraordinarias no anticipables y fuera del control de las partes o sus abogados.

Si de la faz de la solicitud escrita o de la solicitud verbal surgiere causa justificada para la suspensión, el juez inmediatamente emitirá una resolución escrita en donde expresará los fundamentos para la concesión de la suspensión, transferencia o aprobación de estipulación de suspensión y en la misma señalará nuevamente la vista para la fecha más cercana disponible. Copia de dicha resolución será enviada al Juez Administrador.

Toda moción de suspensión o transferencia, o estipulación de suspensión hecha antes de la vista será resuelta o aprobada por el Juez Administrador, excepto cuando éste trasladare el asunto para su determinación al juez que hubiere de entender o estuviere entendiendo en el caso.

(Reglas de Procedimiento Criminal, 1963, Regla 109; Julio 23, 1974, Núm. 207, Parte 2, p. 120, ef. 60 días después de Julio 23, 1974.)

Regla 110. Presunción de Inocencia y Duda Razonable. (32 L.P.R.A. AP. II R. 110.)

En todo proceso criminal, se presumirá inocente al acusado mientras no se probare lo contrario, y en caso de existir duda razonable acerca de su culpabilidad, se le absolverá. Si la duda es entre grados de un delito o entre delitos de distinta gravedad sólo podrá condenársele del grado inferior o delito de menor gravedad.

(Reglas de Procedimiento Criminal, 1963, Regla 110, efectiva 60 días después del 30 de julio de 1963)

Regla 111. Derecho a Juicio por Jurado y su Renuncia. (32 L.P.R.A. AP. II R. 111.)

Las cuestiones de hecho en casos de delito grave y, salvo lo dispuesto en leyes especiales, en casos de delito menos grave siempre que originalmente se presentare la acusación en el Tribunal de Primera Instancia y fueren también de la competencia del Tribunal de Distrito habrán de ser juzgadas por el jurado a menos que el acusado renunciare expresa, inteligente y personalmente al derecho a juicio por jurado. Antes de aceptar la renuncia de un acusado a su derecho a juicio por jurado, el juez de instancia tiene la obligación de explicar al acusado lo que significa la renuncia de dicho derecho y de apercibirle de las consecuencias del mismo.

El tribunal podrá conceder el juicio por jurado en cualquier fecha posterior a la lectura de la acusación. Si la renuncia al jurado se produce una vez comenzado el juicio, es discrecional del juez que preside el juicio el acceder a que el mismo continúe por tribunal de derecho con el consentimiento del Ministerio Público.

(Reglas de Procedimiento Criminal, 1963, Regla 111; Julio 9, 1986, Núm. 86, p. 281, ef. 30 días después de Julio 9, 1986.)

Regla 112. Jurado; Número que lo Compone; Veredicto. (32 L.P.R.A. AP. II R. 112.)

El jurado estará compuesto por doce (12) vecinos del distrito, quienes podrán rendir veredicto por mayoría de votos en el cual deberán concurrir no menos de nueve (9).

(Reglas de Procedimiento Criminal, 1963, Regla 112, efectiva 60 días después del 30 de julio de 1963)

Regla 113. Recusación; General o Individual. (32 L.P.R.A. AP. II R. 113.)

El Pueblo o el acusado podrán recusar a todo el grupo de jurados seleccionados de acuerdo con estas reglas, o a cualquier jurado individual. La recusación a todo el jurado se denominará recusación general y la recusación a un jurado, recusación individual.

(Reglas de Procedimiento Criminal, 1963, Regla 113, efectiva 60 días después del 30 de julio de 1963)

Regla 114. Recusación General; Fundamentos. (32 L.P.R.A. AP. II R. 114.)

La recusación general podrá fundarse en que los procedimientos para la selección del jurado se hubieren desviado considerablemente de las prácticas prescritas por estas reglas, o en que se hubiere omitido citar, intencionalmente, a uno o más de los jurados sorteados.

(Reglas de Procedimiento Criminal, 1963, Regla 114, efectiva 60 días después del 30 de julio de 1963)

Regla 115. Recusación General; Cuando se Hará. (32 L.P.R.A. AP. II R. 115.)

La recusación general se hará antes de que los jurados presten juramento para ser examinados en cuanto a su capacidad para actuar como tales, pero el tribunal podrá por causa justificada permitir la recusación en cualquier momento antes de que todos los miembros del jurado presten el juramento definitivo para actuar en la causa.

(Reglas de Procedimiento Criminal, 1963, Regla 115, efectiva 60 días después del 30 de julio de 1963)

Regla 116. Recusación General; Forma y Contenido. (32 L.P.R.A. AP. II R. 116.)

La recusación general deberá presentarse por escrito y expondrá claramente los hechos en que se fundare. No obstante, por causa justificada, el tribunal podrá permitir que se haga oralmente. La recusación general siempre se hará constar en las minutas del tribunal.

(Reglas de Procedimiento Criminal, 1963, Regla 116, efectiva 60 días después del 30 de julio de 1963)

Regla 117. Recusación General; Resolución. (32 L.P.R.A. AP. II R. 117.)

El tribunal podrá oír prueba sobre las cuestiones de hecho promovidas por la recusación general. Si el tribunal sostuviere la recusación excusará inmediatamente a todo el jurado y ordenará el sorteo de un nuevo jurado, o en caso necesario la preparación de una nueva lista definitiva de acuerdo con el procedimiento prescrito en estas reglas.

(Reglas de Procedimiento Criminal, 1963, Regla 117, efectiva 60 días después del 30 de julio de 1963)

Regla 118. Recusación Individual; Cuando se Hará. (32 L.P.R.A. AP. II R. 118.)

La recusación individual podrá ser perentoria o motivada. Sólo podrá hacerse antes de que el jurado preste juramento para juzgar la causa, pero el tribunal podrá por justa causa permitir la recusación después de dicho juramento y antes de presentarse prueba.

(Reglas de Procedimiento Criminal, 1963, Regla 118, efectiva 60 días después del 30 de julio de 1963)

Regla 119. Jurados; Juramento Preliminar y Examen. (32 L.P.R.A. AP. II R. 119.)

(a) Los jurados deberán prestar juramento, individual o colectivamente según dispusiere el tribunal, de contestar veraz y fielmente todas las preguntas que se les hicieren en relación con su capacidad para actuar como jurado.

(b) El tribunal examinará y formulará al jurado las preguntas pertinentes a su capacidad para actuar. El tribunal permitirá a las partes efectuar un examen adicional a los jurados potenciales.

(Reglas de Procedimiento Criminal, 1963, Regla 119; Junio 26, 1974, Núm. 89, Parte 1, p. 336.)

Regla 120. Recusaciones Individuales; Orden. (32 L.P.R.A. AP. II R. 120.)

El orden de las recusaciones a los jurados individuales será el siguiente:

(a) Motivadas de la defensa.

(b) Motivadas del fiscal.

(c) Perentorias del fiscal.

(d) Perentorias de la defensa.

(Reglas de Procedimiento Criminal, 1963, Regla 120, efectiva 60 días después del 30 de julio de 1963)

Regla 121. Recusación Motivada; Fundamentos. (32 L.P.R.A. AP. II R. 121.)

La recusación motivada de un jurado podrá hacerse por cualquiera de los siguientes fundamentos:

(a) Que no es elegible para actuar como tal.

(b) Que tiene parentesco de consanguinidad o afinidad dentro del cuarto grado con el acusado, su abogado, el fiscal, con la persona que se alega agraviada o con aquélla cuya denuncia motivó la causa.

(c) Que tiene con el acusado o con la persona que se alega agraviada relaciones de tutor y pupilo, de abogado y cliente, de patrono y empleado, o de propietario e inquilino; que es parte contraria al acusado en una causa civil, o que lo ha acusado o ha sido acusado por él en un proceso criminal.

(d) Que ha actuado en un jurado que ha juzgado a otra persona por los mismos hechos que motivan la acusación, o ha pertenecido a otro jurado que juzgó la misma causa, o que tiene conocimiento personal de hechos esenciales en la causa.

(e) Que no puede juzgar la causa con completa imparcialidad. No será motivo de incapacidad para actuar como miembro del jurado el hecho de que la persona haya formado o expresado su opinión acerca del asunto o causa que haya de someterse a la deliberación de aquél, si dicha opinión se funda en rumores públicos, manifestaciones de la prensa, o en la notoriedad del caso, siempre que a juicio del tribunal, previa la declaración que bajo juramento o en otra forma preste, la persona esté en aptitud, no obstante dicha opinión, de actuar con entera imparcialidad y rectitud en el asunto que a ella haya de someterse.

(Reglas de Procedimiento Criminal, 1963, Regla 121; Mayo 27, 1980, Núm. 61, p. 167.)

Regla 122. Recusación Motivada; Exención del Servicio. (32 L.P.R.A. AP. II R. 122.)

Hallarse exento del servicio de jurado no constituirá motivo de recusación y sí un privilegio de la persona exenta.

(Reglas de Procedimiento Criminal, 1963, Regla 122, efectiva 60 días después del 30 de julio de 1963)

Regla 123. Recusaciones Perentorias; Número. (32 L.P.R.A. AP. II R. 123.)

En todo caso por un delito que apareje necesariamente la pena de noventa y nueve (99) años de reclusión o separación de la sociedad, el acusado y El Pueblo tendrán derecho a diez recusaciones perentorias cada uno. En todos los demás casos el acusado y El Pueblo tendrán derecho a siete recusaciones perentorias cada uno. Formulada recusación perentoria contra un jurado, éste deberá ser excluido y no podrá actuar en la causa.

(Reglas de Procedimiento Criminal, 1963, Regla 123; Mayo 27, 1980, Núm. 60, p. 166; 2002, ley 280.)

Regla 124. Recusaciones Perentorias; Varios Acusados. (32 L.P.R.A. AP. II R. 124.)

Cuando varios acusados fueren sometidos a juicio conjuntamente, podrán formular colectivamente el número de recusaciones perentorias especificado en la Regla 123, y además cada acusado podrá formular separadamente dos (2) recusaciones perentorias adicionales.

En tal caso el fiscal también tendrá derecho a un número de recusaciones perentorias adicionales igual al total de recusaciones adicionales que esta regla fija para todos los acusados.

(Reglas de Procedimiento Criminal, 1963, Regla 124, efectiva 60 días después del 30 de julio de 1963)

Regla 125. Jurados; Juramento Definitivo. (32 L.P.R.A. AP. II R. 125.)

El juez o el secretario del tribunal tomará el siguiente juramento oral a los jurados que han sido seleccionados para actuar en el juicio:

"Vosotros y cada uno de vosotros, ¿juráis solemnemente desempeñar bien y fielmente vuestro cargo, juzgando con rectitud la causa que pende ante este tribunal y emitiendo un veredicto imparcial de conformidad con la prueba producida? Así os ayude Dios."

(Reglas de Procedimiento Criminal, 1963, Regla 125, efectiva 60 días después del 30 de julio de 1963)

Regla 126. Jurados Suplentes; Requisitos; Recusación; Juramento. (32 L.P.R.A. AP. II R. 126.)

Cuando el tribunal lo creyere conveniente podrá ordenar, inmediatamente después de haber prestado juramento el jurado, que se llame a uno o más jurados suplentes. Los jurados suplentes deberán llenar los mismos requisitos que los jurados que hubieren prestado juramento, y quedarán sujetos a iguales exámenes y recusaciones. Tanto el fiscal como la defensa tendrán derecho a una recusación perentoria contra tales jurados suplentes. Dichos jurados suplentes prestarán igual juramento que los ya seleccionados para actuar en el caso, y serán considerados para todos los fines como miembros del jurado hasta tanto se les excuse por el tribunal.

(Reglas de Procedimiento Criminal, 1963, Regla 126, efectiva 60 días después del 30 de julio de 1963)

Regla 127. Jurados Suplentes; Cuando Actuarán. (32 L.P.R.A. AP. II R. 127.)

Si en cualquier momento antes de haberse sometido finalmente el caso al jurado, uno de los jurados regulares muriese, o se enfermase en tal forma que quedase imposibilitado para cumplir sus deberes, o tuviese que ser relevado por causa suficiente, el tribunal ordenará su sustitución por el jurado suplente, si hubiere uno solo. Si hubiere más de uno se sorteará el sustituto. Al someterse el caso al jurado el tribunal excusará a los jurados suplentes que no se hubieren utilizado.

(Reglas de Procedimiento Criminal, 1963, Regla 127, efectiva 60 días después del 30 de julio de 1963)

Regla 128. Juicio; Orden de la Prueba. (32 L.P.R.A. AP. II R. 128.)

El secretario leerá la acusación al jurado, informándole las alegaciones hechas por el acusado. Si en la acusación se mencionare alguna convicción anterior confesada por el acusado, el secretario omitirá todo lo relacionado con dicha convicción. El fiscal iniciará el juicio expresando oralmente ante el jurado o el tribunal, según el caso, la naturaleza del delito que intenta probar, las circunstancias en que se cometió el hecho, los medios de prueba de que pretende valerse para justificar la acusación o denuncia, y ofrecerá y practicará las pruebas que tenga en apoyo de dicha acusación o denuncia. Luego el acusado expondrá en forma concisa los medios de defensa de que intenta valerse y practicará las pruebas que tenga en su apoyo. El fiscal y el acusado podrán entonces, en ese orden, presentar sólo prueba en refutación de las originalmente aducidas, a menos que el tribunal, por razones que estimare buenas y en pro de la justicia, les permitiere ofrecer evidencia sobre el caso original.

(Reglas de Procedimiento Criminal, 1963, Regla 128, efectiva 60 días después del 30 de julio de 1963)

Regla 129. Testigos; Exclusión y Separación. (32 L.P.R.A. AP. II R. 129.)

Mientras se estuviere examinando a uno de los testigos, el tribunal podrá excluir a todos los demás que no hubieren sido examinados. Podrá asimismo ordenar que los testigos permanezcan separados y se les impida conversar entre sí hasta que se les examine.

(Reglas de Procedimiento Criminal, 1963, Regla 129, efectiva 60 días después del 30 de julio de 1963)

Regla 130. Reclusos; Comparecencia. (32 L.P.R.A. AP. II R. 130.)

Cuando fuere necesario que una persona recluida en la penitenciaría o en una cárcel comparezca ante un tribunal como testigo de cualquiera de las partes o para cualquier otro fin, el tribunal podrá librar la orden necesaria con ese objeto, la cual será diligenciada por el alguacil.

(Reglas de Procedimiento Criminal, 1963, Regla 130, efectiva 60 días después del 30 de julio de 1963)

Regla 131. Testigos; Evidencia; Juicio Público; Exclusión del Publico. (32 L.P.R.A. AP. II R. 131.)

Excepto lo que en contrario se disponga por ley y por estas reglas, en todos los juicios el testimonio de los testigos será oral y en sesión pública y la admisibilidad de evidencia y la competencia y privilegios de los testigos se regirán por las disposiciones de las Reglas de Evidencia de Puerto Rico.

En los procesos por delitos de incesto, agresión sexual, actos lascivos o impúdicos y exposiciones obscenas o por la tentativa de cualquiera de éstos, o durante los testimonio de la víctima de incidentes de violencia doméstica contemplados en la Ley 54-1989, según enmendada, conocida como "Ley para la Prevención e Intervención con la Violencia Doméstica", el tribunal podrá excluir al público de la sala durante el tiempo que dure la declaración de la persona perjudicada, admitiendo sólo a aquellas personas que tengan un interés legítimo en el caso, tales como los funcionarios del tribunal, abogados de las partes y familiares. Previo a la orden de exclusión, el tribunal celebrará una vista en privado para determinar si la persona perjudicada necesita de esta protección durante su testimonio.

(Reglas de Procedimiento Criminal, 1963, Regla 131; Junio 22, 1978, Núm. 65, p. 214; Octubre 18, 2011, Núm. 206, art. 1, enmienda el segundo párrafo para incluir testimonio de la víctima de Violencia Doméstica.)

Regla 131.1.-[Testimonio de Victima o Testigo Menores de Edad o Que Padezcan Incapacidad o Impedimento Mental o ...] (32 L.P.R.A. AP. II R. 131.1.)

Testimonio de víctima o testigo menor de edad o mayores de 18 años que padezcan incapacidad o impedimento mental o que haya sido víctima de delito de naturaleza sexual o víctima de los delitos tipificados en la Ley Núm. 54 de 15 de agosto de 1989, según enmendada, conocida como "Ley para la Prevención e Intervención con la Violencia Doméstica".

En determinadas condiciones y circunstancias, el interrogatorio de la víctima de delito contra la indemnidad sexual o el de la víctima de los delitos tipificados en la Ley Núm. 54 de 15 de agosto de 1989, según enmendada, o la víctima o testigo menor de edad, podrá llevarse a cabo según el procedimiento aquí establecido. Disponiéndose, que para efectos de esta Regla y las Reglas 131.2 y 131.3, el término menor significa toda persona que no haya cumplido dieciocho (18) años de edad y toda persona mayor de dieciocho (18) años que padezca incapacidad o impedimento mental que haya sido determinado judicialmente con anterioridad o establecido mediante prueba pericial o por estipulaciones de las partes. Igualmente, los efectos de esta Regla y las Reglas 131.2 y 131.3, también aplicarán a las víctimas mayores de edad de los delitos contra la indemnidad sexual contemplados en el Capítulo IV del Título I, Delitos contra la Persona, del Código Penal de 2004, o por la tentativa de cualquiera de éstos, que sea testigo o declarante; y a las víctimas de los delitos tipificados en la Ley Núm. 54 de 15 de agosto de 1989, según enmendada conocida como "Ley para la Prevención e Intervención con la Violencia Doméstica".

(1) Condiciones. El tribunal, a iniciativa propia o a solicitud del ministerio público, o del testigo o víctima menor de edad, podrá ordenar que la víctima o testigo que sea menor de edad testifique fuera de sala durante el proceso mediante la utilización del sistema televisivo de circuito cerrado de una o dos vías, si concurren las siguientes condiciones:

(a) El testimonio del menor es prestado por éste durante el proceso judicial;

(b) el juez ha determinado previamente durante el proceso que debido a la presencia del acusado existe la probabilidad de que el menor, aunque competente para declarar, sufra disturbio emocional serio que le impida comunicarse efectivamente, y

(c) al momento de declarar el menor esté bajo juramento o afirmación con las debidas advertencias.

(2) Personas que pueden estar presentes en el lugar donde preste testimonio el menor o la víctima de delito contra la indemnidad sexual o la víctima de cualquiera de los delitos tipificados en la Ley Núm. 54 de 15 de agosto de 1989, según enmendada, conocida como "Ley para la Prevención e Intervención con la Violencia Doméstica".

Sólo se permitirá la presencia de las personas que se enumeran a continuación, en el lugar donde testifique el menor o víctima de delito contra la indemnidad sexual o la víctima de cualquiera de los delitos tipificados en la Ley Núm. 54 de 15 de agosto de 1989, según enmendada, conocida como "Ley para la Prevención e Intervención con la Violencia Doméstica":

(a) El fiscal a cargo del caso.

(b) El abogado de la defensa.

(c) Los operadores del equipo de circuito cerrado.

(d) Cualquier persona de apoyo, según se define este término en la Regla 131.3, que determine el tribunal.

(e) El intercesor o intercesora, según se define este término en el inciso (g) del Artículo 1.3 de la Ley Núm. 54 de 15 de agosto de 1989, según enmendada, conocida como "Ley para la Prevención e Intervención con la Violencia Doméstica".

Durante el testimonio ofrecido mediante el sistema de circuito cerrado de una o dos vías, el juez, el acusado, el jurado y el público permanecerán en sala. Al acusado y al juez se les permitirá comunicarse con las personas presentes en el lugar donde presta testimonio el declarante, mediante la utilización de equipo electrónico apropiado para esos propósitos. El acusado podrá observar y escuchar simultáneamente al declarante mientras éste testifica, sin que el declarante pueda observarlo a él, salvo cuando se autorice el sistema de dos vías. Sólo podrán interrogar al declarante durante su testimonio: el fiscal a cargo del caso, el abogado de la defensa y el juez.

(3) Determinación de necesidad. Para determinar si existe la probabilidad de que el declarante sufra disturbio emocional serio que le impida comunicarse efectivamente de tener que testificar frente al acusado, el juez podrá observar e interrogar al declarante dentro o fuera del tribunal, así también podrá escuchar testimonio de los padres, encargados, custodios, tutor o defensor judicial, en caso de que sea menor de edad, y cualquier otra persona, a discreción del juez, que contribuya al bienestar de la víctima, incluyendo a la persona o personas que hayan intervenido con el declarante en un ambiente terapéutico por la naturaleza del delito cometido:

(a) El acusado, el abogado de la defensa y el fiscal a cargo del caso tendrán derecho a estar presentes cuando el juez escuche testimonio para determinar si autoriza que la víctima testifique fuera de la sala donde se ventila el proceso, mediante el sistema de circuito cerrado de una o dos vías.

(b) Si el juez decide observar o interrogar al declarante perjudicado para hacer la determinación acorde con la cláusula (a) de este inciso, estarán presentes el abogado de la defensa y el fiscal a cargo del caso.

(4) Aplicabilidad. Las disposiciones contenidas en esta regla no son aplicables cuando el acusado comparece por derecho propio (pro se).

(5) Identificación del acusado. Para la identificación del acusado por la víctima se requerirá la presencia de ambos en sala, después que el declarante haya testificado.

(Reglas de Procedimiento Criminal, 1963; Adicionada como Regla 131.1 en Marzo 16, 1995, Núm. 31, art. 1; Agosto 15, 1998, Núm. 247, art. 1, ef. 30 días después de Agosto 15, 1998; Octubre 19, 2010, Núm. 151, art. 1; Julio 19, 2019, Núm. 62, art. 1, enmienda el titulo, primer párrafo y los primeros dos párrafos del inciso (2).)

HISTORIAL
Enmiendas

-2019, ley 62. Esta ley 62, enmienda el titulo, primer párrafo y los primeros dos párrafos del inciso (2) e incluye los siguientes artículos de aplicación:
Artículo 2.-Por la presente se deroga cualquier ley, o parte de ley, que sea incompatible con ésta.
Artículo 3.-Las disposiciones de esta Ley prevalecerán sobre cualquier otra disposición de ley que no estuviere en armonía con lo aquí establecido.
Artículo 4.-Si cualquier palabra, frase, oración, párrafo, artículo, o parte de esta Ley fuere declarado inconstitucional por un tribunal competente, la

sentencia a tal efecto dictada no afectará, perjudicará, ni invalidará el resto de esta Ley. El efecto de dicha sentencia quedará limitado a la palabra, frase, oración, párrafo, artículo, o parte de la misma que así hubiere sido declarado inconstitucional.

Artículo 5.-Esta Ley entrará en vigor inmediatamente después de su aprobación.

-**2010, ley 151.** Esta ley enmienda esta regla en términos generales.

-**1998, ley 247.** La ley de 1998 redesigno la anterior Regla 131A como Regla 131.1 e introdujo en el rubro las enmiendas correlativas al texto.

Primer párrafo: La ley de 1998 añadió al testigo menor de edad en la primera oración, y a los testigos mayores de 18 de incapacidad mental en el Disponiéndose.

Inciso (1): La ley de 1998 enmendó el primer párrafo de este inciso en términos generales.

Inciso (2): La ley de 1998 enmendó la cláusula (d) en términos generales, y añadió la referencia a dos vías en el segundo párrafo de este inciso.

Inciso (5): La ley de 1998 añadió "después que el menor haya testificado".

Exposición de motivos.
Véase Leyes de Puerto Rico de:
Marzo 16, 1995, Núm. 31.
Agosto 15, 1998, Núm. 247.

Regla 131.2. Grabación de Deposición en Cinta Video Magnetofónica. (32 L.P.R.A. AP. II R. 131.2.)

En todo procedimiento de delito cometido contra un menor o en que el menor sea testigo, el ministerio público, el defensor judicial del menor, los padres, el tutor legal o custodio del menor podrán solicitar al tribunal, antes del juicio en su fondo, que ordene que se tome el testimonio del menor mediante deposición y que la misma se grabe y preserve en cualquier sistema de grabación confiable de acuerdo a las siguientes reglas:

(1) El tribunal evaluará la solicitud y hará una determinación preliminar respecto a la disponibilidad del menor para testificar en corte abierta y en presencia del acusado, el juez y el jurado, tomando en consideración las siguientes circunstancias:

(a) Que el menor sufre de temor o intimidación.

(b) Que mediante testimonio pericial se ha establecido que el testimonio en corte abierta ocasionará un trauma emocional al menor.

(c) Que el menor padece de alguna incapacidad mental o alguna enfermedad o impedimento. En caso de personas mayores de dieciocho (18) años, la incapacidad o el impedimento deberá haber sido determinado judicialmente con anterioridad, o deberá establecerse mediante prueba pericial o por estipulación de las partes.

(d) Que se ha demostrado que el acusado o su abogado [ha] incurrido en conducta tal que impide al menor continuar prestando su testimonio.

Cuando el tribunal determine la imposibilidad de que el menor testifique en corte abierta por cualquiera de las circunstancias enumeradas, ordenará que se tome y grabe la deposición del testimonio del menor en cinta video magnetofónica. Si la determinación preliminar de inhabilidad para testificar estuviere basada en lo dispuesto en la cláusula (a) de este inciso y la evidencia demuestra que el menor es incapaz de testificar ante la presencia física del acusado, el tribunal podrá ordenar que el acusado, incluyendo un acusado que haya asumido su propia defensa (pro se), sea excluido del lugar donde se realiza la deposición. En este caso se proveerá para la instalación de un sistema televisivo de circuito cerrado de una o dos vías, que permita al acusado observar al menor y comunicarse con su representante legal en privado y mientras se toma la deposición.

(2) El juez presidirá la deposición del menor, quien declarará bajo juramento o afirmación luego de las debidas advertencias, y adjudicará todo planteamiento u objeción que se levante durante la toma de la misma. Sólo podrán estar presentes durante la deposición las siguientes personas:

(a) El ministerio público.

(b) El abogado de la defensa.

(c) El abogado del menor o su encargado legal.

(d) Los operadores del equipo de grabación.

(e) El acusado, salvo que sea descualificado conforme lo dispuesto en el inciso (1)(a) de esta regla.

(f) Alguna otra persona de apoyo, según se define este término en la Regla 131.3, cuya presencia contribuye para el bienestar del menor, según lo determine el tribunal.

(g) Funcionarios del tribunal responsables de la seguridad.

Se garantizarán al acusado sus derechos constitucionales, incluyendo el derecho de representación legal, de carearse con los testigos de cargo y el derecho a contrainterrogar al menor.

(3) Se llevará un récord completo del examen del menor, incluyendo la imagen y voces de todas las personas que participaron en dicho examen, el cual será preservado en cualquier sistema de grabación confiable, además de ser reproducido en grabadora de sonido de doble cinta magnetofónica u otro medio de grabación digitalizado. La grabación será entregada al secretario

del tribunal en que se ventila el caso y estará disponible para examen por las partes durante horas laborables.

(4) Si al comenzar el juicio el tribunal determina que el menor está inhabilitado para testificar por alguna de las circunstancias establecidas en esta regla, el tribunal podrá admitir en evidencia la grabación de la deposición tomada al menor en sustitución de su testimonio en corte abierta. El tribunal basará su determinación en esta regla y en los hallazgos que haga constar para récord.

(5) Cualquiera de las partes, al ser notificada del descubrimiento de nueva evidencia una vez que se ha grabado la deposición, y antes o durante la celebración del juicio, podrá solicitar al tribunal, previa determinación de justa causa, la toma de una deposición adicional a ser grabada en cualquier sistema de grabación confiable. El testimonio del menor se limitará a los asuntos autorizados por el juez en la orden.

(6) En todo lo relacionado a la toma de una deposición grabada en cinta video magnetofónica u otro medio de grabación digitalizado bajo esta regla, el tribunal podrá emitir una orden protectora que garantice el derecho a la intimidad del menor.

(7) La cinta video magnetofónica utilizada u otro medio de grabación digitalizado utilizado para la toma de la deposición bajo esta regla será destruida a los cinco (5) años de haberse emitido sentencia en el caso, salvo que esté pendiente la apelación de la sentencia. La cinta formará parte del récord y permanecerá bajo custodia del tribunal hasta el momento de su destrucción.

(Reglas de Procedimiento Criminal, 1963; Adicionada como Regla 131.2 en Agosto 15, 1998, Núm. 247, art. 2, ef. 30 días después de Agosto 15, 1998.)

Regla 131.3. Testigos Menores de Edad; Asistencia Durante el Testimonio. (32 L.P.R.A. AP. II R. 131.3.)

En cualquier procedimiento bajo estas reglas, en específico las Reglas 131.1 y 131.2, el tribunal, a iniciativa propia o a solicitud del ministerio público, del defensor judicial, o los padres, el tutor o encargado de un menor que sea testigo en un procedimiento criminal, podrá autorizar que se brinde asistencia al menor conforme lo siguiente:

(1) Persona de apoyo. El menor tendrá derecho a estar acompañado por una persona de apoyo, quien podrá ser un familiar o conocido del menor, o el profesional o el personal técnico que ha intervenido o brindado asistencia al menor en las diferentes etapas del proceso. El tribunal podrá autorizar que la persona de apoyo permanezca al lado del menor, incluyendo acciones tales como sentarlo en la falda o darle las manos. Mientras el menor preste

testimonio, la persona de apoyo no podrá dirigirse al menor, ni hacer movimiento sugestivo alguno, como tampoco comunicarse con el jurado mediante gestos ni por ningún otro medio.

En los casos de juicio por jurado, el tribunal deberá impartir instrucciones especiales para aclarar las funciones de la persona de apoyo, enfatizando en el hecho de que su presencia tiene el propósito de facilitar la declaración del menor y no el de protegerlo físicamente del acusado ni de influir a favor de su credibilidad.

(2) Medios para facilitar la prestación de testimonio. El tribunal podrá autorizar el uso en sala de muñecos anatómicamente correctos, maniquíes, muñecos comunes, dibujos o cualquier otro medio demostrativo que considere apropiado con el fin de ayudar al menor a prestar su testimonio.

A solicitud del ministerio público, de cualquiera de las personas enumeradas en el inciso (1) de esta regla, o a instancia propia, el tribunal dará prioridad al caso en que un menor es llamado a testificar, tanto en el calendario como en el orden del día, con el propósito de reducir el tiempo que el menor estará expuesto al proceso. Si el tribunal tuviese que continuar los procedimientos en una fecha posterior deberá tomar en consideración la edad del menor y cualquier efecto adverso que tal posposición pudiera tener. El tribunal deberá hacer determinaciones de hecho y conclusiones de derecho, por escrito, cuando opte por posponer la vista del caso.

(Reglas de Procedimiento Criminal, 1963; Adicionada como Regla 131.3 en Agosto 15, 1998, Núm. 247, art. 3, ef. 30 días después de Agosto 15, 1998.)

Regla 132. Suspensión de Sesión; Advertencia al Jurado. (32 L.P.R.A. AP. II R. 132.)

Cada vez que suspenda la sesión, el tribunal deberá advertir a los jurados, ya se les permitiere separarse, o ya quedaren a cargo de funcionarios del tribunal, que es su deber no conversar entre sí ni con otra persona, acerca de ningún particular relacionado con el proceso, ni formar o expresar juicio alguno sobre el mismo, hasta que la causa hubiere sido sometida definitivamente a su deliberación.

(Reglas de Procedimiento Criminal, 1963, Regla 132, efectiva 60 días después del 30 de julio de 1963)

Regla 133. Jurados; Conocimiento Personal de Hechos. (32 L.P.R.A. AP. II R. 133.)

Si uno de los jurados tuviere conocimiento personal de cualquier hecho controvertido en una causa, deberá así declararlo en sala durante el juicio. Si retirado el jurado para deliberar, uno de los miembros manifestare constarle algún hecho que pudiera servir de prueba en la causa, el jurado deberá regresar al tribunal. En cualquiera de estos casos el que hubiere hecho la manifestación deberá prestar juramento y ser examinado como testigo en presencia de las partes y continuará actuando como jurado a menos que el juez determinare que de permitirlo no habría una consideración imparcial de la causa por el jurado.

(Reglas de Procedimiento Criminal, 1963, Regla 133, efectiva 60 días después del 30 de julio de 1963)

Regla 134. Jurado; Inspección Ocular. (32 L.P.R.A. AP. II R. 134.)

Cuando en la opinión del tribunal fuere conveniente que el jurado examine el lugar en que fue cometido el delito, o en que hubiere ocurrido cualquier otro hecho esencial, podrá ordenar que se conduzca al jurado bajo la custodia de un alguacil al expresado sitio, el cual le será señalado por la persona designada por el tribunal para tal propósito y dicho alguacil prestará juramento de que no permitirá que ninguna persona, incluso él mismo, hable o se comunique con el jurado acerca de ningún asunto relacionado con el juicio, y que regresará al tribunal con el jurado, sin dilación innecesaria. Al celebrarse una inspección ocular el juez siempre deberá trasladarse con el jurado al sitio de los sucesos.

(Reglas de Procedimiento Criminal, 1963, Regla 134, efectiva 60 días después del 30 de julio de 1963)

Regla 135. Absolución Perentoria. (32 L.P.R.A. AP. II R. 135.)

Queda abolida la moción para que se ordene un veredicto absolutorio. El tribunal a instancia propia o a instancia de un acusado decretará su absolución perentoria en uno o varios cargos de la acusación o denuncia luego de practicada la prueba de una o de ambas partes si la misma fuere insuficiente para sostener una convicción por ese cargo o cargos.

De presentarse una moción de absolución perentoria, luego de practicada toda la prueba, el tribunal podrá reservarse su resolución, someter el caso al jurado y resolver la moción, bien antes del veredicto o después del veredicto o de disolverse el jurado sin rendir veredicto. Si el tribunal declarare sin lugar la moción antes de rendirse un veredicto de culpabilidad o de disolverse el jurado sin veredicto, la moción podrá reproducirse dentro del término jurisdiccional de los cinco (5) días de rendido el veredicto o disuelto el jurado, siempre que no se hubiere dictado sentencia.

(Reglas de Procedimiento Criminal, 1963, Regla 135; Agosto 31, 2000, Núm. 270, art. 1.)

Regla 136. Juicio; Informes al Jurado. (32 L.P.R.A. AP. II R. 136.)

Terminada la prueba, las partes harán sus informes comenzando con el del fiscal, quien podrá además cerrar brevemente el debate, limitándose a rectificar el informe del acusado. El tribunal podrá en el ejercicio de su sana discreción limitar la duración y el número de los informes.

(Reglas de Procedimiento Criminal, 1963, Regla 136, efectiva 60 días después del 30 de julio de 1963)

Regla 137. Juicio; Instrucciones. (32 L.P.R.A. AP. II R. 137.)

Terminados los informes, el tribunal deberá instruir al jurado haciendo un resumen de la evidencia y exponiendo todas las cuestiones de derecho necesarias para la información del jurado. Por estipulación de las partes, hecha inmediatamente antes de empezar las instrucciones y aprobada por el tribunal, se podrá omitir hacer el resumen de la evidencia. Todas las instrucciones serán verbales a menos que las partes consintieren otra cosa. Cualquiera de las partes podrá presentar al tribunal una petición escrita de que se den determinadas instrucciones, al terminar el desfile de la prueba, o anteriormente si el tribunal razonablemente así lo ordena. Deberá servirse copia de dicha petición a la parte contraria. El tribunal podrá aceptar o rechazar cualquiera o todas dichas peticiones, anotando debidamente su decisión en cada una, e informará a las partes de su decisión antes de que éstas informen al jurado. Ninguna de las partes podrá señalar como error cualquier porción de las instrucciones u omisión en las mismas a menos que planteare su objeción a ellas o solicitare instrucciones adicionales antes de retirarse el jurado a deliberar, exponiendo claramente los motivos de su impugnación, o de su solicitud. Se le proveerá oportunidad para formular éstas fuera de la presencia del jurado. El tribunal procederá entonces a resolver la cuestión, haciendo constar su resolución en el expediente o trasmitiendo cualquier instrucción adicional que estimare pertinente. Al terminar las instrucciones el tribunal nombrará al presidente del jurado y ordenará que el jurado se retire a deliberar. En sus deliberaciones y veredicto el jurado vendrá obligado a aceptar y aplicar la ley según la exponga el tribunal en sus instrucciones.

(Reglas de Procedimiento Criminal, 1963, Regla 137, efectiva 60 días después del 30 de julio de 1963)

Regla 138. Jurado; Custodia. (32 L.P.R.A. AP. II R. 138.)

Durante el transcurso del juicio, y antes de someterse la causa al jurado, el tribunal podrá permitir que los jurados se separen, o disponer que queden bajo la custodia del alguacil, quien prestará juramento de mantenerlos juntos hasta la próxima sesión del tribunal, y de no consentir que nadie, incluso él mismo, les hable o se comunique con ellos, acerca de ningún particular relacionado con el juicio, y de regresar con ellos al tribunal en la próxima sesión. Así mismo durante el transcurso del juicio, cuando en el interés de la justicia sea necesario, tanto el acusado como el fiscal podrán solicitar del tribunal que, en su sana discreción, ordene que el jurado quede bajo la custodia del alguacil.

(Reglas de Procedimiento Criminal, 1963, Regla 138; Mayo 27, 1980, Núm. 62, p. 169.)

Regla 139. Jurado; Deliberación; Juramento Del Alguacil. (32 L.P.R.A. AP. II R. 139.)

Al retirarse el jurado a deliberar, el alguacil deberá prestar juramento, de:

(a) Mantener a los jurados juntos en el sitio destinado por el tribunal para sus deliberaciones.

(b) No permitir a persona alguna que se comunique en absoluto con el jurado o con cualquiera de sus miembros.

(c) No comunicarse él mismo con el jurado o cualquiera de sus miembros acerca de ningún particular relacionado con el proceso.

(Reglas de Procedimiento Criminal, 1963, Regla 139, efectiva 60 días después del 30 de julio de 1963)

Regla 140. Jurado; Deliberación; Uso de Evidencia. (32 L.P.R.A. AP. II R. 140.)

Al retirarse a deliberar, el jurado deberá llevarse consigo todo objeto o escrito admitido en evidencia, excepto las deposiciones.

(Reglas de Procedimiento Criminal, 1963, Regla 140, efectiva 60 días después del 30 de julio de 1963)

Regla 141. Jurado; Deliberación; Regreso a Sala a su Solicitud. (32 L.P.R.A. AP. II R. 141.)

Después que el jurado se hubiere retirado a deliberar, si se suscitare cualquier desacuerdo o duda entre los miembros con respecto a la prueba testifical, o desearen ser informados acerca de algún punto de derecho que surja de la causa, deberán requerir al oficial encargado de ellos que los conduzca al tribunal. Una vez en él, la información solicitada les será dada previa notificación al fiscal y al acusado o su abogado.

(Reglas de Procedimiento Criminal, 1963, Regla 141, efectiva 60 días después del 30 de julio de 1963)

Regla 142. Jurado; Deliberación; Regreso a Sala a Instancias del Tribunal. (32 L.P.R.A. AP. II R. 142.)

Después de haberse retirado el jurado a deliberar, el tribunal podrá ordenarle que vuelva a la sala de sesiones con el fin de corregir cualquier instrucción errónea o para darle instrucciones adicionales. Tales instrucciones le serán dadas solamente después de haberse notificado al fiscal, al acusado o a su abogado de la decisión del tribunal de corregir o ampliar sus instrucciones al jurado.

(Reglas de Procedimiento Criminal, 1963, Regla 142, efectiva 60 días después del 30 de julio de 1963)

Regla 143. Jurado; Deliberación; Tribunal Constituido. (32 L.P.R.A. AP. II R. 143.)

Mientras el jurado estuviere deliberando, el tribunal se considerará que continúa constituido a los efectos de entender en cualquier incidente relacionado con la causa sometida al jurado.

(Reglas de Procedimiento Criminal, 1963, Regla 143, efectiva 60 días después del 30 de julio de 1963)

Regla 144. Jurado; Disolución. (32 L.P.R.A. AP. II R. 144.)

El tribunal podrá ordenar la disolución del jurado antes del veredicto en los siguientes casos:

(a) Si antes de retirarse el jurado a deliberar, se hiciere imposible la continuación del proceso a consecuencia de la enfermedad o muerte de uno de los miembros del jurado, a menos que el tribunal resolviere tomarle juramento a otro miembro del jurado en sustitución del primero y empezar el juicio de nuevo.

(b) Si después de retirarse el jurado a deliberar, se hiciere imposible la continuación del proceso a consecuencia de la enfermedad o muerte de un miembro del jurado o sobreviniere cualquier otra circunstancia que les impidiera permanecer reunidos.

(c) Si la deliberación se prolongare por un lapso de tiempo que el tribunal estimare suficiente para concluir de una manera clara y evidente no haber posibilidad de que el jurado pudiera llegar a un acuerdo.

(d) Si se hubiere cometido algún error o se hubiere incurrido en alguna irregularidad durante el proceso que, a juicio del tribunal, le impidiere al jurado rendir un veredicto justo e imparcial.

(e) Por cualquier otra causa si las partes consintieren en ello.

En todos los casos en que el jurado fuere disuelto según lo provisto en esta regla, la causa podrá ser juzgada nuevamente.

(Reglas de Procedimiento Criminal, 1963, Regla 144, efectiva 60 días después del 30 de julio de 1963)

Regla 145. Jurado; Veredicto; Su Rendición. (32 L.P.R.A. AP. II R. 145.)

Después que el jurado se hubiere puesto de acuerdo sobre el veredicto, regresará a la sala de sesiones bajo la custodia del alguacil, y el presidente de dicho jurado entregará el veredicto por escrito al secretario de la sala para que éste lo entregue al tribunal. El tribunal preguntará al presidente del jurado si dicho veredicto es el veredicto del jurado y cuántos jurados votaron en favor del mismo. Si el presidente del jurado respondiere en la afirmativa, y el veredicto rendido fuere conforme a ley, el mismo será aceptado por el tribunal y leído por el secretario.

(Reglas de Procedimiento Criminal, 1963, Regla 145, efectiva 60 días después del 30 de julio de 1963)

Regla 146. Jurado; Veredicto; Forma. (32 L.P.R.A. AP. II R. 146.)

El veredicto declarará al acusado "culpable" o "no culpable" o "no culpable por razón de locura". No será necesario conformarlo estrictamente a esta terminología pero la intención del jurado deberá constar claramente. Si el veredicto de culpabilidad se refiere a un delito con distintos grados o a un delito con otros delitos inferiores necesariamente comprendidos en el delito mayor, el veredicto rendido especificará el grado o el delito menor por el cual se hubiere encontrado culpable al acusado.

Si el jurado tuviere que determinar la condición de subsiguiente del delito imputado y el veredicto fuere de culpabilidad, el mismo expresará además si la alegación sobre convicción anterior es o no cierta.

En todo caso el veredicto expresará el número de los miembros del jurado que concurrieron.

(Reglas de Procedimiento Criminal, 1963, Regla 146, efectiva 60 días después del 30 de julio de 1963)

Regla 147. Jurado; Veredicto; Convicción por un Delito Inferior. (32 L.P.R.A. AP. II R. 147.)

El acusado podrá ser declarado culpable de la comisión de cualquier delito inferior necesariamente comprendido en el delito que se le imputa; o de cualquier grado inferior del delito que se le imputa; o de tentativa de cometer el delito que se le imputa o cualquier otro delito necesariamente comprendido en él, o de cualquier grado que el mismo tenga, si tal tentativa constituye, por sí misma, un delito.

(Reglas de Procedimiento Criminal, 1963, Regla 147, efectiva 60 días después del 30 de julio de 1963)

Regla 148. Jurado; Veredicto; Reconsideración ante una Errónea Aplicación de la Ley. (32 L.P.R.A. AP. II R. 148.)

Si al rendirse un veredicto de culpabilidad el tribunal considerare que el jurado se ha equivocado en la aplicación de la ley, el juez que lo presida podrá explicar al jurado sus razones y ordenarle que vuelva a considerar el veredicto. Si después de esto se rindiere el mismo veredicto, éste será aceptado por el tribunal. Nada de lo aquí dispuesto será aplicable a un veredicto absolutorio el cual deberá ser aceptado siempre por el tribunal.

(Reglas de Procedimiento Criminal, 1963, Regla 148, efectiva 60 días después del 30 de julio de 1963)

Regla 149. Jurado; Reconsideración de Veredicto Defectuoso. (32 L.P.R.A. AP. II R. 149.)

Si el veredicto fuere tan defectuoso que el tribunal no pudiere determinar la intención del jurado de absolver o condenar al acusado por el delito bajo el cual el acusado pudiera ser convicto de acuerdo con la acusación, o no pudiere determinar en qué cargo o cargos el jurado quiso absolver o condenar al acusado, el tribunal podrá instruir al jurado para que reconsidere dicho veredicto y exprese claramente su intención. Pero si el jurado persistiere en rendir el veredicto defectuoso, tal veredicto será aceptado, y el tribunal dictará un fallo absolutorio.

(Reglas de Procedimiento Criminal, 1963, Regla 149, efectiva 60 días después del 30 de julio de 1963)

Regla 150. Jurado; Veredicto Parcial. (32 L.P.R.A. AP. II R. 150.)

El jurado podrá rendir un veredicto o tantos veredictos como fueren necesarios respecto a uno o más de los cargos de la acusación o a uno o más de los acusados incluidos en la misma, sobre cuya culpabilidad o inocencia estuviere de acuerdo. Si el jurado no pudiere llegar a ningún acuerdo respecto a cualquier cargo o acusado, el tribunal podrá ordenar un nuevo juicio en cuanto a dicho cargo o a dicho acusado.

(Reglas de Procedimiento Criminal, 1963, Regla 150, efectiva 60 días después del 30 de julio de 1963)

Regla 151. Jurado; Comprobación del Veredicto Rendido. (32 L.P.R.A. AP. II R. 151.)

Cuando el jurado hubiere rendido un veredicto, a requerimiento de cualquier parte o a instancias del propio tribunal, tal veredicto deberá ser comprobado en cuanto a cada miembro del jurado. Si como resultado de esta comprobación se determinare que el veredicto no fue rendido, al menos, por nueve miembros del jurado, se le podrá ordenar al mismo retirarse a continuar sus deliberaciones o podrá ser disuelto.

(Reglas de Procedimiento Criminal, 1963, Regla 151, efectiva 60 días después del 30 de julio de 1963)

Regla 151.1. Juicio; Confesión del Acusado. (32 L.P.R.A. AP. II R. 151.1.)

En los juicios por jurado, todas las cuestiones de hecho y de derecho referentes a una confesión del acusado serán oídas y resueltas exclusivamente por el juez, en ausencia del jurado, debiendo el juez admitir en evidencia o rechazar dicha confesión. Esta disposición no tendrá el efecto de impedir que el acusado presente al jurado, y que la parte contraria la refute, evidencia pertinente relativa al peso o credibilidad de la confesión, y a las circunstancias bajo las cuales la confesión fue obtenida.

(Reglas de Procedimiento Criminal, 1963; Adicionada como Regla 151.1 en Junio 30, 1964, ef. 60 días después de Mayo 31, 1965.)

Regla 152. Juicio; Conspiración; Actos Manifiestos. (32 L.P.R.A. AP. II R. 152.)

En un proceso de conspiración, siempre que para la comisión del delito se requiriere un acto manifiesto (overt act) no podrá declararse convicto al acusado a menos que uno o varios de tales actos hubieren sido expresamente alegados en la acusación o denuncia y se probare uno de ellos, pero podrán probarse otros actos manifiestos que no fueren los alegados.

(Reglas de Procedimiento Criminal, 1963, Regla 152, efectiva 60 días después del 30 de julio de 1963)

Regla 153. Juicio; Proceso por Bigamia; Prueba de los Matrimonios. (32 L.P.R.A. AP. II R. 153.)

En un proceso por el delito de bigamia, no será necesario probar ninguno de los matrimonios por medio de las constancias del registro, copias certificadas o cualesquiera otros documentos oficiales relativos a dichos matrimonios, los cuales podrán probarse mediante cualquier prueba admisible para establecer el hecho del matrimonio. La prueba del lugar y fecha en que se contrajo el segundo matrimonio, acompañada de prueba fehaciente de que los contrayentes han vivido juntos en Puerto Rico después de efectuado dicho matrimonio, será suficiente para sostener la acusación.

(Reglas de Procedimiento Criminal, 1963, Regla 153, efectiva 60 días después del 30 de julio de 1963)

Regla 154. Juicio; Prueba de Corroboración. (32 L.P.R.A. AP. II R. 154.)

En un proceso por el delito de promover o intentar la promoción de un aborto o por contribuir o ayudar en su perpetración, por seducir con engaño o corromper por medio del halago o por inducir o engañar a una mujer soltera menor de veintiún (21) años, hasta entonces reputada por casta, a entrar en alguna casa de lenocinio o en cualquier otra parte con el objeto de prostituirla o contribuir y ayudar a ese fin, o de que tenga contacto carnal ilícito con cualquier hombre, o en un proceso por el delito de seducción bajo promesa de matrimonio, no podrá declararse convicto al acusado por la sola declaración de la mujer agraviada, a menos que tal declaración se corrobore con alguna prueba que por sí misma, y sin tomar en consideración la declaración de la mujer agraviada, tienda a establecer la relación del acusado con la comisión de delito. Esta corroboración no será suficiente si sólo probare la perpetración del delito o la circunstancia del mismo.

(Reglas de Procedimiento Criminal, 1963, Regla 154; Julio 23, 1974, Núm. 209, Parte 2, p. 124; Noviembre 11, 1994, Núm. 123, art. 1.)

Regla 154.1. Juicio; Prueba de Conducta Previa. (32 L.P.R.A. AP. II R. 154.1.)

En cualquier procedimiento por el delito de violación o su tentativa no se admitirá evidencia de la conducta previa o historial sexual de la perjudicada o evidencia de opinión o reputación acerca de esa conducta o historial sexual para atacar su credibilidad o para establecer su consentimiento, a menos que existan circunstancias especiales que indiquen que dicha evidencia es relevante y que su naturaleza infamatoria o perjudicial no tendrá un peso mayor que su valor probatorio.

Si el acusado se propone ofrecer evidencia de la conducta o historial sexual de la perjudicada o evidencia de opinión o reputación acerca de esa conducta o historial sexual, bajo la excepción de circunstancias especiales, deberá seguir el siguiente procedimiento:

(a) El acusado presentará una moción por escrito y bajo juramento al tribunal y al Ministerio Público indicando la evidencia que se propone ofrecer y su relevancia para atacar la credibilidad o para establecer el consentimiento de la perjudicada. La moción deberá presentarse cinco (5) días antes del juicio, a menos que no hubiere oportunidad para ello o que al acusado no le constaren los fundamentos de la moción.

(b) Si el tribunal determina que dicha evidencia es satisfactoria, ordenará una vista en privado y en ausencia del jurado. En dicha vista se permitirá el interrogatorio a la perjudicada en relación con la evidencia propuesta por el acusado.

(c) Al terminar la vista, si el tribunal determina que la evidencia que se propone ofrecer el acusado es relevante y que su naturaleza infamatoria o perjudicial no tendrá un peso mayor que su valor probatorio, dictará una orden indicando la evidencia que puede ser presentada por el acuerdo y la naturaleza de las preguntas permitidas. El acusado entonces podrá ofrecer evidencia de acuerdo con la orden del tribunal.

(Reglas de Procedimiento Criminal, 1963; Adicionada como Regla 154.1 en Febrero 1, 1979, Núm. 6, p. 12.)

Regla 155. Juicio; Corroboración en Casos de Fraude. (32 L.P.R.A. AP. II R. 155.)

En un proceso por el delito de haberse obtenido la firma de una persona en un documento mediante engaño o superchería y con la intención de defraudarla, o por tales medios haberse obtenido de una persona dinero, bienes muebles o cualesquiera otras cosas de valor, no podrá declararse convicto al acusado cuando dicho engaño o superchería se hubiere hecho de palabra, sin mediar prenda o escrito falso, a menos que dicho engaño o superchería constare por escrito en alguna forma bajo la firma o con la letra del acusado, o pudiere probarse con la declaración de dos (2) testigos, o la de un solo testigo acompañada de circunstancias corroborantes. Esta regla no se aplicará a un proceso por falsa representación o por suplantación de otra persona para contraer matrimonio o para recibir dinero o bienes mediante usurpación.

(Reglas de Procedimiento Criminal, 1963, Regla 155, efectiva 60 días después del 30 de julio de 1963)

REGLA 156. Juicio; Testimonio del Coautor y Cooperador. (32 L.P.R.A. AP. II R. 156.)

El testimonio de un coautor o del cooperador será examinado con desconfianza y se le dará el peso que estime el juez o el jurado luego de examinarlo con cautela a la luz de toda la evidencia presentada en el caso. En los casos celebrados por jurado se le ofrecerán al jurado instrucciones a esos efectos.

(Reglas de Procedimiento Criminal, 1963, Regla 156; Julio 23, 1974, Núm. 208, Parte 2, p. 122; Septiembre 15, 2004, Núm. 317, art. 11, efectiva el 1 de mayo de 2005.)

Regla 157. Juicio; Asesinato; Peso de la Prueba. (32 L.P.R.A. AP. II R. 157.)

En un proceso por asesinato, una vez probado que la muerte fue causada por el acusado, recaerá sobre éste la obligación de probar que han mediado circunstancias atenuantes o circunstancias que excusen o justifiquen el hecho de la muerte, a menos que la propia prueba de El Pueblo tienda a demostrar que el delito cometido es un homicidio o que el acusado tenía justificación o excusa para haber cometido el hecho.

(Reglas de Procedimiento Criminal, 1963, Regla 157, efectiva 60 días después del 30 de julio de 1963)

Regla 158. Juicio; Loterías; Prueba Necesaria. (32 L.P.R.A. AP. II R. 158.)

En un proceso por infracción de cualquiera de las disposiciones de las secs. 1211 et seq. del Título 33 no será necesario probar la existencia de ninguna administración de la lotería por la cual se suponga hayan sido emitidos los billetes, ni probar el hecho real y efectivo de la firma de tales billetes o acciones, o de tales supuestos billetes o acciones de cualesquiera supuestas loterías, o que el billete, acción o cupón fuera firmado o emitido por la autoridad de algún director o por alguna persona con poder para actuar como tal director. En todos los casos, la presentación de prueba sobre la venta, el tráfico o el acto de ordenar billetes o alguna acción o interés sobre los mismos, o sobre cualquier documento que pretenda ser un billete, acción o interés en el mismo, será suficiente para probar que dicha acción fue firmada y emitida de conformidad con el propósito anunciado en la misma.

(Reglas de Procedimiento Criminal, 1963, Regla 158, efectiva 60 días después del 30 de julio de 1963)

Regla 159. Procedimiento ante el Tribunal de Distrito. (32 L.P.R.A. AP. II R. 159.)

(a) Asistencia de abogado. Al llamarse un caso para juicio, si el acusado compareciere sin abogado, el tribunal deberá informarle de su derecho a tener asistencia de abogado, y si el acusado no pudiere obtener los servicios de un abogado, el tribunal le nombrará un abogado que lo represente, a no ser que el acusado renunciare a su derecho a tener asistencia de abogado. El abogado que se le nombre por el tribunal prestará sus servicios sin costo alguno para el acusado. El tribunal deberá concederle al abogado un término razonable para preparar la defensa del acusado.

(b) Juicio. Al comenzar el juicio se dará lectura a la denuncia y el acusado formulará su alegación. Si el acusado hiciere alegación de "no culpable" el fiscal correspondiente si lo hubiere o en su defecto el tribunal procederá al examen bajo juramento de los testigos de cargo, finalizado el cual, el acusado practicará la prueba de su defensa. En este mismo orden podrá presentarse posteriormente la correspondiente prueba de refutación, aunque dicho orden podrá ser variado por el tribunal de acuerdo con su sana discreción. Terminado el período de prueba e informado el caso por las partes, si así lo desearen, el tribunal pronunciará el fallo que correspondiere y dictará sentencia de acuerdo con lo dispuesto en estas reglas.

(Reglas de Procedimiento Criminal, 1963, Regla 159; Junio 26, 1974, Núm. 90, Parte 1, p. 338.)

CAPITULO XII. FALLO Y LA SENTENCIA.

Regla 160. Fallo; Definición; Cuando deberá Pronunciarse. (32 L.P.R.A. AP. II R. 160.)

El término "fallo" significa el pronunciamiento hecho por el tribunal condenando o absolviendo al acusado.

Después de una alegación de culpabilidad o de la rendición de un veredicto, el tribunal pronunciará inmediatamente su fallo de conformidad con dicha alegación o el veredicto rendido. Cuando el juicio no hubiere sido por jurado, el tribunal podrá reservarse el fallo por un término que no excederá de dos (2) días, después de haberse sometido la causa.

(Reglas de Procedimiento Criminal, 1963, Regla 160, efectiva 60 días después del 30 de julio de 1963)

Regla 161. Fallo; Especificación del Grado del Delito. (32 L.P.R.A. AP. II R. 161.)

En todo fallo de culpabilidad por delitos clasificados en grados, el tribunal especificará el grado del delito por el cual se condena al acusado.

(Reglas de Procedimiento Criminal, 1963, Regla 161, efectiva 60 días después del 30 de julio de 1963)

Regla 162. Sentencia; Definición; Cuando deberá Dictarse. (32 L.P.R.A. AP. II R. 162)

El término "sentencia" significa el pronunciamiento hecho por el tribunal en cuanto a la pena que se le impone al acusado.

El tribunal al tiempo de imponer sentencia deberá explicar verbalmente o por escrito las razones para la imposición de la sentencia.

Cuando se pronunciare un fallo condenatorio en casos de delitos graves (felonies) el tribunal señalará una fecha para dictar sentencia que será por lo menos tres (3) días después de dicho fallo. En casos de delitos menos graves (misdemeanors) el tribunal deberá dictar sentencia no más tarde del día siguiente al del fallo. En ningún caso se dictará sentencia antes de haber sido resuelta cualquier moción de nuevo juicio o moción para que no se dicte sentencia o antes de dar debida consideración al informe presentencia que se requiere de acuerdo con la Regla 162.1.

Las reglas de evidencia no se aplicarán en la fase de sentencia, excepto lo concerniente a privilegios, según lo contenido en las Reglas 23 a 35 de Evidencia de Puerto Rico, Ap. IV del Título 32.

(Reglas de Procedimiento Criminal, 1963, Regla 162; Julio 23, 1974, Núm. 172, Parte 2, p. 11, art. 1; Junio 4, 1980, Núm. 103, p. 354, sec. 1, ef. 9 meses después de Julio 4, 1980.)

Regla 162.1. Informe Presentencia. (32 L.P.R.A. AP. II R. 162.1.)

(a) El tribunal, antes de dictar sentencia en los siguientes casos, deberá tener ante sí un informe que le haya sido rendido, después de haberse practicado una investigación minuciosa de los antecedentes de familia e historial social de la persona convicta y del efecto económico, emocional y físico que ha causado en la víctima y su familia la comisión del delito, que le permita emitir una decisión racional de sentencia:

(1) En todos los delitos graves, excepto de primer grado. Este informe presentencia será preparado por el Programa de Libertad a Prueba y Libertad bajo Palabra de la Administración de Corrección.

En el mismo se incluirá la declaración que haya prestado voluntariamente la víctima sobre el efecto económico, emocional y físico que ha causado en ella y su familia la comisión del delito, la cual irá unida al informe sobre el historial del acusado.

En caso de que la víctima o su representante no puedan ser localizados, o no estén dispuestos a cooperar en la preparación del informe, ello debe hacerse constar en el mismo. El representante de la víctima puede ser su cónyuge o un familiar dentro del tercer grado de consanguinidad, o cualquier otra persona que el tribunal, a su discreción, determine que puede ser representante de la víctima.

(2) En los delitos menos graves. El tribunal utilizará en los delitos menos graves como informe presentencia el Formulario Corto de Información requerido por la Regla 162.2, excepto cuando las circunstancias particulares del caso ameriten información más amplia, en que podrá solicitarse, si a

juicio del tribunal es necesaria, alguna evaluación adicional a la Administración de Corrección.

(b) La víctima o su representante, según se define en el inciso (a) de esta regla, podrá someter una declaración sobre el efecto económico, emocional y físico que ha causado en la víctima y su familia la comisión del delito, antes de que el tribunal dicte sentencia en los casos de delitos graves o menos graves en una o ambas de las siguientes formas:

(1) Presentando una declaración oral en la vista que celebre el tribunal para el pronunciamiento de sentencia. En caso de que haya varias víctimas el tribunal puede limitar el número de declaraciones, consolidando las mismas de la manera más adecuada.

(2) Sometiendo una declaración jurada al Programa de Libertad a Prueba o Libertad bajo Palabra de la Administración de Corrección, la cual será incluida en el informe presentencia según se dispone en el inciso (a) de esta regla.

Los informes presentencia se tramitarán en el plazo más breve posible y de no estar disponible el informe dentro de los términos que establece la Regla 162, el tribunal pospondrá el acto de dictar sentencia a fin de recibir dicho informe.

Nada de lo dispuesto en esta regla se entenderá que limita la facultad del tribunal para enmendar su sentencia conforme a lo dispuesto en estas reglas.

El tribunal dará acceso a los informes presentencia a los acusados o peticionarios, a sus abogados y al Ministerio Fiscal, a los fines de que éstos puedan ser controvertidos mediante la presentación de prueba.

Sólo se mantendrá como confidencial aquella información que hubiere sido prestada por la víctima o por personas particulares a quienes se les hubiere ofrecido dicha garantía.

(c) En el informe presentencia, según dispuesto en los incisos anteriores, se hará constar en un folio separado la dirección residencial o postal de la víctima si ésta así lo desea. Dicha información será de carácter confidencial y se requerirá con el propósito de que la Administración de Corrección mantenga informada a la víctima sobre el desarrollo del cumplimiento de la sentencia de su ofensor y le garantice su derecho a ser oída en aquellos procedimientos en que así se disponga mediante legislación.

(Reglas de Procedimiento Criminal, 1963; Adicionada como Regla 162.1 en Julio 23, 1974, Núm. 172, Parte 2, p. 11, art. 2; Junio 4, 1980, Núm. 103, p. 354, sec. 1; Junio 19, 1987, Núm. 37, p. 140, art. 1; Diciembre 22, 1994, Núm. 151, art. 1; septiembre 15, 2004, Núm. 317, art. 12, enmienda el inciso (a)(1), efectivo el 1 de mayo de 2005 para atemperarlo al nuevo Código Penal de P.R.)

Regla 162.2. Formulario Corto de Información; Normas y Procedimientos. (32 L.P.R.A. AP. II R. 162.2.)

(a) En toda sala del tribunal deberá haber disponible un Formulario Corto de Información en el que se consignará información, entre otros, sobre los siguientes criterios orientados a permitir al magistrado hacer un juicio racional al dictar sentencia:

(1) Empleo y fuentes de ingreso.

(2) Lugar de residencia y tiempo en ella.

(3) Relaciones en la comunidad y lazos familiares.

(4) Referencias personales.

(5) Estado de salud mental y física.

(6) Récord criminal previo.

(7) El efecto económico, emocional y físico que ha causado en la víctima de delito y su familia la comisión del delito.

(8) Cualquier otro extremo que pueda afectar la determinación final de la sentencia.

(b) Se aplicarán las siguientes normas y procedimientos en relación al Formulario Corto de Información que se menciona en la Regla 162.1:

(1) La información que se consigne en el formulario será suplida voluntariamente.

(2) La negativa a dar la información sólo constituirá sin embargo, un factor que, entre otros, considerará el magistrado para determinar la sentencia a imponer.

(3) El magistrado no podrá tomar en cuenta la información en el formulario hasta el momento inmediatamente anterior a dicha sentencia.

(4) Al momento de considerar la información en el formulario, el magistrado deberá leer al acusado el contenido de éste para cerciorarse de que la información que fue dada por el acusado es la misma vertida en el formulario.

(5) En todo caso en que se requiera por estas reglas que el magistrado consigne sus razones en el formulario al hacer su determinación sobre la sentencia, una copia del formulario se unirá al expediente del caso.

(6) De encontrar el tribunal, luego de verificada la información en el formulario por el personal que designen para ello que la totalidad o parte de ésta es falsa, motu proprio o a petición del Ministerio Fiscal podrá variar las condiciones de la sentencia.

(7) El Formulario Corto de Información deberá ser cumplimentado por el tribunal una vez éste haya hecho una determinación de causa probable.

(Reglas de Procedimiento Criminal, 1963; Adicionada como Regla 162.2 en Julio 23, 1974, Núm. 239, Parte 2, p. 246, art. 1; Junio 19, 1987, Núm. 37, p. 140, art. 2, ef. 60 días después de Junio 19, 1987.)

Regla 162.3. Notificación; Objeciones. (32 L.P.R.A. AP. II R. 162.3.)

Una vez rendidos los informes presentencia, el tribunal notificará prontamente ese hecho a las partes quienes podrán objetarlos dentro del término de diez (10) días, a contar desde su notificación.

Se especificará qué partes del informe se pretende controvertir mediante la presentación de prueba. Si los informes fueren objetados, el tribunal celebrará una vista.

(Reglas de Procedimiento Criminal, 1963; Adicionada como Regla 162.3 en Junio 4, 1980, Núm. 103, p. 354, sec. 2, ef. 9 meses después de Junio 4, 1980.)

Regla 162.4. Sentencia; Prueba sobre Circunstancias Atenuantes o Agravantes. (32 L.P.R.A. AP. II R. 162.4.)

Tanto el acusado como el fiscal podrán solicitar del tribunal que escuche prueba de circunstancias atenuantes o agravantes a los fines de la imposición de la pena. Si de las alegaciones sometidas surgiere que existe controversia real sobre un hecho material que requiriere la presentación de prueba, entonces el tribunal celebrará una vista en el más breve plazo posible, en la cual:

(a) El fiscal podrá presentar prueba de circunstancias agravantes que a su juicio justifiquen que se dicte una sentencia rigurosa o el que no se deban suspender los efectos de la sentencia o, en caso contrario, que se impongan condiciones estrictas.

(b) El acusado podrá presentar prueba de circunstancias atenuantes que a su juicio justifiquen que se dicte una sentencia benigna o que se suspendan los efectos de la misma.

(Reglas de Procedimiento Criminal, 1963; Adicionada como Regla 162.4 en Junio 4, 1980, Núm. 103, p. 354, sec. 2, ef. 9 meses después de Junio 4, 1980.)

Regla 162.5. Informes Presentencia; Circunstancias Atenuantes o Agravantes; Consolidación de Vistas. (32 L.P.R.A. AP. II R. 162.5.)

Si una parte presentare una moción bajo la Regla 162.1 y ella o la otra parte presentare otra moción bajo la Regla 162.4 ó en la misma moción acumulare reclamos bajo ambas reglas, el tribunal, a menos que no fuere factible, considerará ambos asuntos en una misma vista.

(Adicionada en Junio 4, 1980, Núm. 103, p. 354, sec. 2, ef. 9 meses después de Junio 4, 1980.)

Regla 163. Fallo y Sentencia; Sitio y Forma de Dictarlos. (32 L.P.R.A. AP. II R. 163.)

Tanto el fallo como la sentencia se dictarán en sesión pública del tribunal y se harán constar en el registro de causas criminales y en las minutas del tribunal, si las hubiere, dentro de los dos (2) días siguientes al día de haberse pronunciado o dictado. El juez que presidiere el tribunal firmará la sentencia y el secretario la unirá a los autos de la causa. El secretario del tribunal remitirá inmediatamente copia certificada de la sentencia al Superintendente de la Policía de Puerto Rico y al Fiscal de Distrito.

(Reglas de Procedimiento Criminal, 1963, Regla 26; Diciembre 13, 1994, Núm. 128, art. 1, ef. 90 días después de Diciembre 13, 1994.)

Regla 164. Fallo Absolutorio; Consecuencias. (32 L.P.R.A. AP. II R. 164.)

Si el fallo o veredicto fuere absolutorio y el acusado se encontrare bajo custodia, se le pondrá inmediatamente en libertad, a menos que por otras causas pendientes deba continuar detenido, y si estuviere bajo fianza, se decretará la cancelación o la devolución de esta, según proceda. El Tribunal notificará al Departamento de Corrección y Rehabilitación sobre el fallo o veredicto absolutorio el mismo día en que fue pronunciado. El Superintendente de la institución penal validará de inmediato el Auto de Excarcelación, disponiéndose que ningún otro trámite ante el Departamento de Corrección y Rehabilitación ni agencia del Estado Libre Asociado será causa para no poner en libertad inmediata al acusado que haya obtenido fallo o veredicto absolutorio.

(Reglas de Procedimiento Criminal, 1963, Regla 164, efectiva 60 días después del 30 de julio de 1963; Noviembre 4, 2021, Núm. 61, art. 1, enmienda en términos generales.)

Regla 165. Fallo y Sentencia; Comparecencia del Acusado. (32 L.P.R.A. AP. II R. 165.)

Cuando la presencia del acusado fuere necesaria, el tribunal podrá ordenarle a cualquier funcionario que tuviere bajo su custodia al acusado que lo traiga ante el tribunal a oír el fallo o la sentencia que deba pronunciar o imponerle. Si el acusado estuviere bajo fianza y no compareciere a oír el fallo o la sentencia, el tribunal, además de la confiscación de la fianza, podrá ordenar el arresto del acusado.

Si el fallo fuere condenatorio y el acusado se encontrare bajo fianza, el tribunal decretará inmediatamente la cancelación de la fianza y ordenará la encarcelación del acusado hasta que se dicte sentencia en aquellos casos que por disposición expresa de ley a éste no puedan suspendérsele los efectos de la sentencia.

(Reglas de Procedimiento Criminal, 1963, Regla 165, efectiva 60 días después del 30 de julio de 163; Marzo 30, 1984, Núm. 6, p. 18.)

Regla 166. Sentencia; Advertencias antes de Dictarse. (32 L.P.R.A. AP. II R. 166.)

En casos de delitos graves (felonies), al comparecer el acusado a oír la sentencia, el tribunal le informará de la naturaleza del cargo contenido en la acusación y del pronunciamiento del fallo, y le preguntará si existe alguna causa legal por la cual no deba procederse a dictar sentencia. Si no existiere tal causa legal, el tribunal dictará sentencia. Si el acusado no estuviere representado por abogado, el tribunal le informará de su derecho a apelar y, a solicitud del acusado, el secretario preparará y presentará un escrito de apelación cumpliendo con los requisitos que exigen estas reglas.

(Reglas de Procedimiento Criminal, 1963, Regla 166, efectiva 60 días después del 30 de julio de 1963)

Regla 167. Sentencia; Omisión de Advertencia. (32 L.P.R.A. AP. II R. 167.)

Si el tribunal hubiere dictado sentencia sin dar cumplimiento a lo dispuesto en la Regla 166, deberá dejar la misma sin efecto y proceder de acuerdo con lo que en dicha regla se establece.

(Reglas de Procedimiento Criminal, 1963, Regla 167, efectiva 60 días después del 30 de julio de 1963)

Regla 168. Sentencia; Causas por las Cuales no Deberá Dictarse. (32 L.P.R.A. AP. II R. 168.)

El acusado podrá solicitar, y demostrar en el caso que proceda, que no debe dictarse sentencia en su contra, únicamente por las siguientes causas:

(a) Que ha desarrollado una incapacidad mental con posterioridad a haberse rendido el veredicto o haberse pronunciado el fallo.

(b) Que le ha sido concedido el indulto por el delito juzgado en la causa en que ha de ser sentenciado.

(c) Que no es él la persona contra quien se rindió el veredicto o se pronunció el fallo.

(d) Que no se ha cumplido con las disposiciones de la Regla 162.

(e) Que el delito del cual se le declaró culpable estaba prescrito.

(Reglas de Procedimiento Criminal, 1963, Regla 168, efectiva 60 días después del 30 de julio de 1963)

Regla 169. Sentencia; Incapacidad Mental Como Causa por la Cual no Deberá Dictarse. (32 L.P.R.A. AP. II R. 169.)

Cuando se alegare la incapacidad mental como causa para que no se dicte sentencia, se seguirá el procedimiento dispuesto en la Regla 240.

(Reglas de Procedimiento Criminal, 1963, Regla 169, efectiva 60 días después del 30 de julio de 1963)

Regla 170. Sentencia; Prueba Sobre Causas Para Que No Se Dicte. (32 L.P.R.A. AP. II R. 170.)

Cuando se alegare como causa para que no se dicte sentencia que el acusado no es la persona contra la cual se rindió veredicto o se pronunció el fallo, o que el acusado fue indultado del delito por el cual será sentenciado, el tribunal, si fuere necesario, pospondrá el acto de dictar la sentencia a fin de recibir la prueba pertinente sobre tal hecho. Si dicha prueba justificare la causa alegada, el acusado será puesto en libertad inmediatamente, a menos que deba continuar detenido para responder por otros delitos. Cuando se alegare la causa de prescripción del delito del cual se declaró culpable al acusado, una vez comprobada dicha prescripción, el tribunal ordenará el sobreseimiento de la acusación y la inmediata libertad del acusado.

(Reglas de Procedimiento Criminal, 1963, Regla 170, efectiva 60 días después del 30 de julio de 1963)

Regla 171. Sentencia; Prueba Sobre Circunstancias Atenuantes o Agravantes. (32 L.P.R.A. AP. II R. 171.)

El tribunal, a propia instancia o a instancia del acusado o del fiscal, con notificación a las partes o la parte contraria, podrá oír, en el más breve plazo posible, prueba de circunstancias atenuantes o agravantes a los fines de la imposición de la pena.

Se considerarán como circunstancias atenuantes o agravantes las provistas en los Artículos 71 y 72 del Código Penal del Estado Libre Asociado de Puerto Rico.

Para la fijación de la pena, se observarán las reglas establecidas en el Artículo 74 del Código Penal del Estado Libre Asociado de Puerto Rico, según haya o no circunstancias atenuantes o agravantes.

(Reglas de Procedimiento Criminal, 1963, Regla 171; Junio 4, 1980, Núm. 103, p. 354, sec. 1; Mayo 12, 1986, Núm. 23, p. 58, sec. 1; Noviembre 14, 1995, Núm. 220, art. 1; Julio 18, 1998, Núm. 142, sec. 1; Agosto 30, 2000, Núm. 236, sec. 1; 2002, ley 46 adiciona inciso (r): 2002, ley 210 adiciona inciso (s); Septiembre 15, 2004, Núm. 317, art. 13 y 20, enmendado en términos generales, efectiva el 1 de mayo de 2005 para atemperarlo con el nuevo Código Penal de P.R del 2004.).

Nota Importante

<u>2004, ley 317</u> – Esta ley 317, dejó esta Reglas 171 vigente hasta el 30 de abril de 2005.

Regla 172. Sentencia; Prisión Subsidiaria. (32 L.P.R.A. AP. II R. 172.)

Cuando el tribunal dictare sentencia condenando al acusado al pago de una multa, si éste dejare de satisfacerla según dispuesto por este Artículo, será encarcelado por falta de dicho pago y permanecerá en reclusión un día por cada dólar que dejare de satisfacer, sin que esta prisión subsidiaria pueda exceder de noventa (90) días.

La multa deberá ser satisfecha en treinta (30) días a partir del momento en que sea exigible. Una vez pagada la multa, se entenderá extinguida la pena y no se podrá recurrir en apelación a no ser que concurran los siguientes elementos:

a) Si hay posibilidad de que se impongan consecuencias legales colaterales a base del fallo condenatorio.

b) Si se prueba que el acusado no hubiera podido someter el caso para ser revisado antes de que se extinguiese la pena.

c) Si la apelación conlleva alegaciones adicionales de errores de derecho y no apela únicamente la pena impuesta.

(Reglas de Procedimiento Criminal, 1963, Regla 172; Junio 24, 2014, Núm. 68, art. 1, enmienda en términos generales.)

Notas Importantes
Enmienda
-**2014, ley 68** – Esta ley 68, enmienda esta regla en términos generales. Véase la exposición de motivos para ver la jurisprudencia citada para enmendar la regla.
Nota del editor- Esta ley 68, también enmienda el art. 55 del Código Penal de 2012 y la Regla 8.15 de Procedimiento para Asuntos de Menores.

Regla 173. Sentencia; Multa; Gravamen. (32 L.P.R.A. AP. II R. 173.)

Una sentencia condenando al acusado al pago de una multa constituirá un gravamen, similar al de una sentencia dictada en una acción civil condenando al pago de una cantidad, siempre que se anotare en el Libro de Sentencias del Registro de la Propiedad.

(Reglas de Procedimiento Criminal, 1963, Regla 173, efectiva 60 días después del 30 de julio de 1963)

Regla 174. Sentencia; Trabajos Forzados. (32 L.P.R.A. AP. II R. 174.)

En una sentencia de convicción por delito grave (felony) o menos grave (misdemeanor) que conlleve privación de la libertad, el tribunal determinará la reclusión en una institución adecuada durante el tiempo señalado en la sentencia.

(Reglas de Procedimiento Criminal, 1963, Regla 174; Diciembre 10, 1999, Núm. 334, sec. 1.)

Regla 175. Sentencia; Requisitos para su Ejecución. (32 L.P.R.A. AP. II R. 175.)

Cuando se hubiere dictado sentencia, se entregará inmediatamente al funcionario que deba ejecutarla una copia certificada de la misma, la cual será suficiente para su ejecución, sin que fuere necesaria ninguna otra orden o autorización para justificar o pedir tal ejecución.

(Reglas de Procedimiento Criminal, 1963, Regla 175, efectiva 60 días después del 30 de julio de 1963)

Regla 176. Sentencia; Multa; Pago de Daños; Como Ejecutarla. (32 L.P.R.A. AP. II R. 176.)

Si la sentencia dictada impusiere el pago de una multa o el pago de daños según dispuesto en la sec. 1872a del Título 9, podrá procederse a su ejecución en igual forma que si se tratare de una sentencia dictada en un pleito civil ordenando el pago de una cantidad.

(Reglas de Procedimiento Criminal, 1963, Regla 176; Noviembre 28, 1989, Núm. 5, p. 610, art. 2.)

Regla 177. Sentencia a Prisión; Cumplimiento. (32 L.P.R.A. AP. II R. 177.)

Si la sentencia fuere por condena a prisión, el acusado será trasladado sin demora al cuidado del funcionario correspondiente y será detenido por éste hasta que la sentencia se hubiere cumplido. Lo mismo se hará si la sentencia fuere para el pago de una multa y prisión subsidiaria, cuando la multa no fuere satisfecha. Si después de haber empezado a cumplir la sentencia subsidiaria por falta del citado pago, el confinado deseare satisfacer la multa, se le abonará un dólar por cada día de reclusión que hubiere sufrido por tal falta de pago.

(Reglas de Procedimiento Criminal, 1963, Regla 177, efectiva 60 días después del 30 de julio de 1963)

Regla 178. Clases de Sentencias. (32 L.P.R.A. AP. II R. 178.)

El tribunal dictará sentencias de conformidad con el Código Penal del Estado Libre Asociado de Puerto Rico y con las leyes especiales sobre la materia.

(Reglas de Procedimiento Criminal, 1963, Regla 178; Junio 4, 1980, Núm. 103, p. 354, sec. 1, ef. 9 meses después de Junio 4, 1980; Septiembre 15, 2004, Núm. 317, art. 14 y 20, efectiva el 1 de mayo de 2005.)

Regla 179. Sentencias Consecutivas o Concurrentes. (32 L.P.R.A. AP. II R. 179.)

Cuando una persona fuere convicta de un delito, el tribunal sentenciador, al dictar sentencia, deberá determinar si el término de prisión impuesto habrá de cumplirse consecutiva o concurrentemente con cualquiera o cualesquiera otros términos de prisión. Si el tribunal omitiere hacer dicha determinación, el término de prisión impuesto se cumplirá concurrentemente con cualesquiera otros que el tribunal impusiere como parte de su sentencia, o con cualesquiera otros que ya hubieren sido impuestos a la persona convicta.

En casos donde exista un concurso ideal, concurso real, o delito continuado, se sentenciará conforme lo disponen los Artículos 78, 79 y 80 del Código Penal del Estado Libre Asociado de Puerto Rico.

(Reglas de Procedimiento Criminal, 1963, Regla 179; Enmendada en Septiembre 15, 2004, Núm. 317, art. 15, adicionado el segundo párrafo, efectiva el 1 de mayo de 2005 para atemperarlo al Nuevo Código Penal de P.R.)

Regla 180. Términos Que No Podrán Cumplirse Concurrentemente. (32 L.P.R.A. AP. II R. 180.)

No podrán cumplirse concurrentemente los términos de prisión que deban imponerse en los siguientes casos:

(a) Cuando el reo fuere sentenciado por delito cometido mientras estuviere bajo apelación de otra causa o causas o mientras estuviere en libertad por haberse anulado los efectos de una sentencia condenatoria.

(b) Cuando el reo estuviere recluido o tuviere que ser recluido por sentencia a prisión en defecto de pago de cualquier multa impuéstale.

(c) Cuando el reo cometiere el delito mientras estuviere recluido en una institución penal o cumpliendo cualquier sentencia.

(d) Cuando el reo cometiere delito mientras estuviere en libertad bajo palabra o bajo indulto condicional o bajo cualquier medida de liberación condicional en la cual se le considerare cumpliendo la sentencia impuesta por el tribunal.

(e) Cuando el reo fuere sentenciado por delito cometido mientras estuviere en libertad bajo fianza, acusado por la comisión de delito grave.

(f) Cuando el reo fuere sentenciado por delito grave o menos grave, según se tipifican en la sec. 4248 del Título 33.

(Reglas de Procedimiento Criminal, 1963, Regla 180; Junio 4, 1980, Núm. 106, p. 367; Julio 2, 1987, Núm. 87, p. 362, art. 2.)

Regla 181. Informe Sobre Confinado Citado Para Juicio. (32 L.P.R.A. AP. II R. 181.)

Cuando una persona estuviere cumpliendo sentencia y fuere citada para comparecer a juicio ante cualquier tribunal, el director o encargado de la institución penal donde estuviere confinada dicha persona enviará al juez del tribunal que requiere la comparecencia, un certificado con copia describiendo los pormenores de dicha prisión y especificando la forma en que extingue condena dicha persona. Si la persona estuviere aguardando la vista o apelación de su caso, se especificará el tiempo que ha permanecido en tal estado, el delito y la orden de detención. En todo caso se enviará una relación de los antecedentes penales que tuviere dicha persona expresando el número de la causa, el delito, la penalidad impuesta, el tribunal sentenciador, la fecha de la sentencia, la fecha en que empezó a cumplirla, y la gracia ejecutiva recibida o la forma y fecha en que extinguió la penalidad. Si la persona tuviere causa en apelación o existiere mandamiento de prisión en su contra, hubiere o no prestado fianza, se informará en la misma forma dispuesta anteriormente en esta regla.

(Reglas de Procedimiento Criminal, 1963, Regla 181, efectiva 60 días después del 30 de julio de 1963)

Regla 182. Término que el Acusado ha Permanecido Privado de Libertad. (32 L.P.R.A. AP. II R. 182.)

El tiempo que hubiere permanecido privada de su libertad cualquier persona acusada de cometer cualquier delito público se descontará totalmente del término que deba cumplir dicha persona de ser sentenciada por los mismos hechos por los cuales hubiere sufrido dicha privación de libertad.

(Reglas de Procedimiento Criminal, 1963, Regla 182, efectiva 60 días después del 30 de julio de 1963)

Regla 183. Término de Reclusión en Espera del Resultado de Apelación Contra la Sentencia. (32 L.P.R.A. AP. II R. 183.)

El tiempo que hubiere permanecido privada de su libertad cualquier persona mientras estuviere pendiente un recurso de apelación incoado contra la sentencia se descontará totalmente del término de prisión que deba cumplir dicha persona como consecuencia de dicha sentencia al ser ésta confirmada o modificada.

(Reglas de Procedimiento Criminal, 1963, Regla 183, efectiva 60 días después del 30 de julio de 1963)

Regla 184. Sentencia Posteriormente Anulada o Revocada. (32 L.P.R.A. AP. II R. 184.)

El tiempo que hubiere permanecido privada de su libertad cualquier persona en cumplimiento de una sentencia que fuere posteriormente anulada o revocada se descontará totalmente del término de prisión que deba cumplir dicha persona en caso de ser nuevamente sentenciada por los mismos hechos que motivaron la imposición de la sentencia anulada o revocada.

(Reglas de Procedimiento Criminal, 1963, Regla 184, efectiva 60 días después del 30 de julio de 1963)

Regla 185. Corrección o Modificación de la Sentencia. (32 L.P.R.A. AP. II R. 185.)

(a) Sentencia ilegal; redacción de la sentencia.

El tribunal sentenciador podrá corregir una sentencia ilegal en cualquier momento. Asimismo podrá, por causa justificada y en bien de la justicia, rebajar una sentencia dentro de los noventa (90) días de haber sido dictada, siempre que la misma no estuviere pendiente en apelación, o dentro de los sesenta (60) días después de haberse recibido el mandato confirmando la sentencia o desestimando la apelación o de haberse recibido una orden denegando una solicitud de certiorari.

(b) Errores de forma.

Errores de forma en las sentencias, órdenes u otros documentos de los autos y errores en el expediente que surjan por inadvertencia u omisión podrán corregirse por el tribunal en cualquier momento, y luego de notificarse a las partes, si el tribunal estimare necesaria dicha notificación.

(c) Modificación de sentencia.–

El Tribunal podrá modificar, a solicitud por escrito del Ministerio Público, previa autorización del Jefe de Fiscales en consulta con el Secretario de Justicia, una sentencia de reclusión cuando el convicto coopere en una investigación o procesamiento criminal, en cumplimiento con el Plan de Reorganización del Departamento de Corrección y Rehabilitación de 2011 y con los requisitos del Artículo 11 del Código Penal de Puerto Rico.

El Ministerio Público velará porque se dé cumplimiento a la Ley Núm. 22 de 22 de abril de 1988, según enmendada, conocida como la "Carta de Derechos de las Víctimas y Testigos de Delito" y la Ley Núm. 77 de 9 de julio de 1986, según enmendada. Al modificar y fijar la sentencia bajo este inciso, el tribunal tomará en consideración, entre otros factores, la naturaleza, alcance y utilidad de la asistencia brindada por el convicto-cooperador, según fue informada por el Ministerio Público, así como la suficiencia y veracidad de la información ofrecida. De igual modo, el foro sentenciador deberá considerar el riesgo de muerte o de daños a la integridad física al que quedaría expuesto el convicto participante o su familia por la información ofrecida y su cooperación en la investigación o procesamiento criminal. Además se deberá tener en consideración, los ajustes del confinado dentro del cumplimiento de su sentencia a través de su plan institucional y la realización de una evaluación sicológica del confinado.

El tribunal considerará la solicitud durante una vista privada y el expediente relacionado a dicha vista permanecerá sellado e inaccesible al público, de forma tal que se salvaguarde la seguridad del informante y la confidencialidad de la investigación.

(Reglas de Procedimiento Criminal, 1963, Regla 185; Enmendada en Septiembre 15, 2004, Núm. 317, art. 16, añade el inciso (c); Diciembre 27, 2011, Núm. 281, art. 6, enmienda el inciso (c); Mayo 15, 2020, Num. 50, Sección 1, enmienda el inciso (c) en términos generales.)

Regla 186. Inhabilidad del Juez. (32 L.P.R.A. AP. II R. 186.)

(a) Sentencia ilegal; redacción de la sentencia. El tribunal sentenciador podrá corregir una sentencia ilegal en cualquier momento. Asimismo podrá, por causa justificada y en bien de la justicia, rebajar una sentencia dentro de los noventa (90) días de haber sido dictada, siempre que la misma no estuviere pendiente en apelación, o dentro de los sesenta (60) días después de haberse recibido el mandato confirmando la sentencia o desestimando la apelación o de haberse recibido una orden denegando una solicitud de certiorari.

(b) Después del veredicto o fallo de culpabilidad. Si por razón de haber cesado en el cargo, muerte, enfermedad u otra inhabilidad, el juez ante quien fuera juzgado el acusado estuviere impedido de desempeñar los deberes del tribunal después del veredicto o fallo de culpabilidad, cualquier otro juez en funciones o asignado al tribunal podrá desempeñar dichos deberes.

(c) Modificación de sentencia. El tribunal podrá modificar una sentencia de reclusión en aquellos casos que cumplan con los requisitos del Artículo 104 del Código Penal del Estado Libre Asociado de Puerto Rico y de la Ley del Mandato Constitucional de Rehabilitación.

(d) Nombramiento del juez sustituto. El juez sustituto deberá ser nombrado por el juez administrador del tribunal al cual pertenecía el primer juez, o en su defecto por el Juez Presidente del Tribunal Supremo de Puerto Rico, dentro de dos (2) días de recibir notificación de inhabilidad del juez.

(e) Autoridad del juez sustituto. El juez sustituto mantendrá el mismo poder, autoridad y jurisdicción en el caso como si hubiese comenzado ante él mismo.

(f) Deber del secretario. En aquellos tribunales en donde hay asignado un solo juez, el secretario del tribunal, inmediatamente que conociere de la inhabilidad del juez deberá:

(1) Notificar inmediatamente al Administrador de los Tribunales, y al Juez Presidente del Tribunal Supremo.

(2) Citar a las partes para un señalamiento que en ningún caso podrá ser menor de 10 días ni mayor de 15 días.

(g) Nuevo juicio.

(1) Si el juez sustituto quedare convencido de que no puede continuar desempeñando los deberes del anterior juez podrá discrecionalmente conceder un nuevo juicio.

(2) La imposibilidad no atribuible al acusado de cumplir con los trámites dispuestos en esta regla será motivo para conceder un nuevo juicio.

(Reglas de Procedimiento Criminal, 1963, Regla 186; Julio 23, 1974, Núm. 145, Parte 1, p. 712; Septiembre 15, 2004, Núm. 317, art. 16, enmienda los incisos (a) y (c), efectiva el 1 de mayo de 2005 para atemperarlo con el Nuevo Código Penal de P.R.)

CAPITULO XIII. NUEVO JUICIO, CONCESION.
Regla 187. Nuevo Juicio; Concesión. (32 L.P.R.A. AP. II R. 187.)

Luego de dictado un fallo de culpabilidad el tribunal podrá conceder un nuevo juicio, bien a instancia propia con el consentimiento del acusado o a solicitud de éste.

(Reglas de Procedimiento Criminal, 1963, Regla 187, efectiva 60 días después del 30 de julio de 1963)

Regla 188. Nuevo Juicio; Fundamentos. (32 L.P.R.A. AP. II R. 188.)

El tribunal concederá un nuevo juicio por cualquiera de los siguientes fundamentos:

(a) Que se ha descubierto nueva prueba, la cual, de haber sido presentada en el juicio, probablemente habría cambiado el veredicto o fallo del tribunal, y la que no pudo el acusado con razonable diligencia descubrir y presentar en el juicio. Al solicitar nuevo juicio por este fundamento, el acusado deberá acompañar a su moción la nueva prueba en forma de declaraciones juradas de los testigos que la aducirán.

(b) Que el veredicto se determinó por suerte o por cualquier otro medio que no fuere expresión verdadera de la opinión del jurado.

(c) Que el veredicto o fallo es contrario a derecho o a la prueba.

(d) Que medió cualquiera de las siguientes circunstancias y como consecuencia se perjudicaron los derechos sustanciales del acusado:

(1) Que el acusado no estuvo presente en cualquier etapa del proceso, salvo lo dispuesto en la Regla 243.

(2) Que el jurado recibió evidencia fuera de sesión, excepto la que resulte de una inspección ocular.

(3) Que los miembros del jurado, después de retirarse a deliberar, se separaron sin el consentimiento del tribunal, o que algún jurado incurrió en conducta impropia, la cual impidió una consideración imparcial y justa del caso.

(4) Que el fiscal incurrió en conducta impropia.

(5) Que el tribunal erró al resolver cualquier cuestión de derecho surgida en el curso del juicio, o instruyó erróneamente al jurado sobre cualquier aspecto legal del caso o se negó erróneamente a dar al jurado una instrucción solicitada por el acusado.

(e) Que no fue posible obtener una transcripción de las notas taquigráficas de los procedimientos, debido a la muerte o incapacidad del taquígrafo o a la pérdida o destrucción de sus notas, ni preparar en sustitución de dicha transcripción una exposición del caso en forma narrativa según se dispone en las Reglas 208 y 209.

(1) Que a una persona que padece de sordera profunda, severa, moderada o leve, o que refleja cualquier otra situación de hipoacusia o condición que le impida comunicarse efectivamente, no se le proveyó en el juicio un intérprete de lenguaje de señas, labio lectura, o algún otro acomodo razonable que garantizara la efectividad de la comunicación.

(f) El tribunal, además, concederá un nuevo juicio cuando, debido a cualquier otra causa de la cual no fuere responsable el acusado, éste no hubiere tenido un juicio justo e imparcial.

(Reglas de Procedimiento Criminal, 1963, Regla 188, efectiva 60 días después del 30 de julio de 1963; Agosto 5, 2018, Núm. 174, art. 17, añade un nuevo sub-inciso (1) al inciso (e), efectiva 180 días después de su aprobación.)

Regla 189. Nuevo Juicio; Cuando se Presentara la Moción. (32 L.P.R.A. AP. II R. 189.)

La moción de nuevo juicio deberá presentarse antes de que se dicte la sentencia excepto que cuando se fundare en lo dispuesto en el inciso (e) de la Regla 188 deberá presentarse dentro de los treinta (30) días siguientes a la fecha en que se tuvo conocimiento de la muerte o incapacidad del taquígrafo o de la pérdida o destrucción de sus notas, y cuando se fundare en lo dispuesto en la Regla 192 deberá presentarse dentro de los treinta (30) días siguientes a la fecha en que se tuvo conocimiento de los nuevos hechos o de los nuevos elementos de prueba.

(Reglas de Procedimiento Criminal, 1963, Regla 189, efectiva 60 días después del 30 de julio de 1963)

Regla 190. Nuevo Juicio; Moción; Requisitos; Notificación. (32 L.P.R.A. AP. II R. 190.)

La moción solicitando nuevo juicio se presentará por escrito, deberá expresar todos los fundamentos en que se base y se notificará al fiscal.

(Reglas de Procedimiento Criminal, 1963, Regla 190, efectiva 60 días después del 30 de julio de 1963)

Regla 191. Nuevo Juicio; Efectos. (32 L.P.R.A. AP. II R. 191.)

Al concederse un nuevo juicio, éste deberá celebrarse por un delito que no será mayor en grado, o que no podrá ser de mayor gravedad que aquél del cual fue convicto el acusado en el juicio anterior. En el nuevo juicio no podrá utilizarse el veredicto o fallo anterior o hacerse referencia a él, ni como prueba ni como argumento, ni podrá alegarse como fundamento para desestimar la acusación bajo el inciso (e) de la Regla 64.

(Reglas de Procedimiento Criminal, 1963, Regla 191, efectiva 60 días después del 30 de julio de 1963)

Regla 199.1. Preservación de Récord Visual Cuando la Persona Procesada Padece alguna Condición que le Impida Comunicarse Efectivamente. (32 L.P.R.A. AP. II R. 199.1.)

Cuando una persona que padezca de sordera profunda, severa, moderada o leve, o que refleje cualquier otra situación de hipoacusia o condición que le impida comunicarse efectivamente, confronte un procedimiento criminal, el tribunal, a su discreción y a solicitud de la defensa, podrá tomar aquellas medidas necesarias para que las vistas y demás procesos presenciales, incluidos los procesos preliminares, se conserven mediante algún método de grabación video-magnetofónico o digital que permita la reproducción de la grabación y garantice la preservación e integridad visual del proceso, particularmente de los interrogatorios, testimonios y argumentaciones prestadas o interpretadas mediante lenguaje de señas, labio lectura o a base de los acomodos razonables necesarios. Este récord visual formará parte del expediente del caso.

(Reglas de Procedimiento Criminal, 1963, efectiva 60 días después del 30 de julio de 1963; Agosto 5, 2018, Núm. 174, art. 11, añade esta nueva regla 199.1, efectiva 180 días después de su aprobación.)

Regla 192. Nuevo Juicio; Conocimiento de Nuevos Hechos. (32 L.P.R.A. AP. II R. 192.)

También podrá el tribunal, a solicitud del acusado, conceder un nuevo juicio cuando después de dictada la sentencia sobreviniere el conocimiento de nuevos hechos o de nuevos elementos de prueba de tal naturaleza que evidencien la inocencia del condenado.

(Reglas de Procedimiento Criminal, 1963, Regla 192, efectiva 60 días después del 30 de julio de 1963)

Regla 192.1. Procedimiento Posterior a Sentencia; Ante el Tribunal de Primera Instancia y el Tribunal de Distrito. (32 L.P.R.A. AP. II R. 192.1.)

(a) Quiénes pueden pedirlo. Cualquier persona que se halle detenida en virtud de una sentencia dictada por cualquier sala del Tribunal de Primera Instancia y que alegue el derecho a ser puesta en libertad porque:

(1) La sentencia fue impuesta en violación de la Constitución o las leyes del Estado Libre Asociado de Puerto Rico o la Constitución y las leyes de Estados Unidos; o

(2) el tribunal no tenía jurisdicción para imponer dicha sentencia; o

(3) la sentencia impuesta excede de la pena prescrita por la ley, o

(4) la sentencia está sujeta a ataque colateral por cualquier motivo, podrá presentar una moción a la sala del tribunal que impuso la sentencia para que anule, deje sin efecto o corrija la sentencia.

La moción para dichos fines podrá ser presentada en cualquier momento. En la moción deberán incluirse todos los fundamentos que tenga el peticionario para solicitar el remedio provisto en esta regla. Se considerará que los fundamentos no incluidos han sido renunciados, salvo que el tribunal, con vista de una moción subsiguiente, determine que no pudieron razonablemente presentarse en la moción original.

(b) Notificación y vista. A menos que la moción y los autos del caso concluyentemente demuestren que la persona no tiene derecho a remedio alguno, el tribunal dispondrá que se notifique con copia de la moción, si se trata de una sentencia dictada por el Tribunal de Primera Instancia, al fiscal de la sala correspondiente, y si se trata de una sentencia dictada por el Tribunal de Distrito, al fiscal de la sala del Tribunal de Primera Instancia a la cual puedan apelarse las sentencias de dicho Tribunal de Distrito. El tribunal proveerá asistencia de abogado al peticionario si no la tuviere, señalará prontamente la vista de dicha moción, se asegurará de que el peticionario ha incluido todos los fundamentos que tenga para solicitar el remedio, fijará y admitirá fianza en los casos apropiados, establecerá las cuestiones en controversia y formulará determinaciones de hecho y conclusiones de derecho con respecto a la misma.

Si el tribunal determina que la sentencia fue dictada sin jurisdicción, o que la sentencia impuesta excede la pena prescrita por la ley, o que por cualquier motivo está sujeta a ataque colateral, o que ha habido tal violación de los derechos constitucionales del solicitante que la hace susceptible de ser atacada colateralmente, el tribunal la anulará y dejará sin efecto y ordenará que el peticionario sea puesto en libertad, o dictará una nueva sentencia, o concederá un nuevo juicio, según proceda.

El tribunal podrá considerar y resolver dicha moción sin la presencia del solicitante en la vista, a menos que se plantee alguna cuestión de hecho que requiera su presencia.

El tribunal sentenciador no vendrá obligado a considerar otra moción presentada por el mismo confinado para solicitar el mismo remedio.

La resolución dictada por el Tribunal de Distrito será apelable ante el Tribunal de Primera Instancia correspondiente el cual deberá celebrar una nueva vista. La resolución dictada por el Tribunal de Primera Instancia en estos casos, en procedimientos originales o en apelación del Tribunal de Distrito, será revisable por el Tribunal Supremo mediante certiorari.

(Reglas de Procedimiento Criminal, 1963; Adicionada como Regla 192.1 en Marzo 9, 1967; Junio 2, 1967, Núm. 99, p. 338, ef. 60 días después de Mayo 15, 1967.)

CAPITULO XIV. APELACIONES

Regla 193. Apelación al Tribunal de Apelaciones. (32 L.P.R.A. AP. II R. 193.)

Las sentencias finales dictadas en casos criminales originados en el Tribunal de Primera Instancia podrán ser apeladas por el acusado en la forma prescrita por estas reglas. En estos casos, el acusado podrá establecer una apelación para ante el Tribunal de Circuito de Apelaciones, excepto en los casos de convicción por alegación de culpabilidad, en los cuales procederá únicamente un recurso de certiorari, en cuyo caso el auto será expedido por el Tribunal de Circuito de Apelaciones a su discreción. La solicitud de certiorari deberá presentarse dentro de los treinta (30) días siguientes a la fecha en que la sentencia fue dictada. Este término es jurisdiccional.

El término para formalizar el recurso de certiorari se calculará a partir de la fecha del depósito en el correo cuando ésta sea distinta a la fecha de archivo en autos de copia de la notificación de la sentencia. Cuando la persona estuviese presente en la sala al momento de ser dictada la sentencia, el término se calculará a partir de ese momento.

(Reglas de Procedimiento Criminal, 1963, Regla 193; Octubre 24, 1968; Junio 26, 1974, Núm. 91, Parte 1, p. 339, art. 1; Diciembre 25, 1995, Núm. 251, art. 1; Enero 6, 1998, Núm. 5, art. 1; Noviembre 27, 2013, Núm. 140, art. 1, enmienda para añadir el segundo párrafo referente a la notificación, efectiva 30 días después de su aprobación.)

Regla 194. Procedimiento para Formalizar el Recurso. (32 L.P.R.A. AP. II R. 194.)

La apelación se formalizará presentando un escrito de apelación en la secretaria de la sala del Tribunal de Primera Instancia que dictó la sentencia o en la secretaría del Tribunal de Apelaciones, dentro de los treinta (30) días siguientes a la fecha en que la sentencia fue dictada, pero si dentro del indicado período de treinta (30) días se presentare una moción de nuevo juicio fundada en las Reglas 188(e) y 192, el escrito de apelación podrá presentarse dentro de los treinta (30) días siguientes a aquél en que se notificare al acusado la orden del tribunal denegando la moción de nuevo juicio.

Si cualquier parte solicitare la reconsideración de la sentencia o del fallo condenatorio dentro del término improrrogable de quince (15) días desde que la sentencia fue dictada, el término para radicar el escrito de apelación o de certiorari quedará interrumpido y el mismo comenzará a partir de la fecha en que se archive en autos la notificación de la resolución del tribunal adjudicando la moción de reconsideración.

El término para formalizar la apelación se calculará a partir de la fecha del depósito en el correo cuando ésta sea distinta a la fecha de archivo en autos de copia de la notificación de: (a) la sentencia cuando la persona no estuviera presente al momento de ser dictada; (b) la orden denegado la moción de nuevo juicio solicitada al amparo de las Reglas 188(e) y 192; (e) la resolución del tribunal adjudicado la moción de reconsideración. Cuando la persona estuviese presente en la sala al momento de ser dictada la sentencia o resolución, el término se calculará a partir de ese momento.

Si el escrito de apelación o de certiorari es presentado en la secretaría de la sala del Tribunal de Primera Instancia que dictó la sentencia, será responsabilidad del apelante o peticionario notificar a la secretaría del Tribunal de Circuito de Apelaciones, dentro de las cuarenta y ocho (48) horas siguientes a la presentación, las copias reglamentarias de tal escrito, debidamente selladas con la fecha y hora de su presentación. Si el recurso fuere presentado en la secretaría del Tribunal de Circuito de Apelaciones, será responsabilidad del apelante o peticionario notificar a la secretaría del Tribunal de Primera Instancia que dictó la sentencia, dentro de las cuarenta y ocho (48) horas siguientes a la presentación del escrito de apelación o de certiorari, una copia de tal escrito, debidamente sellada con la fecha y hora de su presentación.

El apelante o peticionario deberá notificar al fiscal y al Procurador General la presentación del escrito de apelación o de certiorari dentro del término para presentar tales recursos. Tal notificación se hará en la forma provista en estas reglas, salvo lo que se dispone en la Regla 195.

En el escrito de apelación se consignarán breve y concisamente los errores en que se fundamenta la misma. El escrito de certiorari contendrá una relación fiel y concisa de los hechos del caso así como señalamientos y discusión de los errores que a juicio del peticionario cometió el Tribunal de Primera Instancia.

(Reglas de Procedimiento Criminal, 1963, Regla 194; Junio 23, 1978, Núm. 77, p. 269, art. 1; Diciembre 25, 1995, Núm. 251, art. 2; Enero 6, 1998, Núm. 5, art. 2; Noviembre 27, 2013, Núm. 140, art. 2, enmienda el primero y segundo párrafo y añade un nuevo tercer párrafo referente a la notificación, efectiva 30 días después de su aprobación.)

pRegla 195. Procedimiento Para Formalizar la Apelación de Reclusos. (32 L.P.R.A. AP. II R. 195.)

Cuando el apelante se encontrare recluido en una institución penal y apelare por propio derecho, la apelación se formalizará entregando el escrito de apelación, dentro del término para apelar, a la autoridad que le tiene bajo custodia. Dicha autoridad vendrá obligada a presentar inmediatamente el escrito de apelación en la secretaría del tribunal que dictó la sentencia y copia del mismo en el tribunal de apelación. Al recibir el escrito de apelación, el secretario del tribunal sentenciador lo notificará al fiscal.

(Reglas de Procedimiento Criminal, 1963. Regla 195; Junio 23, 1978, Núm. 77, p. 269, art. 1, ef. 30 días después de Junio 23, 1978.)

Regla 196. Contenido del Escrito de Apelación. (32 L.P.R.A. AP. II R. 196.)

El escrito de apelación especificará el nombre o nombres de los acusados apelantes; designará la sentencia de la cual se apela, y especificará que la apelación se establece para ante el Tribunal de Circuito de Apelaciones. Especificará además el circuito al que corresponde la apelación e indicará si los apelantes se encuentran en libertad bajo fianza, en probatoria o recluidos en una institución penal. Se identificará en el escrito cualquier otro recurso sobre el mismo caso que se encuentre pendiente a la fecha de radicación. El escrito contendrá un señalamiento breve y conciso de los errores en que se fundamenta la apelación. En ningún caso se variará el título de una causa por razón de la apelación establecida.

(Reglas de Procedimiento Criminal, 1963; Adicionada como Regla 196 en Diciembre 25, 1995, Núm. 251, art. 3, ef. Mayo 1, 1996.)

Regla 197. Suspensión de los Efectos de Sentencia Condenatoria; Orden de Libertad a Prueba. (32 L.P.R.A. AP. II R. 197.)

(a) Suspensión de la ejecución de sentencia. Una apelación de una sentencia condenatoria, o la presentación de una solicitud de *certiorari*, suspenderá la ejecución de la sentencia una vez se cumpla con la prestación de fianza.

(b) Sentencia de libertad a prueba. Una apelación de una sentencia condenatoria, o la presentación de una solicitud de *certiorari*, no suspenderá los efectos de una orden disponiendo que el acusado quede en libertad a prueba. Mientras se sustancia la apelación o el recurso de *certiorari*, el tribunal sentenciador conservará su facultad para modificar las condiciones de la libertad a prueba o para revocarla.

(Reglas de Procedimiento Criminal, 1963; Adicionada como Regla 197 en Diciembre 25, 1995, Núm. 251, art. 4, ef. Mayo 1, 1996; Septiembre 15, 2004, Núm. 317, art. 17 y 20, efectiva el 1 de mayo de 2005.)

Regla 198. Fianza en Apelación. (32 L.P.R.A. AP. II R. 198.)

Después de convicto un acusado, excepto en el caso de delitos que aparejen pena de reclusión de noventa y nueve (99) años, si éste entablare recurso de apelación o de certiorari para ante el Tribunal de Circuito de Apelaciones, se admitirá fianza:

(a) Como cuestión de derecho, cuando se apele de una sentencia imponiendo solamente el pago de multa.

(b) Como cuestión de derecho, cuando se apele de una sentencia imponiendo cárcel en delitos menos graves (misdemeanors).

(c) A discreción del tribunal sentenciador, o del Tribunal de Circuito de Apelaciones, en todos los demás casos. No se admitirá fianza en estos últimos casos cuando el recurso entablado no plantee una cuestión sustancial o cuando la naturaleza del delito o el carácter y antecedentes penales del acusado aconsejen, a juicio del tribunal y para la protección de la sociedad, la reclusión del convicto mientras se ventile el recurso. No se admitirá fianza alguna en estos casos sin antes dar al fiscal de la sala correspondiente oportunidad de ser oído. Salvo situaciones de verdadera urgencia o cuando ello resultare impráctico, la solicitud de fianza deberá someterse en primer término al tribunal sentenciador y si éste la negare podrá presentarse al Tribunal de Circuito de Apelaciones, acompañada de copias de la solicitud hecha al tribunal sentenciador, sellada con la fecha y hora de su presentación, y de su dictamen, de una transcripción de la prueba, si se hubiere presentado alguna, y de un breve informe exponiendo las razones por las cuales se considera errónea la resolución.

El Tribunal Supremo podrá, en el ejercicio de su discreción, admitir fianza en recursos de certiorari ante sí cuando la misma haya sido negada por el Tribunal de Circuito de Apelaciones. No se admitirá fianza en estos últimos casos cuando el recurso no plantee una cuestión sustancial o cuando la naturaleza del delito o el carácter y antecedentes penales del acusado aconsejen, a juicio del tribunal y para la protección de la sociedad, la reclusión del convicto mientras se ventile el recurso. No se admitirá fianza alguna en estos casos sin antes dar al Procurador General oportunidad de ser oído. Salvo situaciones de verdadera urgencia o cuando ello resultare impráctico, la solicitud de fianza deberá someterse en primer término al Tribunal de Circuito de Apelaciones y si éste la negare podrá presentarse al Tribunal Supremo, acompañada de copias de la solicitud hecha al Tribunal de Circuito de Apelaciones, sellada con la fecha y hora de su presentación, y de su dictamen, de una transcripción de la prueba, si se hubiere presentado alguna, y de un breve informe exponiendo las razones por las cuales se considera errónea la resolución.

(Reglas de Procedimiento Criminal, 1963, Regla 198; Junio 4, 1980, Núm. 103, p. 354, sec. 1; Diciembre 25, 1995, Núm. 251, art. 5, ef. Mayo 1, 1996.)

Regla 199. Expediente de Apelación; Documentos Originales. (32 L.P.R.A. AP. II R. 199.)

Salvo lo que más adelante se dispone, las apelaciones se ventilarán con vista de los documentos originales que obren en autos y de la exposición o transcripción de la prueba oral, los que constituirán el expediente de apelación.

(Reglas de Procedimiento Criminal, 1963; Adicionada como Regla 199 en Diciembre 25, 1995, Núm. 251, art. 6, ef. Mayo 1, 1996.)

Regla 200. Prueba Oral; Designación. (32 L.P.R.A. AP. II R. 200.)

(a) Cuando el apelante o peticionario estime que para resolver una apelación o un recurso de certiorari es necesario que el Tribunal de Circuito de Apelaciones considere alguna porción de la prueba oral presentada ante el Tribunal de Primera Instancia, someterá una de las siguientes, o una combinación de ellas:

(1) Exposición estipulada.

(2) Exposición narrativa.

(3) Transcripción.

La exposición narrativa procederá solamente en ausencia de una exposición estipulada. La transcripción procederá solamente cuando la parte que la interese demuestre al Tribunal de Circuito de Apelaciones que no es posible preparar una exposición narrativa o estipulada, o que la exposición narrativa aprobada no expone adecuadamente la prueba oral, a pesar de las objeciones o enmiendas presentadas oportunamente ante el Tribunal de Primera Instancia.

No obstante lo anterior, el Tribunal de Circuito de Apelaciones podrá ordenar como excepción, por iniciativa propia y en el ejercicio de su discreción, que se prepare una exposición narrativa o una transcripción de la prueba oral o de una porción de ésta.

(b) La exposición de la prueba presentará la manera en que surgieron y cómo fueron resueltas por el Tribunal de Primera Instancia las controversias pertinentes a la apelación o certiorari. La exposición deberá incluir un relato de la prueba oral presentada ante el Tribunal de Primera Instancia que sea pertinente para sustanciar los errores señalados en apelación o recurso de certiorari.

(c) La parte apelante o peticionaria deberá, dentro de los diez (10) días de haberse notificado el escrito de apelación o la expedición del auto de certiorari, citar al fiscal a una reunión para preparar una exposición estipulada.

(d) La exposición estipulada de la prueba oral será presentada al Tribunal de Circuito de Apelaciones dentro de los treinta (30) días siguientes a la presentación de la apelación o a la notificación de la expedición del auto de certiorari. De no lograrse una estipulación sobre la exposición de la prueba oral, la parte apelante o peticionaria deberá informar tal desacuerdo al Tribunal de Circuito de Apelaciones, no más tarde de treinta (30) días desde que se presentó el escrito de apelación o se notificó la expedición del auto de certiorari.

(e) La exposición narrativa deberá ser presentada en la sala correspondiente del Tribunal de Primera Instancia en el término de veinte (20) días contados a partir de la fecha en que se notifique el desacuerdo para preparar una exposición estipulada. En ningún caso se presentará la exposición narrativa luego de transcurridos cincuenta (50) días desde que se presentó el escrito de apelación o se notificó la expedición del auto de certiorari, a menos que el Tribunal de Circuito de Apelaciones prorrogue dicho término.

El mismo día que presente la exposición narrativa, la parte apelante o peticionaria notificará ese hecho, con copia de la exposición narrativa sometida, al fiscal, al Procurador General y al Tribunal de Circuito de Apelaciones. El fiscal deberá presentar sus objeciones a la exposición narrativa o proponer enmiendas dentro de los diez (10) días siguientes. Las objeciones o enmiendas serán presentadas ante el Tribunal de Primera

Instancia y serán notificadas el mismo día al Tribunal de Circuito de Apelaciones.

(f) Transcurridos los plazos dispuestos en el inciso anterior, la exposición narrativa, con las objeciones y enmiendas propuestas, quedará sometida para aprobación por el Tribunal de Primera Instancia. Transcurridos treinta (30) días de sometida sin que el Tribunal de Primera Instancia la haya aprobado, y siempre que no se hubieren presentado objeciones o enmiendas conforme al inciso anterior, se entenderá aprobada la exposición narrativa. De someterse objeciones o enmiendas, será necesaria la aprobación expresa de la exposición narrativa. Cuando medie la aprobación expresa de la exposición narrativa, el secretario del Tribunal de Primera Instancia la notificará, mediante el envío de una copia oficial, al Tribunal de Circuito de Apelaciones.

(g) Los términos dispuestos en esta regla podrán ser prorrogados mediante moción debidamente fundamentada y por justa causa. La parte apelante o peticionaria será responsable de cumplir con los plazos y procedimientos dispuestos en esta regla y de notificar al Tribunal de Circuito de Apelaciones cualquier incumplimiento o inconveniente relacionado. Su omisión de cumplir con esa responsabilidad impedirá que el Tribunal de Circuito de Apelaciones considere cualquier señalamiento de error del Tribunal de Primera Instancia en la evaluación de la prueba oral y podrá conllevar que se desestime el recurso.

(h) A los fines de facilitar la preparación de una exposición narrativa de la prueba, los abogados podrán utilizar las grabaciones efectuadas con sus propias grabadoras, según se autorice por las reglas que apruebe el Tribunal Supremo.

(Reglas de Procedimiento Criminal, 1963; Adicionada como Regla 200 en Diciembre 25, 1995, Núm. 251, art. 7, ef. Mayo 1, 1996.)

Regla 201. Prueba Oral; Transcripción. (32 L.P.R.A. AP. II R. 201.)

(a) El apelante o peticionario, o el Procurador General, podrán solicitar únicamente de conformidad con lo dispuesto en la Regla 200, que el tribunal ordene la preparación de una transcripción de la prueba oral o porción de ésta.

(b) A esos efectos, la parte proponente presentará una moción ante el Tribunal de Circuito de Apelaciones no más tarde de treinta (30) días desde que se presentó el escrito de apelación o se notificó la expedición del auto de certiorari. En esa moción, la parte proponente expresará las razones por las cuales considera que la transcripción es indispensable. Si el proponente es el apelante o peticionario, deberá demostrar además porqué no es posible presentar una exposición estipulada o una exposición narrativa.

En todo caso, el proponente identificará en la moción las porciones pertinentes del récord ante el Tribunal de Primera Instancia cuya transcripción interesa, incluyendo la fecha del testimonio y los nombres de los testigos.

(c) Ordenada la transcripción, su proponente deberá solicitar al Tribunal de Primera Instancia la regrabación de los procedimientos. La moción a esos efectos será presentada dentro de los diez (10) días siguientes a la notificación de la orden del Tribunal de Circuito de Apelaciones. Con la moción, su proponente acompañará los aranceles correspondientes, de conformidad con las reglas que apruebe el Tribunal Supremo.

(d) La regrabación se efectuará conforme a los términos y procedimientos que se establezcan en las reglas que a esos efectos apruebe el Tribunal Supremo. Concluida la regrabación, el secretario del Tribunal de Primera Instancia la entregará a la parte proponente y notificará de ellos a las demás partes y al Tribunal de Circuito de Apelaciones. En los casos en que proceda preparar una transcripción de oficio conforme a lo dispuesto en el inciso (f) de esta regla, se actuará según se dispongan en las reglas que apruebe el Tribunal Supremo.

(e) La transcripción de la prueba oral autorizada por el Tribunal de Circuito de Apelaciones será realizada por la parte que la solicite, a su costo, salvo lo que se dispone en el inciso (f) de esta regla, y dentro del plazo de treinta (30) días a partir de la entrega de la regrabación. Para ello, deberá utilizar un transcriptor privado autorizado por las reglas que apruebe el Tribunal Supremo de Puerto Rico.

(f) Cuando la parte proponente de la transcripción sea indigente o se trate del pueblo de Puerto Rico, o cuando sea imposible la regrabación de los procedimientos, la transcripción será preparada de oficio por los funcionarios del Tribunal de Primera Instancia, conforme a los plazos y procedimientos establecidos en esta regla y en las reglas que apruebe el Tribunal Supremo de Puerto Rico. De ser necesario, el Juez Presidente del Tribunal Supremo podrá autorizar la contratación de transcriptores privados autorizados para realizar estas transcripciones de oficio en uno o más casos, conforme a los parámetros que se establezcan en las reglas que apruebe el Tribunal Supremo.

(g) Con toda transcripción se incluirá un índice en el que se indicarán los nombres y las páginas en que aparezcan las declaraciones de cada uno de los testigos. Además, la transcripción deberá estar certificada por el transcriptor autorizado como una relación fiel y correcta de la regrabación transcrita.

(h) Las transcripciones se preparación [sic] y prepararán en la Secretaría del Tribunal de Circuito de Apelaciones dentro del plazo ordenado por ese tribunal. Será obligación de la parte proponente suministrar copias de la transcripción de la prueba oral a todas las demás partes dentro del mismo plazo. Este plazo será prorrogable sólo por justa causa y mediante moción debidamente fundamentada. Si el transcriptor no cumple con el plazo ordenado será deber de la parte proponente informárselo cuanto antes, de forma diligente y expedita, al Tribunal de Circuito de Apelaciones y buscar otras alternativas para preparar la transcripción dentro del plazo que ordene el tribunal.

(Reglas de Procedimiento Criminal, 1963; Adicionada como Regla 201 en Diciembre 25, 1995, Núm. 251, art. 8, ef. Mayo 1, 1996.)

Regla 202. [Derogada.]

Ley de Diciembre 25, 1995, Núm. 251, art. 9, ef. Mayo 1, 1996.

Regla 203. Expediente de Apelación; Remisión. (32 L.P.R.A. AP. II R. 203.)

Después de haberse presentado el escrito de apelación, y dentro de los términos prescritos en la Regla 210, el secretario del tribunal apelado remitirá al Tribunal de Circuito de Apelaciones todos los documentos originales del proceso objeto de la apelación, excepto aquellos cuya omisión se hubiere convenido por las partes mediante estipulación escrita unida a los autos. El secretario del tribunal apelado unirá a dichos documentos una certificación que los identifique adecuadamente.

(Reglas de Procedimiento Criminal, 1963; Adicionada como Regla 203 en Diciembre 25, 1995, Núm. 251, art. 10, ef. Mayo 1, 1996.)

Regla 204. Moción Preliminar en el Tribunal de Circuito de Apelaciones; Documentos. (32 L.P.R.A. AP. II R. 204.)

Si con anterioridad a la fecha en que el expediente de apelación fuere remitido al Tribunal de Circuito de Apelaciones, el Pueblo interesare presentar una moción para desestimar o cualquiera de las partes presentare una moción solicitando cualquier orden, acompañará con la moción copias de los documentos que obren en el expediente original del Tribunal de Primera Instancia que fueran necesarios para que el Tribunal de Circuito de Apelaciones pueda resolver la moción.

(Reglas de Procedimiento Criminal, 1963; Adicionada como Regla 204 en Diciembre 25, 1995, Núm. 251, art. 11, ef. Mayo 1, 1996.)

Regla 205. Escritos y Documentos Originales; Preparación. (32 L.P.R.A. AP. II R. 205.)

Los escritos y documentos originales se unirán en uno o más volúmenes y las páginas se numerarán consecutivamente. Se preparará un índice completo independientemente o como parte de la certificación de identificación a que se refiere la Regla 203.

(Reglas de Procedimiento Criminal, 1963, Regla 205, efectiva 60 días después del 30 de julio de 1963)

Regla 206. Expediente de Apelación; Corrección. (32 L.P.R.A. AP. II R. 206.)

No será necesaria la aprobación del expediente de apelación por el tribunal apelado. Pero si surgiere alguna discrepancia respecto a si el expediente refleja fielmente lo ocurrido en el tribunal apelado, la cuestión se someterá a dicho tribunal, el cual resolverá la controversia y conformará el expediente a la verdad. Si por error o accidente se omitiere o se relacionare equivocadamente alguna porción del expediente, de importancia para cualquiera de las partes, éstas mediante estipulación, o el tribunal apelado, antes o después de enviarse el expediente al Tribunal de Circuito de Apelaciones, o el propio Tribunal de Circuito de Apelaciones, a solicitud de parte o a instancia propia, podrá ordenar que se cubra la omisión o que se corrija la aserción errónea y si fuera necesario que se certifique o se envíe por el secretario del tribunal apelado un expediente suplementario. Cualquier otra cuestión relacionada con el contenido y la forma del expediente deberá plantearse al Tribunal de Circuito de Apelaciones.

(Reglas de Procedimiento Criminal, 1963; Adicionada como Relga 206 en Diciembre 25, 1995, Núm. 251, art. 12, ef. Mayo 1, 1996.)

Regla 207. Expediente de Apelación; Varias Apelaciones. (32 L.P.R.A. AP. II R. 207.)

Cuando hubiere más de una apelación de la sentencia, interpuestas por dos o más apelantes, se preparará un solo expediente de apelación que contendrá toda la materia señalada o estipulada por las partes, sin duplicación.

(Reglas de Procedimiento Criminal, 1963, Regla 207, efectiva 60 días después del 30 de julio de 1963)

Reglas 208 y 209. [Derogadas.]

Por la Ley Núm. 251 del 25 de diciembre de 1995 efectiva el 1 de mayo de 1996. (34 L.P.R.A. Ap. II R 208y 209)

Regla 210. Expediente de Apelación; Archivo; Prorrogas. (32 L.P.R.A. AP. II R. 210.)

El expediente de apelación provisto en las Reglas 199, 203, 205, 206 y 207 deberá archivarse en el Tribunal de Circuito de Apelaciones dentro de los treinta (30) días a partir de la fecha de la presentación del escrito de apelación, excepto que cuando hubiere más de una apelación interpuesta contra la sentencia por dos o más acusados apelantes, el tribunal apelado podrá fijar el término para dicho archivo, que en ningún caso será menor del término antes expresado. En todos los casos, el tribunal apelado, en el ejercicio de su discreción, con o sin moción o notificación al efecto, podrá prorrogar el término para el archivo del expediente de apelación por un período no mayor de sesenta (60) días adicionales. Cualquier prórroga ulterior sólo podrá concederse por causa justificada, la cual se hará constar en la orden concediendo la prórroga. Copia de esa orden deberá ser notificada al Tribunal de Circuito de Apelaciones.

(Reglas de Procedimiento Criminal, 1963; Adicionada en Diciembre 25, 1995, Núm. 251, art. 14, ef. Mayo 1, 1996.)

Regla 211. Facultades de los Tribunales de Apelación. (32 L.P.R.A. AP. II R. 211.)

En situaciones no previstas por la ley, estas reglas o las reglas que apruebe el Tribunal Supremo, tanto éste como el Tribunal de Circuito de Apelaciones, encauzarán el trámite en la forma que a su juicio sirva los mejores intereses de todas las partes.

Queda reservada la facultad del Tribunal Supremo y del Tribunal de Circuito de Apelaciones para prescindir de términos, escritos o procedimientos específicos en cualquier caso ante su consideración, con el propósito de lograr su más justo y eficiente despacho.

(Reglas de Procedimiento Criminal, 1963; Adicionada como Regla 211 en Diciembre 25, 1995, Núm. 251, art. 16, ef. Mayo 1, 1996.)

Regla 212. Desestimación de Apelación o Certiorari. (32 L.P.R.A. AP. II R. 212.)

La parte apelada podrá solicitar, mediante moción, la desestimación de una apelación o recursos de certiorari por los siguientes fundamentos:

(a) Que el Tribunal de Circuito de Apelaciones carece de jurisdicción para considerar la apelación o certiorari;

(b) que no se ha perfeccionado la apelación o certiorari de acuerdo con la ley y reglas aplicables;

(c) que no se ha proseguido con la debida diligencia, o

(d) que el recurso es frívolo o ha sido presentado para demorar los procedimientos.

(Reglas de Procedimiento Criminal, 1963; Adicionada Diciembre 25, 1995, Núm. 251, art. 17, ef. Mayo 1, 1996.)

Regla 213. Disposición del Caso en Apelación. (32 L.P.R.A. AP. II R. 213.)

El Tribunal de Circuito de Apelaciones podrá revocar, confirmar o modificar la sentencia apelada o recurrida o podrá reducir el grado del delito o la pena impuesta, o podrá, según proceda, absolver al acusado u ordenar la celebración de un nuevo juicio. Podrá también anular, confirmar o modificar cualquiera o todas las diligencias posteriores a la sentencia apelada o recurrida, o que de ésta dependan.

El Tribunal Supremo poseerá las mismas facultades en los recursos de certiorari ante sí.

(Reglas de Procedimiento Criminal, 1963; Adicionada como Regla 213 en Diciembre 25, 1995, Núm. 251, art. 18, ef. Mayo 1, 1996.)

Regla 214. Remisión del Mandato y Devolución del Expediente de Apelación. (32 L.P.R.A. AP. II R. 214.)

Treinta (30) días después de haberse archivado en autos la notificación de la sentencia dictada en apelación o certiorari, se devolverá al Tribunal de Primera Instancia todo el expediente de apelación unido al mandato, a menos que se hubiere concedido o esté pendiente de resolución una solicitud de reconsideración o una petición de certiorari ante el Tribunal Supremo, o a menos que de otro modo se ordenare por el Tribunal de Circuito de Apelaciones o por el Tribunal Supremo. Después de haberse remitido el mandato, el Tribunal de Primera Instancia librará todas las demás órdenes que sean necesarias para la ejecución de la sentencia.

(Reglas de Procedimiento Criminal, 1963, Regla 214; Diciembre 25, 1995, Núm. 251, art. 19, ef. Mayo 1, 1996.)

Regla 215. Auto de Certificación. (32 L.P.R.A. AP. II R. 215.)

En casos criminales el auto de certificación se tramitará de acuerdo con el procedimiento dispuesto en las Reglas de Procedimiento Civil para el Tribunal General de Justicia.

(Reglas de Procedimiento Criminal, 1963, Regla 215, efectiva 60 días después del 30 de julio de 1963)

Regla 216. Reconsideración. (32 L.P.R.A. AP. II R. 216.)

La parte adversamente afectada por una resolución final o sentencia del Tribunal de Apelaciones podrá, dentro del término improrrogable de quince (15) días desde la fecha del archivo en los autos de una copia de la notificación de la resolución o sentencia, presentar una moción de reconsideración. El término para recurrir al Tribunal Supremo comenzará a contarse de nuevo a partir del archivo en autos de copia de la notificación de la resolución o sentencia del Tribunal de Apelaciones resolviendo definitivamente la moción de reconsideración. Si la fecha de archivo en autos de copia de la notificación de la sentencia o resolución es distinta a la del depósito en el correo de dicha notificación, el término se calculará a partir de la fecha del depósito en el correo.

(Reglas de Procedimiento Criminal, 1963; derogada y adicionada como Regla 216 en Diciembre 25, 1995, Núm. 251, art. 21, ef. Mayo 1, 1996; Noviembre 27, 2013, Núm. 140, art. 3, enmienda y añade la última oración referente a la notifiación, efectiva 30 días despues de su aprobación.)

Regla 217. Revisión de Sentencia Dictada en Apelación; Término. (32 L.P.R.A. AP. II R. 217.)

La sentencia dictada en apelación o certiorari, o la resolución final denegando el auto de certiorari dictada por el Tribunal de Apelaciones, podrá ser revisada por el Tribunal Supremo mediante certiorari a ser librado a su discreción, *y de* ningún otro modo. La solicitud de certiorari deberá presentarse dentro de los treinta (30) días del archivo en autos de la notificación de la sentencia o de la resolución de una moción de reconsideración en la forma dispuesta en la Regla 216. Este término es jurisdiccional. Si la fecha de archivo en autos de copia de la notificación de la sentencia o resolución es distinta a la del depósito en el correo de dicha notificación, el término se calculará a partir de la fecha del depósito en el correo.

(Reglas de Procedimiento Criminal, 1963; Octubre 24, 1968; Junio 26, 1974, Núm. 91, Parte 1, p. 339, art. 2; derogada y adicionada como Regla 217 en Diciembre 25, 1995, Núm. 251, art. 22, ef. Mayo 1, 1996; Noviembre 27, 2013, Núm. 140, art. 4, enmienda y añade la última oración referente a la notificación, efectiva 30 días después de su aprobación.)

CAPITULO XV. DISPOSICIONES GENERALES.

Regla 218. Fianza y Condiciones, Cuando se Requieran; Criterios de Fijación; Revisión de Cuantía, o Condiciones; En General. (32 L.P.R.A. AP. II R. 218.)

(a) Derecho a fianza; quién la admitirá; imposición de condiciones. Aquella persona arrestada por cualquier delito que tenga derecho a quedar en libertad bajo fianza o bajo las condiciones impuestas de conformidad con el inciso (c) de esta regla hasta tanto fuera convicta. A los fines de determinar la cuantía de la fianza correspondiente y la imposición de las condiciones que se estimen propias y convenientes, el tribunal deberá contar con el informe de evaluación y recomendaciones que rinda la Oficina de Servicios con Antelación al Juicio a tenor con las disposiciones de la Ley 177-1995, según enmendada. En los casos de personas a quienes se le impute alguno de los siguientes delitos graves, según tipificados en el Código Penal de Puerto Rico y otras leyes especiales, además de fijar la fianza correspondiente, el tribunal tendrá, al fijar la fianza, que imponer la condición de que se sujete a supervisión electrónica al imputado y aquéllas otras condiciones enumeradas en el inciso (c) de esta Regla, conforme al procedimiento establecido en esta Regla. Los delitos son: Asesinato; Robo agravado; Incendio agravado; Utilización de un menor para pornografía infantil; Envenenamiento intencional de aguas de uso público; Agresión sexual; Secuestro, Secuestro agravado y Secuestro de menores; Maltrato a personas de edad avanzada; Maltrato a personas de edad avanzada mediante amenaza; Explotación financiera de persona de edad avanzada, en su modalidad grave; Fraude de gravamen contra personas de edad avanzada; Maltrato intencional de menores, según dispuesto en el Artículo 75 de la Ley 177, *supra*; Artículo 401 de la Ley de Sustancias Controladas, específicamente cuando la transacción envuelva medio kilo (1.1 libras) o más de cocaína o heroína, o un kilo (2.2 libras) o más de marihuana, y los Artículos 405 sobre Distribución a personas menores de dieciocho (18) años, 408 sobre Empresa Criminal Continua y 4.11-A sobre Introducción de Drogas en las escuelas e instituciones; los siguientes artículos de la Ley de Armas: Artículos 2.14 sobre Armas de Asalto, el 5.01 sobre Fabricación, Importación, Venta y Distribución de Armas, el 5.03 sobre Comercio de armas de fuego automáticas, el 5.07 sobre Posesión o Uso ilegal de Armas Automáticas o Escopetas de Cañón, el 5.08 sobre Posesión o Venta de Accesorios para Silenciar, el 5.09 sobre Facilitación a terceros y el 5.10 sobre Remoción o Mutilación de Número de Serie o Nombre de Dueño en Arma de Fuego; violaciones a las disposiciones de la Ley Núm. 54 de 15 de agosto de 1989, según enmendada, conocida como "Ley para la Prevención e Intervención con la Violencia Doméstica", que impliquen grave daño corporal y aquellos delitos graves en los cuales se utilice cualquier tipo de arma, según ésta se define en la Ley 404-2000, según enmendada, conocida como "Ley de Armas de Puerto Rico", y las circunstancias dispuestas en el inciso (c) de esta Regla, el tribunal podrá disponer que una persona quede en libertad provisional bajo su propio reconocimiento, bajo custodia de tercero o bajo fianza diferida. La fianza, cuando se requiera en estos casos, podrá ser admitida por cualquier magistrado, excepto en caso de que se determine causa probable para arresto en ausencia del imputado, en cuyo caso la fianza que fije el magistrado sólo podrá ser modificada mediante moción bajo la Regla 218.

En todos los casos en que se impute la comisión de los delitos enumerados anteriormente, el tribunal contará con el informe de evaluación y recomendación de la Oficina de Servicios con Antelación al Juicio, salvo que no autorizará la fianza diferida.

En caso de que se determine causa probable para arresto en ausencia del imputado, la fianza que fije el magistrado sólo podrá ser modificada mediante moción bajo la Regla 218. Todo imputado que pague su fianza en efectivo, contará con cinco (5) días laborables a partir del momento en que quedó en libertad bajo fianza para presenta una certificación del Departamento de Hacienda que establezca que el fiador es un contribuyente bona fide y que ha reportado ingresos que justifican la fianza que se propone prestar. De no producirse la debida certificación durante el término correspondiente por causas imputables al fiador, se devolverá la fianza prestada, y el tribunal deberá verificar si el imputado de delito tiene otra forma de prestar fianza de las prescritas en estas reglas. Si en el término concedido no se produjera la certificación por causas imputables al Departamento de Hacienda, el término se extenderá hasta que el Departamento de Hacienda la produzca. Este término adicional nunca será mayor de diez (10) días.

En aquellos casos en que el fiador no pueda producir una certificación de contribuyente bona fide, pero demuestre que tiene el dinero para el pago de la fianza, se celebrará una vista en la que el imputado tendrá derecho a ser asistido por un abogado y a ser oído en cuanto a las otras formas que tiene de prestar la fianza fijada.

(b) Fijación de la cuantía de la fianza. En ningún caso se exigirá una fianza excesiva. Para la fijación de la cuantía de la fianza se tomarán en consideración las circunstancias relacionadas con la adecuada garantía de la comparecencia del imputado, incluyendo:

(1) La naturaleza y circunstancias del delito imputado.

(2) Los nexos del imputado en la comunidad, entre ellos, su tiempo de residencia, su historial de empleo y sus relaciones familiares.

(3) El carácter, peligrosidad y condición mental del imputado. A tales efectos, el tribunal podrá valerse del récord de convicciones anteriores o de cualquier otra información que le merezca crédito y que sea pertinente al asunto.

(4) Los recursos económicos del imputado.

(5) El historial del imputado sobre previas comparecencias y cumplimiento de órdenes judiciales.

(6) La evaluación, informes y recomendaciones que haga la Oficina de Servicios con Antelación al Juicio.

(c) Imposición de condiciones. Sujeto a lo dispuesto en la Regla 6.1 (a), (b) y (c) podrán imponerse una o más de las siguientes condiciones:

(1) Quedar bajo la responsabilidad de otra persona de reconocida buena reputación en la comunidad, o bajo la supervisión de un oficial probatorio u otro funcionario que designe el tribunal. El tribunal determinará el grado y manera en que se ejercerá la supervisión y la persona que actúe como custodio vendrá obligada a supervisarle, producirle en corte e informar de cualquier violación a las condiciones impuestas.

(2) No cometer delito alguno durante el período en que se encuentre en libertad ni relacionarse con personas que planifiquen, intenten cometer o cometan actos delictivos.

(3) Conservar el empleo o, de estar desempleado, hacer gestiones para obtenerlo.

(4) Cumplir con determinados requerimientos relacionados a su lugar de vivienda o la realización de viajes.

(5) Evitar todo contacto con la alegada víctima del crimen o con testigos potenciales.

(6) No poseer armas de fuego o cualquier otra arma mortífera.

(7) No consumir bebidas alcohólicas o drogas narcóticas o cualquier otra sustancia controlada.

(8) Someterse a tratamiento médico o siquiátrico, incluyendo tratamiento para evitar la dependencia a drogas o bebidas alcohólicas.

(9) No abandonar su lugar de residencia, vivienda o vecindad en determinados días y horas para preservar su seguridad o la de otros ciudadanos.

(10) Entregar al magistrado u otra persona que éste designe el pasaporte o cualquier otro documento que acredite la residencia o ciudadanía del imputado.

(11) Cuando en la comisión del delito se hubiere utilizado un vehículo alquilado a una empresa acreditada, el magistrado le deberá ordenar al imputado que deposite una garantía legal suficiente a favor del Estado Libre Asociado de Puerto Rico para cubrir el monto del valor de la tasación del

vehículo para la eventualidad de que proceda la confiscación. En los casos en que proceda la confiscación del vehículo, el producto de la garantía será depositado en el fondo especial administrado por la Junta de Confiscaciones según establecido en las [34 secs. 1723 a 1723o] de este título.

(12) Cumplir con cualquier otra condición razonable que imponga el tribunal.

Las condiciones impuestas de conformidad con esta regla no podrán ser tan onerosas que su observancia implique una detención parcial del imputado como si estuviera en una institución penal.

No obstante, en aquellos delitos que menciona el inciso (a) de esta Regla, se establecen las siguientes restricciones:

(1) No se impondrá al imputado una fianza con el beneficio del pago del diez por ciento (10%) en efectivo.

(2) El tribunal, en estos delitos, tendrá que imponer como condición especial adicional para quedar en libertad bajo fianza, que el imputado se sujete a la supervisión electrónica, bajo la Oficina de Servicios con Antelación al Juicio.

(3) No se podrá diferir la fianza.

(13) En aquellos delitos que menciona el inciso (a) de esta Regla el Tribunal impondrá de forma mandatoria la totalidad de los siguientes requisitos al momento de imponer una fianza, independientemente de la forma en que el acusado realice la prestación de la misma:

(A) Evitar todo contacto con la alegada víctima del crimen o con testigos potenciales.

(B) No cometer delito alguno durante el período en que se encuentre en libertad ni relacionarse con personas que planifiquen, intenten cometer o cometan actos delictivos.

(C) No poseer armas de fuego o cualquier otra arma que pueda causar la muerte.

(D) No consumir bebidas alcohólicas o drogas narcóticas o cualquier otra sustancia controlada.

(E) Comparecer o reportarse junto al tercer custodio en todos los procesos judiciales y todos los procedimientos ante un oficial de supervisión y seguimiento de la Oficina de Servicios con Antelación a Juicio en la forma en que se disponga por reglamento.

(F) Permanecer en su domicilio en un horario restrictivo desde las seis de la tarde (6:00 PM) hasta las seis de la mañana (6:00 AM); excepto en los casos en que el Tribunal expresamente lo autorice por razones de trabajo, estudio, tratamiento médico, viaje justificado o cualquier razón meritoria.

(G) Realizarse pruebas de dopaje de sustancias controladas o drogas periódicamente según se disponga por Reglamento a esos efectos.

(H) De ser necesario el acusado deberá someterse a cualquier tratamiento médico y/o siquiátrico, incluyendo tratamiento para evitar la dependencia de alcohol o drogas.

(I) Entregar al Tribunal o la persona encargada el pasaporte.

(J) Hacer las gestiones necesarias para la obtención de un empleo o matricularse en alguna institución educativa.

(d) Revisión de las condiciones o de la fianza o de la determinación de detención preventiva.

(1) Antes de la convicción Una parte puede solicitar la revisión de las condiciones o de la fianza señaladas o la determinación del magistrado en la vista de detención preventiva mediante moción, ante un juez de mayor jerarquía. Si la moción fuere solicitando la ampliación de las condiciones o el aumento de la fianza, el magistrado que hubiere de entender en la misma señalará condiciones encaminadas a garantizar la comparecencia del imputado, incluyendo la citación para notificarle la resolución del tribunal sobre la moción de revisión de las condiciones o de la fianza. Una moción para ampliar o limitar las condiciones o para aumentar o reducir la fianza o para revisar la determinación del magistrado en la vista de detención preventiva se resolverá dentro de las veinticuatro (24) horas siguientes a su presentación, previa audiencia al fiscal y a la persona imputada, si tuvieren a bien comparecer después de haber sido citados.

Nada de lo dispuesto en esta regla se interpretará como un impedimento para que el fiscal solicite la celebración de una vista de detención preventiva en cualquier momento antes de la convicción de surgir los criterios para ello.

(2) Después de la convicción El tribunal o juez que hubiere impuesto las condiciones o fijado fianza en apelación tendrá facultad para ampliar o limitar las condiciones o aumentar o rebajar la cuantía de la fianza cuando a su juicio las circunstancias lo ameritaren y previa audiencia al fiscal y al acusado si tuvieren a bien comparecer después de haber sido citados.

(e) Orden de excarcelación. En todo caso en que un magistrado de un tribunal impusiere condiciones o admitiere fianza, sujeto a los procedimientos que en esta regla se establecen, expedirá orden de excarcelación.

En los casos en que proceda la imposición de las restricciones establecidas en esta sección, el Juez celebrará una vista adversativa en la que se evalué la peligrosidad del imputado y la gravedad del delito imputado, a los fines de determinar si le puede imponer las condiciones antes enumeradas para garantizar su comparecencia y la seguridad pública. En la vista el juzgador evaluará los siguientes factores: (1) las características y circunstancias del delito imputado; (2) la historia y características del imputado, incluyendo su carácter y condición mental, lazos familiares, empleo, recursos económicos, el tiempo de residencia en la comunidad, lazos con la comunidad, conducta anterior, antecedentes penales, y cumplimiento anterior con previas comparecencias; y (3) el peligro que correría alguna persona, o la comunidad, al quedar libre el imputado.

Durante la vista, el imputado tendrá derecho a estar representado por abogado. La determinación del juez podrá ser revisada mediante *certiorari* ante el Tribunal de Apelaciones.

(Reglas de Procedimiento Criminal, 1963, Regla 218; Febrero 8, 1966; Julio 23, 1974, Núm. 139, Parte 1, p. 690, art. 1; Julio 20, 1979, Núm. 177, p. 510, art. 1; Junio 5, 1986, Núm. 39, p. 104, art. 4; Agosto 13, 1994, Núm. 82, art. 2, enmienda los incisos (a), (c) y adiciona los incisos (f), (g) y (h), no entraron en vigor y la ley fue derogada; Diciembre 24, 1995, Núm. 245, art. 4, efectiva 60 días después de su aprobación; Agosto 28, 1996, Núm 167, art. 2; Junio 3, 2004, Núm. 133, art. 6, incisos (a), (b)(6) y (c)(12); Junio 3, 2004, Núm. 134, art. 2; Diciembre 22, 2009, Núm. 190, art. 2, enmienda los incisos (a) y (c) y añade los últimos dos párrafos; Diciembre 27, 2011, Núm. 281, art. 6, enmienda el inciso (a) y los apartados (12) y (13) del inciso (c); Junio 24, 2012, Núm. 123, art. 1, enmienda para añadir los subapartado (E) al (J) del apartado (13) del inciso (c); Agosto 12, 2014, Núm. 138, art. 14, enmienda el inciso (a).)

Notas Importantes:
Enmiendas-
-2014, ley 138 – Enmienda el inciso (a) de esta Regla 218.
-2012, ley 223 – Enmienda para añadir los subapartado (E) al (J) del apartado (13) del inciso (c).
-2011, ley 281- Enmienda el inciso (a) y los apartados (12) y (13) del inciso (c).
-2009, ley 190- Enmiendas los incisos (a) y (c) y añade los últimos dos parrafos.

-2004, ley 134 – enmienda los incisos (a), (b)(3) y (6) y el inciso (c); se suprime el inciso (12) y se redenomina el inciso (13) como el (12), se añade un nuevo inciso (13) y se añaden dos (2) párrafos finales al inciso (c) de la Regla 218.

-2004, ley 133 – enmienda el inciso (a), el inciso (b) (6), el inciso (c), y el subinciso (12) del inciso (e) de la Regla 218.

-2003, ley 85 – Esta ley 85 deroga la Ley Núm. 82 de 13 de agosto de 1994 que enmendaba esta Regla 218.

-1996, ley 167 – adiciona un inciso (c)(11) y se reenumera el actual inciso (c)(11), como inciso (c)(13).

-1995, ley 245 – enmienda los incisos (a), (b) y (c).

-1994, ley 82- enmienda los incisos (a), (c) y adiciona los incisos (f), (g) y (h). Nota del editor: Las enmiendas y los incisos (f), (g) y (h) adicionados no se incluyeron en las Reglas porque la vigencia de esta ley 82 dependía de la aprobación de una enmienda a la Constitución del ELA de Puerto Rico y el referéndum no fue aceptado por el Pueblo. Por esta razón, la ley 82 fue derogada por la Ley Núm. 85 de 13 de marzo de 2003.

-1986, ley 39 – enmienda esta Regla

-1979, ley 177 – enmienda esta Regla

-1974, ley 139 – enmienda esta Regla

Regla 219. Fianza; Condiciones; Requisitos. (32 L.P.R.A. AP. II R. 219.)

(a) Antes de la convicción. Las condiciones impuestas y la fianza prestada en cualquier momento antes de la convicción garantizarán la comparecencia del acusado ante el magistrado o el tribunal correspondiente y su sumisión a todas las órdenes, citaciones y procedimientos de los mismos, incluyendo el pronunciamiento y la ejecución de la sentencia, así como la comparecencia del acusado a la vista preliminar en los casos apropiados, y que en su defecto los fiadores pagarán al Estado Libre Asociado de Puerto Rico determinada cantidad de dinero.

(b) En apelación. De prestarse la fianza después de haber entablado el acusado recurso de apelación o certiorari el documento de fianza garantizará que el acusado, de confirmarse o modificarse la sentencia, se someterá a la ejecución de la misma y pagará las costas que se le hubieren impuesto y las que se le impusieren como consecuencia de su recurso; que de revocarse la sentencia y devolverse la causa para nuevo juicio, comparecerá ante el tribunal al cual se devolviere y se someterá a todas las órdenes, citaciones y procedimientos de dicho tribunal; que no se ausentará de Puerto Rico sin permiso del tribunal sentenciador, y que en su defecto los fiadores pagarán al Estado Libre Asociado de Puerto Rico determinada cantidad de dinero.

(Reglas de Procedimiento Criminal, 1963, Regla 219; Junio 5, 1986, Núm. 39, p. 104, art. 5.)

Regla 220. Fianza; Requisitos de los Fiadores. (32 L.P.R.A. AP. II R. 220.)

Toda fianza será suscrita, o reconocida, ante un magistrado o secretario, según corresponda, bien por una compañía autorizada para prestar fianzas en Puerto Rico; bien por el Director Ejecutivo del Proyecto de Fianzas Aceleradas (Expedited Bail Project) creado mediante Orden de 28 de abril de 1988 dictada por el Tribunal de Distrito de los Estados Unidos para el Distrito de Puerto Rico en el caso de Carlos Morales Feliciano, et al. v. Rafael Hernández Colón, et al. , Caso Civil Núm. 79-4 (PG), al cual se le considerará, para los efectos de esta regla, como una compañía autorizada para prestar fianzas en Puerto Rico, incluyendo específicamente, pero sin que ello se entienda como una limitación, la potestad de prestar fianzas documentales o en efectivo, incluyendo el diez por ciento (10%) en efectivo del monto total de la fianza impuesta, cuando el juez o magistrado que imponga la fianza, en el ejercicio de su discreción, estime conveniente o necesario conceder tal beneficio; bien por un fiador residente en Puerto Rico que posea bienes inmuebles en Puerto Rico no exentos de ejecución por un valor igual al monto de la fianza, luego de deducido el total de los gravámenes que pesen sobre dichos bienes, excepto que el magistrado o secretario ante quien se prestare la fianza podrá permitir a más de un fiador que se obliguen separadamente por sumas inferiores siempre que el total de las obligaciones individuales equivalga a dos (2) veces el monto de dicha fianza. Dondequiera que en estas reglas se utilice el término "fiadores" se entenderá que lee "fiador o fiadores".

(Reglas de Procedimiento Criminal, 1963, Regla 220; Junio 13, 1968, Núm. 84, p. 157; Julio 24, 1993, Núm. 24, sec. 1.)

Regla 221. Fianza; Fiadores; Comprobación de Requisitos. (32 L.P.R.A. AP. II R. 221.)

Los fiadores que no fueren compañías autorizadas para prestar fianzas en Puerto Rico, en todo caso justificarán bajo juramento ante el magistrado que admitiere la fianza, que los bienes que se ofrecen en respaldo de la misma reúnen las condiciones que exige la Regla 220. El magistrado examinará a los fiadores bajo juramento, para determinar si la propiedad cumple con lo dispuesto en dicha regla y levantará un acta de la prueba testifical y documental ofrecida.

En el caso de que se admita la fianza con las garantías que se ofrecen, el tribunal expedirá el correspondiente mandamiento, que deberá ser diligenciado por el Ministerio Fiscal, dirigido al registrador de la propiedad a cargo de la sección del registro en que conste inscrita la finca que se ofrece en garantía, para que el gravamen que impone la fianza se inscriba en el registro de la propiedad y, en consecuencia, tenga los mismos efectos de un derecho real de hipoteca, aunque no será necesario tasar la finca o fincas para efectos de la subasta. Este mandamiento identificará la finca que se grave, y contendrá toda aquella otra información que fuere necesaria para lograr una inscripción conforme disponen las secs. 2001 et seq. del Título 30.

El registrador de la propiedad enviará por correo el documento de fianza ya inscrito, o cualquier notificación de defecto que haya señalado. Si surgiere de la nota de inscripción que el bien no satisface las condiciones de la Regla 220, ni sustenta las declaraciones hechas por el fiador bajo juramento, el Ministerio Fiscal solicitará del tribunal la revocación de la fianza y procederá conforme a derecho. Cuando se cancele una fianza, el tribunal deberá, a instancia de parte, emitir un nuevo mandamiento al registro, ordenando que se cancele el gravamen. La inscripción de la fianza se hará por el registrador de la propiedad libre de derecho.

(Reglas de Procedimiento Criminal, 1963, Regla 221; Julio 9, 1986, Núm. 83, p. 275, art. 1.)

Regla 222. Fianza; Depósito en Lugar de Fianza. (32 L.P.R.A. AP. II R. 222.)

En lugar de fiadores, el acusado podrá depositar el importe de la fianza en efectivo, y el depósito así hecho garantizará el cumplimiento de las condiciones expuestas en la Regla 219 y el pago de las costas y de cualquier multa que se impusiere. El funcionario que admitiere el depósito expedirá certificado del mismo y el acusado será puesto en libertad por el funcionario bajo cuya custodia se hallare, al serle entregada la orden de excarcelación correspondiente.

(Reglas de Procedimiento Criminal, 1963, Regla 222, efectiva 60 días después del 30 de julio de 1963)

Regla 223. Fianza; Sustitución de Deposito por Fianza y Viceversa. (32 L.P.R.A. AP. II R. 223.)

El depósito podrá ser sustituido por una fianza y viceversa, con la aprobación del tribunal, siempre que no se hubiere violado alguna de las condiciones garantizadas.

(Reglas de Procedimiento Criminal, 1963, Regla 223, efectiva 60 días después del 30 de julio de 1963)

Regla 224. Fianza; Fiadores; Exoneración Mediante Entrega Del Acusado. (32 L.P.R.A. AP. II R. 224.)

Siempre que no se hubiere violado alguna de las condiciones de la fianza, cualquier fiador podrá, con el fin de ser exonerado de responsabilidad, entregar al acusado, o el mismo acusado podrá entregarse, al funcionario bajo cuya custodia estaba al prestar fianza, o hubiere estado de no haberse prestado, en la forma siguiente:

(a) Se entregará copia certificada de la fianza, o certificación del depósito, al funcionario correspondiente, quien detendrá al acusado bajo custodia como si se tratara de un mandamiento de arresto, y expedirá un certificado haciendo constar la entrega del acusado.

(b) El funcionario remitirá la copia certificada de la fianza y el certificado de entrega del acusado al tribunal ante el cual estuviere pendiente la causa, y el tribunal, previa notificación al fiscal del distrito, a quien se enviará copia de la fianza y del certificado, podrá ordenar la cancelación de la fianza, o en su caso la devolución del depósito.

(Reglas de Procedimiento Criminal, 1963, Regla 224, efectiva 60 días después del 30 de julio de 1963)

Regla 225. Fianza; Fiadores; Exoneración Mediante Entrega; Arresto del Acusado. (32 L.P.R.A. AP. II R. 225.)

Con el objeto de llevar a cabo la entrega del acusado, los fiadores podrán en cualquier momento antes de haber sido finalmente exonerados, y en cualquier lugar dentro del territorio del Estado Libre Asociado de Puerto Rico, arrestarlo ellos mismos, o facultar para ello, por medio de una autorización escrita al dorso de la copia certificada de la fianza, a cualquier persona que tenga la edad y discreción suficientes.

(Reglas de Procedimiento Criminal, 1963, Regla 225, efectiva 60 días después del 30 de julio de 1963)

Regla 226. Fianza; Cobro de Costas o Multa. (32 L.P.R.A. AP. II R. 226.)

Al expirar el término para apelar de una sentencia en que se hubiere impuesto multa, o multa y costas al acusado, o transcurridos cinco (5) días desde el recibo del mandato confirmando la misma, el tribunal sentenciador, en caso de haberse hecho el depósito a que se refiere la Regla 222 dictará sentencia disponiendo la confiscación del depósito hasta donde fuere necesario para el pago de todas las costas impuestas, incluyendo las de apelación, si algunas, y además podrá ordenar al secretario que aplique la parte que fuere necesaria al pago de la multa impuesta. En caso de haberse prestado fianza, el tribunal sentenciador dictará sentencia condenando a los fiadores al pago de las costas, si éstas no hubieren sido satisfechas.

(Reglas de Procedimiento Criminal, 1963, Regla 226, efectiva 60 días después del 30 de julio de 1963)

Regla 227. Fianza; Procedimiento para su Confiscación; Incumplimiento de Condiciones; Detención. (32 L.P.R.A. AP. II R. 227.)

(a) Fianza; confiscación. Si el acusado dejare de cumplir cualquiera de las condiciones de la fianza, el tribunal al que correspondiere conocer del delito ordenará a los fiadores o al depositante que muestren causa por la cual no deba confiscarse la fianza o el depósito. La orden se notificará personalmente o se remitirá por correo certificado a la dirección que se le conociere a los fiadores o a sus representantes, agentes o apoderados o al depositante. En los casos en que el fiador tenga un apoderado, agente o representante, la debida notificación a este último surtirá los mismos efectos que si se hiciera al fiador.

Si los fiadores o el depositante explicaren satisfactoriamente el incumplimiento en que se funda la orden, el tribunal podrá dejarla sin efecto bajo las condiciones que estimare justas.

De no mediar explicación satisfactoria para tal incumplimiento, el tribunal procederá a dictar sentencia sumaria contra los fiadores o el depositante confiscando el importe de la fianza o depósito pero la misma no será firme y ejecutoria hasta cuarenta (40) días después de haberse notificado. Si dentro de ese período los fiadores llevaren al acusado a presencia del tribunal, éste dejará sin efecto dicha sentencia.

Transcurrido el período antes prescrito y en ausencia de muerte, enfermedad física o mental del fiado sobrevenida antes de la fecha en que sea dictada la sentencia ordenando la confiscación de la fianza, el fiador responderá con su fianza por la incomparecencia del acusado al tribunal.

Convertida en firme y ejecutoria una sentencia confiscando la fianza o el depósito, el secretario del tribunal, sin necesidad de ulterior requerimiento, remitirá inmediatamente copia certificada de dicha sentencia al Secretario de Justicia para que proceda a la ejecución de la misma de acuerdo a la Regla 51 de Procedimiento Civil para el Tribunal General de Justicia, Ap. III del Título 32, e igualmente remitirá al Secretario de Hacienda el depósito en su poder.

Disponiéndose, que el tribunal a su discreción podrá dejar sin efecto la sentencia de confiscación en cualquier momento anterior a la ejecución de dicha sentencia, siempre que medien las siguientes circunstancias:

(1) Que los fiadores hayan producido al acusado ante el tribunal.

(2) Que el tribunal constate a su satisfacción el hecho anterior.

La solicitud para que se deje sin efecto la sentencia se hará mediante moción la cual se presentará dentro de un término razonable pero en ningún caso después de transcurridos seis (6) meses de haberse registrado la sentencia u orden. Una moción a tales fines no afectará la finalidad de una sentencia, ni suspenderá sus efectos.

(b) Incumplimiento de condiciones; detención. Si en lugar de una fianza, o en adición a ésta, el magistrado hubiese establecido alguna condición para la libertad provisional y ésta fuere incumplida, ello constituirá un delito bajo las secs. 2001 et seq. del Título 33. El tribunal al que correspondiese entender en el delito procederá a ordenar la detención del imputado. El tribunal podrá dejar sin efecto la condición impuesta y exigir en su lugar la prestación de una fianza, confiscar la fianza o depósito prestado, sujeto a lo dispuesto en esta regla, requerir que la fianza sea prestada en su totalidad o aumentar el monto de ésta.

(Reglas de Procedimiento Criminal, 1963, Regla 227; Junio 18, 1965, Núm. 52, p. 101, art. 1; Mayo 26, 1967, Núm. 67, p. 275; Junio 5, 1986, Núm. 39, p. 104, art. 6; Julio 1, 1988, Núm. 55, p. 280, art. 1, ef. 90 días después de Julio 1, 1988.)

Regla 228. Condiciones; Fianza; Arresto del Acusado. (32 L.P.R.A. AP. II R. 228.)

Se ordenará el arresto del imputado a quien se han impuesto condiciones o que ha prestado fianza o hecho depósito en los siguientes casos:

(a) Cuando se ha violado cualquiera de las condiciones impuestas o de las condiciones de la fianza o depósito.

(b) Cuando los fiadores, o cualquiera de ellos, hayan muerto, o carezcan de responsabilidad suficiente, o dejen de residir en Puerto Rico.

(c) Cuando se hayan impuesto condiciones adicionales o se haya aumentado la cuantía de la fianza.

(d) Cuando se deje sin efecto la orden permitiendo libertad bajo condiciones o fianza en apelación ante el Tribunal Supremo.

Si la orden decretando el arresto se dictare en condiciones que el acusado tuviere que someterse a nuevas condiciones o tuviere derecho a prestar nueva fianza bajo estas reglas, se fijarán en la orden las nuevas condiciones o el importe de la nueva fianza, en su caso. La orden expresará los fundamentos para el arresto; dispondrá que lo verifique cualquier alguacil, policía u otro funcionario de autoridad a quien hubiere correspondido su custodia de no haberse impuesto condiciones o de no haberse prestado fianza originalmente, hasta tanto fuere legalmente excarcelado.

De configurarse el escenario contemplado en el inciso (a) o en el inciso (c), el Tribunal ordenará inmediatamente el arresto del imputado, revocará definitivamente la fianza y ordenará su encarcelamiento hasta que se emita el fallo correspondiente, sujeto a los términos de juicio rápido, si la condición que se incumple es cualquiera de las contempladas en los incisos (2), (5) y (6) de la Regla 218(c) o la condición de permanecer bajo supervisión electrónica de la Oficina de Servicios con Antelación al Juicio. Estos incumplimientos darán lugar a las consecuencias señaladas cuando quien los comete sea un imputado de cualquiera de las siguientes conductas delictivas:

1. Asesinato en todas sus modalidades,

2. robo de vehículo de motor a mano armada,

3. robo agravado,

4. secuestro agravado y secuestro de menores,

5. agresión sexual,

6. Violación a la Ley Núm. 54 de 15 de agosto de 1989, según enmendada, conocida como "Ley para la Prevención e Intervención con la Violencia Doméstica" que implique grave daño corporal.

En las situaciones antes indicadas, una vez el Tribunal ordena el arresto y éste es diligenciado, la persona permanecerá detenida hasta que se celebre una vista en la cual se determinará si las condiciones de la fianza fueron violentadas. La vista deberá celebrarse en un período de cuarenta y ocho (48) horas; este término podrá extenderse a solicitud de la defensa.

(Reglas de Procedimiento Criminal, 1963, Regla 228; Junio 5, 1986, Núm. 39, p. 104, art. 7; Junio 24, 2012, Núm. 123, art. 2, añade los últimos dos párrafos.)

Notas Importantes
Enmienda
-2012, ley 123 – Esta ley 123 añade los últimos dos párrafos e incluye los siguientes artículos relacionados:
Artículo 3.-Reglamentación: -Para el cumplimiento de esta disposición, el Departamento de Corrección y la Oficina de Servicios con Antelación al Juicio (OSAJ) promulgarán en un término de cuarenta y cinco (45) días, desde la aprobación de esta Ley, un Reglamento para implantar y viabilizar

el estricto cumplimiento de lo aquí dispuesto y el cobro necesario para poder brindar los servicios establecidos.

Artículo 4.-Si cualquier cláusula, párrafo, subpárrafo, artículo, disposición, sección o parte de esta Ley fuera anulada o declarada inconstitucional, la sentencia a tal efecto dictada no afectará, perjudicará, ni invalidará el resto de esta Ley. El efecto de dicha sentencia quedará limitado a la cláusula, párrafo, subpárrafo, artículo, disposición, sección o parte de la misma que así hubiere sido anulada o declarada inconstitucional.

Artículo 5.-Esta Ley comenzará a regir inmediatamente después de su aprobación. La aplicación de esta Ley se dará aun en casos en que ya se haya impuesto una fianza. Lo determinante es que al momento de regir esta Ley, el imputado incumpla una de las condiciones establecidas para permanecer en libertad bajo fianza. Se dispone que en el caso de la imposición mandatoria de condiciones de fianza en ciertos casos, según expresado en el inciso (13) del Artículo 1 de esta Ley, el mismo tendrá vigencia una vez se cumpla el término dispuesto para la adopción del Reglamento.

Regla 229. Orden de Allanamiento o Registro y Agente de Rentas Internas; Definiciones. (32 L.P.R.A. AP. II R. 229.)

Una orden de allanamiento o registro es el mandamiento expedido a nombre de El Pueblo de Puerto Rico, firmado por un magistrado y dirigido a un funcionario del orden público, agente de rentas internas, o inspector de contribución sobre ingresos, dentro de las funciones de su cargo, ordenándole proceda a buscar y ocupar determinada propiedad mueble y la traiga al magistrado. El término "agente de rentas internas" tal como se usa en estas reglas, no incluye a los colectores de rentas internas ni a los tasadores, aunque por cualquier ley se les señale a los colectores de rentas internas y tasadores las mismas facultades que tienen los agentes de rentas internas.

(Reglas de Procedimiento Criminal, 1963, Regla 229, efectiva 60 días después del 30 de julio de 1963)

Regla 230. Orden de Allanamiento; Fundamentos para su Expedición. (32 L.P.R.A. AP. II R. 230.)

Podrá librarse orden de allanamiento o registro para buscar y ocupar propiedad:

(a) Hurtada, robada, estafada u obtenida mediante extorsión,

(b) que ha sido, está siendo o se propone ser utilizada como medio para cometer un delito.

(Reglas de Procedimiento Criminal, 1963, Regla 230, efectiva 60 días después del 30 de julio de 1963)

Regla 231. Orden de Allanamiento; Requisitos para Librarla; Forma y Contenido. (32 L.P.R.A. AP. II R. 231.)

No se librará orden de allanamiento o registro sino en virtud de declaración escrita, prestada ante un magistrado bajo juramento o afirmación, que exponga los hechos que sirvan de fundamento para librarla. Si de la declaración jurada y del examen del declarante el magistrado quedare convencido de que existe causa probable para el allanamiento o registro, librará la orden en la cual se nombrarán o describirán con particularidad la persona o el lugar a ser registrado y las cosas o propiedad a ocuparse. La orden expresará los fundamentos habidos para expedirla, y los nombres de las personas en cuyas declaraciones juradas se basare. Ordenará al funcionario a quien fuere dirigida registre inmediatamente a la persona o sitio que en ella se indique, en busca de la propiedad especificada, y devuelva al magistrado la orden diligenciada, junto con la propiedad ocupada. La orden dispondrá que será cumplimentada durante las horas del día, a menos que el magistrado, por razones de necesidad y urgencia, dispusiere que se cumplimente a cualquier hora del día o de la noche.

(Reglas de Procedimiento Criminal, 1963, Regla 231, efectiva 60 días después del 30 de julio de 1963)

Regla 232. Orden de Allanamiento; Diligenciamiento. (32 L.P.R.A. AP. II R. 232.)

La orden de allanamiento o registro sólo podrá ser cumplimentada y devuelta diligenciada dentro de los diez (10) días de la fecha de su libramiento. El funcionario que la cumplimente dará a la persona a quien se le ocupe la propiedad, o en cuya posesión se encuentre, copia de la orden y un recibo de la propiedad ocupada, o dejará dicha copia y recibo en el sitio donde se ocupare la propiedad. El diligenciamiento irá acompañado de un inventario escrito de la propiedad ocupada, hecho en presencia de la persona que solicitó la orden, y de la persona a quien se le ocupó o en cuya casa o local se ocupó la propiedad, de estar dichas personas presentes, y si alguna de ellas no lo estuviere, en presencia de alguna otra persona que fuere digna de crédito. El inventario será jurado por el diligenciante. A requerimiento de la persona que solicitó el allanamiento o registro, o de la persona a quien le fuere ocupada la propiedad, el magistrado entregará a éstas copia del inventario.

(Reglas de Procedimiento Criminal, 1963, Regla 232, efectiva 60 días después del 30 de julio de 1963)

Regla 233. Orden de Allanamiento; Remisión de Orden Diligenciada. (32 L.P.R.A. AP. II R. 233.)

El magistrado a quien se devolviere diligenciada una orden de allanamiento o registro unirá a la misma copia del diligenciamiento, el inventario, las declaraciones juradas y cualesquiera otros documentos que hubiere en relación con la misma, y la propiedad ocupada, remitiéndolo todo inmediatamente al tribunal que conociere o hubiere de conocer del delito en relación con el cual se expidió la orden de allanamiento o registro.

(Reglas de Procedimiento Criminal, 1963, Regla 233, efectiva 60 días después del 30 de julio de 1963)

Regla 234. Allanamiento; Moción de Supresión de Evidencia. (32 L.P.R.A. AP. II R. 234.)

La persona agraviada por un allanamiento o registro ilegal podrá solicitar del tribunal al cual se refiere la Regla 233 la supresión de cualquier evidencia obtenida en virtud de tal allanamiento o registro, o la devolución de la propiedad, por cualquiera de los siguientes fundamentos:

(a) Que la propiedad fue ilegalmente ocupada sin orden de allanamiento o registro.

(b) Que la orden de allanamiento o registro es insuficiente de su propia faz.

(c) Que la propiedad ocupada o la persona o sitio registrado no corresponde a la descripción hecha en la orden de allanamiento o registro.

(d) Que no había causa probable para creer en la existencia de los fundamentos en que se basó la orden de allanamiento o registro.

(e) Que la orden de allanamiento fue librada o cumplimentada ilegalmente.

(f) Que es insuficiente cualquier declaración jurada que sirvió de base a la expedición de la orden de allanamiento porque lo afirmado bajo juramento en la declaración es falso, total o parcialmente.

En la moción de supresión de evidencia se deberán exponer los hechos precisos o las razones específicas que sostengan el fundamento o los fundamentos en que se basa la misma. El tribunal oirá prueba sobre cualquier cuestión de hecho necesaria para la resolución de la solicitud y celebrará una vista evidenciaria ante un magistrado distinto al que atenderá el juicio, cuando se trate de evidencia incautada mediando una orden judicial y la parte promovente demuestre que existe una controversia sustancial de hechos que haga necesaria la celebración de la vista; en ausencia de tal demostración, el tribunal podrá adjudicar la moción sin vista previa utilizando como base los escritos presentados por las partes.

El tribunal vendrá obligado a celebrar una vista evidenciaria con antelación al juicio, y ante un magistrado distinto al que atenderá el juicio, cuando se trate de evidencia incautada sin previa orden judicial si en la solicitud la parte promovente aduce hechos o fundamentos que reflejan la ilegalidad o irrazonabilidad del registro, allanamiento o incautación. El Ministerio Público vendrá obligado a refutar la presunción de ilegalidad del registro o incautación y le corresponderá establecer los elementos que sustentan la excepción correspondiente al requisito de orden judicial previa.

De declararse con lugar la moción, la propiedad será devuelta, si no hubiere fundamento legal que lo impidiere, y no será admisible en evidencia en ningún juicio o vista. La moción se notificará al fiscal y se presentará cinco (5) días antes del juicio a menos que se demostrare la existencia de justa causa para no haberla presentado dentro de dicho término o que el acusado no le constaren los fundamentos para la supresión, o que la ilegalidad de la obtención de la evidencia surgiere de la prueba del fiscal.

(Reglas de Procedimiento Criminal, 1963, Regla 234; Julio 5, 1988, Núm. 65, p. 315, art. 8, ef. 60 días después de Julio 5, 1988; Junio 1, 2007, Núm. 44, art, 1, enmienda el último párrafo con los últimos tres párrafos.)

Nota Importante
Enmienda
-2007, ley 44 – Esta ley enmienda el último párrafo de esta Regla 234 con los últimos tres párrafos.

Regla 235. Testigos; Quién Podrá Expedir Citación. (32 L.P.R.A. AP. II R. 235.)

Cualquier magistrado podrá expedir citación para la comparecencia y examen bajo juramento de testigos ante sí a los fines de la investigación de un delito o de una vista preliminar. Cuando el fiscal, en los casos y bajo las condiciones que estas reglas lo permitan, provea al tribunal el nombre y dirección de imputados o testigos, ello se entenderá como una solicitud de citación, bien para el trámite de determinación de causa, para el acto del juicio o para cualquier procedimiento pendiente de vista. En estos casos será deber del tribunal, prontamente, expedir u ordenar al secretario del tribunal que expida la citación o citaciones correspondientes, las cuales serán diligenciadas por los alguaciles del tribunal o sus delegados.

El juez de cualquier tribunal podrá expedir u ordenar al secretario que expida citación para la comparecencia de cualquier testigo a juicio, a la toma de su deposición o a cualquier vista. El secretario del tribunal, a petición del acusado, podrá expedir citaciones libres de costas a esos mismos fines.

Cualquier fiscal podrá igualmente expedir citación para la comparecencia y examen bajo juramento de testigos ante sí a los fines de la investigación de un delito. Si un testigo no obedeciere su citación, el tribunal a solicitud del fiscal podrá expedir mandamiento para su comparecencia ante dicho funcionario en la fecha y hora que señalare, bajo apercibimiento de desacato.

(Reglas de Procedimiento Criminal, 1963, Regla 235; Julio 9, 1986, Núm. 80, p. 268, art. 3.)

Regla 236. Testigos; Diligenciamiento de Citación. (32 L.P.R.A. AP. II R. 236.)

La citación podrá ser diligenciada por cualquier persona, pero todo funcionario del orden público tendrá la obligación de diligenciar en su distrito cualquier citación que se le entregue con tal objeto por el acusado o por el Ministerio Público. Quedará diligenciada la citación con mostrar su original al testigo y entregarle copia o enviándosele por correo a su última residencia, con acuse de recibo. La persona que la diligenciare lo hará constar por escrito en la citación o a su dorso, con expresión del tiempo y lugar. En los casos en que la citación se enviare por correo deberá, además, acompañarse el acuse de recibo.

(Reglas de Procedimiento Criminal, 1963, Regla 236, efectiva 60 días después del 30 de julio de 1963)

Regla 237. Testigos; Adelanto de Gastos. (32 L.P.R.A. AP. II R. 237.)

Cuando una persona compareciere en virtud de citación ante un magistrado o tribunal como testigo de El Pueblo o de la defensa y careciere de medios para pagar los gastos que ocasionare su comparecencia, el tribunal podrá, a su discreción, ordenar al secretario que entregue al testigo una suma razonable, que no excederá de las dietas a que tenga derecho y será cargada a cuenta de dichas dietas. La orden del tribunal se hará por escrito, pero podrá dictarse en sala, en el cual caso se hará constar en la minuta.

(Reglas de Procedimiento Criminal, 1963, Regla 237, efectiva 60 días después del 30 de julio de 1963)

Regla 238. Testigos; Arresto y Fianza para Garantizar Comparecencia. (32 L.P.R.A. AP. II R. 238.)

Si cualquiera de las partes estableciere, mediante declaración jurada, que existe fundado temor de que algún testigo en una causa criminal dejará de comparecer a declarar a menos que se le exija fianza, el magistrado que actúa en la investigación preliminar, o el tribunal con jurisdicción sobre la causa, ordenará al testigo que preste fianza, por la cantidad que estimare suficiente, y de no prestarla ordenará su arresto hasta tanto prestare fianza, o se le tomare una deposición. El documento de fianza cumplirá los requisitos que se fijan en estas reglas a las fianzas para la libertad provisional del acusado, y garantizará la comparecencia del testigo, ante cualquier sala del tribunal en que el juicio o juicios se celebren, o a la vista preliminar, en la fecha para la cual se le citare. De no comparecer el testigo luego de ser citado, se confiscará la fianza siguiendo el procedimiento prescrito en los casos de fianza para la libertad provisional del acusado.

(Reglas de Procedimiento Criminal, 1963, Regla 238, efectiva 60 días después del 30 de julio de 1963)

Regla 239. Capacidad Mental del Acusado antes de la Sentencia. (32 L.P.R.A. AP. II R. 239.)

Ninguna persona será juzgada, convicta o sentenciada por un delito mientras esté mentalmente incapacitada.

Ninguna persona que padezca de sordera profunda, severa, moderada o leve, o que refleje cualquier otra situación de hipoacusia o condición que le impida comunicarse efectivamente, será juzgada, convicta o sentenciada por un delito sin que se garantice la provisión de un intérprete de lenguaje de señas y/o labio lectura, o la provisión de algún otro acomodo razonable que garantice la efectividad de la comunicación durante el proceso.

(Reglas de Procedimiento Criminal, 1963, Regla 239, efectiva 60 días después del 30 de julio de 1963; Agosto 5, 2018, Num. 174, art. 14, añade el segundo parrafo, efectiva 180 días después de su aprobación.)

Regla 240. Capacidad Mental del Acusado; Procedimiento para Determinarla. (32 L.P.R.A. AP. II R. 240.)

(a) Vista; peritos. En cualquier momento después de presentada la acusación o denuncia y antes de dictarse la sentencia, si el tribunal tuviere evidencia, además de la opinión del representante legal del imputado o acusado, que estableciere mediante preponderancia de la prueba que el acusado está mentalmente incapacitado, o que éste no es capaz de comprender el proceso y colaborar con su defensa como consecuencia de alguna condición que afecta sus destrezas de comunicación, expondrá detalladamente por escrito los fundamentos para dicha determinación, suspenderá los procedimientos y señalará una vista para determinar el estado mental y/o funcional del acusado. Una vez se señale esta vista, deberá el tribunal designar uno o varios peritos para que examinen al acusado y declaren sobre su estado mental y/o funcional. Se practicará en la vista cualquier otra prueba pertinente que ofrezcan las partes. En estos casos, la representación legal del imputado o acusado deberá presentar al tribunal una moción informando la intención de solicitar la paralización de los procedimientos por razón de la incapacidad mental y/o funcional de su representado acompañada de evidencia pericial de tal incapacidad, dentro de un término no menor de tres (3) días antes de la fecha señalada para la vista de que se trate.

(b) Efectos de la determinación. Si como resultado de la prueba el tribunal determinare que el acusado está mentalmente y/o funcionalmente capacitado, continuará el proceso. Si el tribunal determinare lo contrario, podrá ordenar la reclusión del acusado en una institución adecuada. En aquellos casos en que el tribunal hallare que el imputado o acusado padece de alguna condición que no le permite comprender el proceso y colaborar con su defensa podrá ordenar, de entenderlo necesario, que éste sea ingresado en un centro de adiestramiento para el desarrollo de destrezas de vida independiente. Si luego de así recluirse al acusado el tribunal tuviere base razonable para creer que el estado mental y/o funcional del acusado permite la continuación del proceso, citará a una nueva vista que se llevará a cabo de acuerdo con lo provisto en el apartado (a) de esta Regla, y determinará entonces si debe continuar el proceso.

(c) Fiadores; depósito. Si el tribunal ordenare la reclusión del acusado en una institución, según lo dispuesto en el inciso (b) de esta Regla, quedarán exonerados sus fiadores, y de haberse verificado un depósito de acuerdo con la Regla 222, será devuelto a la persona que acreditare su autoridad para recibirlo.

(d) Procedimiento en la vista preliminar. Si el magistrado ante quien hubiere de celebrarse una vista preliminar tuviere evidencia, además de la opinión del representante legal del imputado, que estableciere mediante preponderancia de la prueba que el imputado está mentalmente incapacitado, o que éste no es capaz de comprender el proceso y colaborar con su defensa como consecuencia de alguna condición que afecta sus destrezas de comunicación, expondrá detalladamente por escrito los fundamentos para dicha determinación, suspenderá dicha vista y levantará un acta breve al efecto, de la cual dará traslado inmediato, con los demás documentos en autos, al secretario de la sala del Tribunal de Primera Instancia correspondiente, ante la cual se celebrará una vista siguiendo lo dispuesto en el inciso (a) de esta Regla. En estos casos, la representación legal del imputado deberá presentar al tribunal una moción informando la intención de solicitar la paralización de los procedimientos por razón de la incapacidad mental y/o funcional de su representado acompañada de evidencia pericial de tal incapacidad, dentro de un término no menor de tres (3) días antes de la fecha señalada para la vista preliminar. Si el tribunal determinare que el imputado está mentalmente y/o funcionalmente capacitado, devolverá el expediente al magistrado o tribunal de origen, con su resolución, y los trámites de la vista preliminar continuarán hasta su terminación. Si el tribunal determinare lo contrario, actuará de conformidad con lo provisto en el inciso (b) de esta Regla, solo que a los efectos de la vista preliminar.

(Reglas de Procedimiento Criminal, 1963, Regla 240; Enmienda en Diciembre 27, 2011, Núm. 281, art. 7, enmienda los incisos (a) y (d); Agosto 5, 2018, Num. 174, art. 15, enmienda en términos generales, efectiva 180 días después de su aprobación.)

Regla 241. Procedimiento para Imposición de la Medida de Seguridad. (32 L.P.R.A. AP. II R. 241.)

Cuando el imputado fuere absuelto o hubiere una determinación de no causa en vista preliminar por razón de incapacidad mental y/o funcional, o determinación de no procesabilidad permanente, o se declare su inimputabilidad en tal sentido, el tribunal conservará jurisdicción sobre la persona y podrá decretar internarlo en una institución adecuada para su tratamiento, si en el ejercicio de su discreción determina conforme a la evidencia presentada que dicha persona por su peligrosidad constituye un riesgo para la sociedad o que se beneficiará con dicho tratamiento. La condición de sordera profunda, severa, moderada o leve, ni ninguna otra situación de hipoacusia o condición que le impida comunicarse efectivamente, por sí sola, será suficiente para que, en ausencia de los demás requisitos establecidos en estas Reglas, el tribunal conserve jurisdicción sobre la persona y decrete su ingreso a una institución.

En caso de ordenarse internarlo, la misma se prolongará por el tiempo requerido para la seguridad de la sociedad y el bienestar de la persona internada. En todo caso será obligación de las personas a cargo del tratamiento informar trimestralmente al tribunal sobre la evolución del caso.

(a) Examen siquiátrico o sicológico. El tribunal designará a petición del Ministerio Fiscal o a iniciativa propia, un siquiatra o un sicólogo o a ambos para que examinen a la persona y rindan un informe sobre su estado mental. El examen será a los únicos fines de asistir al tribunal en la determinación respecto a la internación de la persona. El examen deberá ser efectuado y un informe rendido al tribunal con copia al Ministerio Fiscal y a la defensa dentro de los treinta (30) días siguientes al fallo o veredicto. Por justa causa el tribunal podrá extender el término, pero nunca por un período en exceso de diez (10) días adicionales.

En adición al informe del siquiatra yo sicólogo deberá rendirse el correspondiente informe social realizado por un oficial probatorio.

(b) Custodia temporera. Mientras se sustancia el procedimiento que dispone esta regla, el tribunal podrá ordenar que la persona quede bajo la custodia de una institución adecuada.

(c) Vista. Si notificadas las partes del informe no se presentaren objeciones a éste dentro del término de cinco (5) días a contar desde su notificación, el tribunal procederá a hacer una determinación basándose en dichos informes. De presentarse objeciones dentro de tal período el tribunal señalará una vista para dentro de los próximos cinco (5) días. A solicitud de parte, los autores de cualesquiera de dichos informes deberán ser llamados a declarar. La parte que objeta el informe tendrá derecho a contrainterrogar a los autores de los informes y a ofrecer cualquier otra prueba pertinente a la controversia.

La persona podrá solicitar ser examinado por profesionales de su elección para que éstos rindan a su vez informes al tribunal. Si el imputado demostrare su indigencia, tales exámenes serán sufragados por el Estado.

Las Reglas de Evidencia serán de aplicación en este procedimiento y la persona tendrá el derecho a estar representada por abogado.

(d) Aplicación de la medida de seguridad. Si el tribunal determinare conforme a la evidencia presentada que la persona por su peligrosidad constituye un riesgo para la sociedad o que habría de beneficiarse con dicho tratamiento, dictará sentencia imponiendo la medida de seguridad y decretando su internación en una institución adecuada para su tratamiento.

Dicha internación podrá prolongarse por el tiempo realmente requerido para la seguridad de la sociedad y el bienestar de la persona internada, sujeto a lo dispuesto en el Artículo 91 del Código Penal del Estado Libre Asociado de Puerto Rico.

(e) Revisión periódica. Anualmente y previa vista en sus méritos el tribunal se pronunciará sobre la continuación, la modificación o la terminación de la medida de seguridad impuesta sin perjuicio de poder hacerlo en cualquier momento en que las circunstancias lo aconsejen o a petición de la persona bajo cuya custodia se haya internado.

Si del desarrollo favorable del tratamiento el tribunal puede razonablemente deducir que la curación y readaptación de la persona puede continuar operándose en la libre comunidad con supervisión, podrá concederla.

(f) Informes. A los efectos de la revisión periódica de la medida de seguridad el tribunal deberá tener el informe de un siquiatra o de un sicólogo o de ambos. En cuanto a estos informes, regirán las normas del inciso (c) de esta regla.

(g) Notificación de la continuación, modificación o terminación de la medida de seguridad. Cualquier pronunciamiento del tribunal con relación a la medida de seguridad impuesta deberá ser notificada a las partes e instituciones concernidas.

(h) Récord oficial. Se llevará un récord oficial de todos los procedimientos aquí establecidos para la aplicación, continuación, modificación o terminación de la medida de seguridad.

(i) El procedimiento dispuesto en esta regla será igualmente aplicable en la vista preliminar establecida por la Regla 23 de Procedimiento Criminal, cuando la determinación de no causa para acusar sea por razón de incapacidad mental, o declaración de no procesabilidad permanente del imputado, y el Ministerio Público determinare no recurrir en alzada, o que de haberlo hecho se sostuviere la determinación de no causa para acusar por los mismos fundamentos.

(Reglas de Procedimiento Criminal, 1963; Adicionada como Regla 241 en Julio 5, 1985, Núm. 61, p. 230; Septiembre 15, 2004, Núm. 317, art. 18, enmienda inciso (d), efectiva el 1 de mayo de 2005 para atemperarlo al Nuevo Código de Penal de P.R. de 2004; Diciembre 27, 2011, Núm. 281, art. 8, enmienda el primer párrafo y añade el inciso (i) ; Agosto 5, 2018, Núm. 174, art. 16, enmienda los primeros dos párrafos, efectiva 180 días después de su aprobación.)

Regla 242. Desacato. (32 L.P.R.A. AP. II R. 242.)

(a) Procedimiento sumario. El desacato criminal podrá castigarse en forma sumaria siempre que el juez certifique que vio u oyó la conducta constitutiva de desacato, y que se cometió en presencia del tribunal. La orden condenando por desacato expondrá los hechos y será firmada por el juez, dejándose constancia de ella en las minutas del tribunal.

(b) Procedimiento ordinario. Salvo lo provisto en el inciso (a) de esta regla, en todo caso de desacato criminal se le dará al acusado previo aviso la oportunidad de ser oído. El aviso expondrá el sitio, hora y fecha de la vista, concederá al acusado un tiempo razonable para preparar su defensa, hará saber al acusado que se le imputa un desacato criminal y expondrá los hechos esenciales constitutivos del mismo. El acusado tendrá derecho a su libertad provisional bajo fianza de acuerdo con las disposiciones de estas reglas. Si el desacato se fundara en actos o conducta irrespetuosa hacia un juez, éste no podrá conocer de la causa excepto con el consentimiento del acusado.

(Reglas de Procedimiento Criminal, 1963, Regla 242, efectiva 60 días después del 30 de julio de 1963)

Regla 243. Presencia del Acusado. (32 L.P.R.A. AP. II R. 243.)

(a) Delitos graves. En todo proceso por delito grave (felony) el acusado deberá estar presente en el acto de la lectura de la acusación y en todas las etapas del juicio, incluyendo la constitución del jurado y la rendición del veredicto o fallo, y en el pronunciamiento de la sentencia. Si el acusado ha comparecido al acto de la lectura de la acusación, y habiendo sido advertido conforme a la Regla 58 y citado para juicio no se presentase, el tribunal luego de investigadas las causas, podrá celebrar el mismo en su ausencia hasta que recayere fallo o veredicto y el pronunciamiento de la sentencia, siempre que el acusado estuviese representado por abogado. Si en cualquier etapa durante el juicio el acusado no regresare a sala para la continuación del mismo, el tribunal luego de investigadas las causas, podrá dictar mandamiento ordenando su arresto, pero en todo caso la ausencia voluntaria del acusado no impedirá que el juicio continúe hasta que se rinda el veredicto o el fallo y el pronunciamiento de la sentencia.

(b) Delitos menos graves. En procesos por delitos menos graves (misdemeanor), siempre que el acusado estuviere representado por abogado, el tribunal podrá proceder a la lectura de la denuncia o acusación, al juicio, al fallo y al pronunciamiento de la sentencia, y podrá recibir una alegación de culpabilidad en ausencia del acusado. Si la presencia del acusado fuere necesaria, el tribunal podrá dictar mandamiento ordenando su asistencia personal. El tribunal podrá proceder en casos de delitos menos graves según dispuesto en la excepción del inciso (a) cuando las circunstancias fueren las allí contempladas.

(c) Corporaciones. Una corporación podrá comparecer representada por abogado para todos los fines.

(d) Conducta del acusado. En procesos por delitos graves o menos graves, si el acusado incurriere en conducta tal que impidiere el desarrollo normal del juicio, el tribunal podrá:

(1) Tramitar un desacato, o

(2) tomar las medidas coercitivas pertinentes, o

(3) ordenar que el acusado sea removido y continuar con el proceso en ausencia.

(Reglas de Procedimiento Criminal, 1963, Regla 243; Julio 23, 1974, Núm. 138, Parte 1, p. 686, art. 2; Junio 3, 1980, Núm. 94, p. 271, sec. 1.)

Regla 244. Notificaciones. (32 L.P.R.A. AP. II R. 244.)

A menos que se disponga en contrario en estas reglas, siempre que se requiera o permita notificar a una parte representada por abogado, la notificación se hará al abogado a no ser que el tribunal ordenare que la parte deberá ser notificada personalmente, y dicha notificación se efectuará de acuerdo con lo dispuesto sobre el particular en las Reglas de Procedimiento Civil para el Tribunal General de Justicia, Ap. III del Título 32.

(Reglas de Procedimiento Criminal, 1963, Regla 244, efectiva 60 días después del 30 de julio de 1963)

Regla 245. Notificación de Órdenes. (32 L.P.R.A. AP. II R. 245.)

Al dictarse una orden en ausencia de cualquier parte que resultare afectada, el secretario la notificará a dicha parte inmediatamente.

(Reglas de Procedimiento Criminal, 1963, Regla 245, efectiva 60 días después del 30 de julio de 1963)

Regla 246. Transacción de Delitos. (32 L.P.R.A. AP. II R. 246.)

Sólo podrán transigirse delitos menos graves, graves de cuarto o de tercer grado, cuando el imputado o acusado se haya esforzado por acordar una compensación con el perjudicado y le haya restablecido en su mayor parte a la situación jurídica anterior al hecho delictivo, o lo haya indemnizado total o sustancialmente, en una situación en la que la reparación de los daños le exija notables prestaciones personales, con el consentimiento del perjudicado y del ministerio público.

En aquellos casos en que esta regla permite la transacción, si la parte perjudicada compareciere ante el tribunal donde está pendiente la causa en cualquier momento antes de la celebración del juicio y reconociere plenamente que ha recibido reparación por el daño causándole, el tribunal podrá en el ejercicio de su discreción y con la participación del fiscal, decretar el archivo y sobreseimiento definitivo del caso, previo pago de las costas. El tribunal expondrá los fundamentos del sobreseimiento y archivo, los cuales se harán constar en las minutas. El sobreseimiento y archivo así decretado impedirá la formulación de otro proceso contra el acusado por el mismo delito.

(Reglas de Procedimiento Criminal, 1963, Regla 246; Julio 1, 1988, Núm. 53, p. 274, art. 1, ef. 90 días después de Julio 1, 1988; Septiembre 15, 2004, Núm. 317, art. 19, enmienda el primer párrafo, efectiva el 1 de mayo de 2005 para atemperarlo al Nuevo Código penal de P.R. de 2004.)

Regla 247. Sobreseimiento. (32 L.P.R.A. AP. II R. 247.)

(a) Por el Secretario de Justicia o fiscal. El Secretario de Justicia o el fiscal podrán, previa aprobación del tribunal, sobreseer con o sin perjuicio para un nuevo proceso una denuncia o acusación con respecto a todos o algunos de los acusados. Excepto según se dispone en el inciso (c) de esta regla, dicho sobreseimiento no podrá solicitarse durante el juicio, sin el consentimiento de dichos acusados.

(b) Por el tribunal; orden. Cuando ello sea conveniente para los fines de la justicia y previa celebración de vista en la cual participará el fiscal, el tribunal podrá decretar el sobreseimiento de una acusación o denuncia. Las causas de sobreseimiento deberán exponerse en la orden que al efecto se dictare, la cual se unirá al expediente del proceso.

(c) Exclusión de acusado para prestar testimonio. En un proceso contra dos o más personas el tribunal podrá en cualquier momento después del comienzo del juicio pero antes que los acusados hubieren comenzado su defensa, ordenar que se excluya del proceso a cualquier acusado, de modo que pueda servir de testigo de El Pueblo de Puerto Rico. Cuando se hubiere incluido a dos o más personas en la misma acusación y el tribunal fuere de opinión que no existen pruebas suficientes contra uno de los acusados, deberá decretar que se le excluya del proceso, antes de terminarse el período de la prueba, de modo que pueda servir de testigo a su compañero.

(d) Efectos. El sobreseimiento decretado de acuerdo con esta regla impedirá un nuevo proceso por los mismos hechos únicamente cuando sea de aplicación el inciso (c) de esta regla, cuando el tribunal así lo determine conforme al inciso (b) de la misma o cuando se trate de un delito menos grave.

(Reglas de Procedimiento Criminal, 1963, Regla 247; Julio 1, 1988, Núm. 53, p. 274, art. 2, ef. 90 días después de Julio 1, 1988; Diciembre 27, 2011, Núm. 281, art. 9, enmienda los incisos (a) y (d).)

Regla 247.1. Sobreseimiento y Exoneración de Acusaciones. (32 L.P.R.A. AP. II R. 247.1.)

El tribunal luego del acusado hacer una alegación de culpabilidad y sin hacer pronunciamiento de culpabilidad cuando el Secretario de Justicia o el fiscal lo solicitare y presentare evidencia de que el acusado ha suscrito un convenio para someterse a tratamiento y rehabilitación en un programa del Estado Libre Asociado de Puerto Rico, privado, supervisado y licenciado por una agencia del Estado Libre Asociado, así como una copia del convenio, podrá suspender todo procedimiento y someter a dicha persona a libertad a prueba bajo los términos y condiciones razonables que tenga a bien requerir, y por el término dispuesto en el convenio para la rehabilitación del acusado el cual no excederá de cinco (5) años. El tribunal apercibirá al acusado que, de abandonar dicho programa será sancionado conforme a lo dispuesto en la sec. 4428 del Título 33.

Como parte de los términos del convenio estará el consentimiento del acusado a que, de cometer un delito grave, se celebre conjuntamente con la vista de determinación de causa probable, la vista sumaria inicial que disponen las secs. 1026 et seq. de este título. La determinación de causa probable de la comisión de un nuevo delito es causa suficiente para, en ese momento, revocar provisionalmente los beneficios de libertad a prueba.

En el caso de incumplimiento de una condición de la libertad a prueba, el tribunal podrá dejar sin efecto la libertad a prueba y proceder a dictar sentencia siguiendo lo dispuesto en las secs. 1026 et seq. de este título.

Si durante el período de libertad a prueba la persona no viola ninguna de las condiciones de la misma, el tribunal, en el ejercicio de su discreción, y previa celebración de vista en la cual participará el fiscal, podrá exonerar a la persona y sobreseer el caso en su contra. La exoneración y sobreseimiento bajo esta regla se llevará a cabo sin declaración de culpabilidad por el tribunal, en carácter confidencial, no accesible al público y separado de otros récord, a los fines exclusivos de ser utilizados por los tribunales al determinar si en procesos subsiguientes, la persona cualifica bajo esta regla.

La exoneración y sobreseimiento del caso no se considerará como una convicción a los fines de las descualificaciones o incapacidades impuestas por ley a los convictos por la comisión de algún delito, y la persona así exonerada tendrá derecho a que el Superintendente de la Policía le devuelva cualesquiera récord de huellas digitales y fotografías que obren en poder de la Policía de Puerto Rico, tomadas en relación al caso sobreseído.

La exoneración y sobreseimiento de que trata esta regla podrán concederse en solamente una ocasión a cualquier persona.

La aceptación por un acusado del sobreseimiento de una causa por el fundamento señalado en esta regla constituirá una renuncia a la desestimación de la acción por los fundamentos relacionados en los incisos (e), (f), (m) y (n) de la Regla 64.

(Reglas de Procedimiento Criminal, 1963; Adicionada como Regla 247.1 en Febrero 10, 1976, Núm. 3, p. 10, art. 1; Junio 1, 1984, Núm. 45, p. 128, sec. 1; Julio 1, 1988, Núm. 53, p. 274, art. 3; Julio 13, 1988, Núm. 88, p. 392, sec. 3; Enero 17, 1995, Núm. 7, art. 3.)

Regla 247.2 – Desvío Terapéutico. (32 L.P.R.A. AP. II R. 247.2.)

El Tribunal, en cualquier momento, luego de la existencia de una determinación de causa para arresto, según dispuesto en la Regla 6, pero antes de un pronunciamiento de culpabilidad, por algún delito de posesión de sustancias controladas, apropiación ilegal u otro delito grave, intentado o cometido sin violencia que sea consecuencia directa del deseo del imputado de satisfacer una adicción, a solicitud del imputado o del Ministerio Público, recibirá prueba sobre la adicción del imputado a sustancias controladas. Si el Tribunal determina que el imputado sufre de un "trastorno relacionado a sustancias", según es definido este término por el inciso (rrr) del Artículo 1.06 de la Ley 408-2000, según enmendada, conocida como "Ley de Salud Mental de Puerto Rico", detendrá los procedimientos y ordenará una evaluación por un "equipo interdisciplinario", según es definido este término por el inciso (x) del Artículo 1.06 de la Ley 408, antes citada, quienes a su vez, emitirán al Tribunal una recomendación sobre tratamiento y, de requerirse dicho proceder, prepararán un "Plan Individualizado de Tratamiento, Recuperación y Rehabilitación", según es definido este término en el inciso (vv) de la antes mencionada Ley 408-2000. Este Plan contendrá las recomendaciones y condiciones de tratamiento necesarias y apropiadas, de conformidad con su nivel de cuidado, para la rehabilitación del imputado, el cual no excederá de tres (3) años.

El Tribunal recibirá el referido Plan y celebrará una vista para discutir su contenido. Si el imputado acepta los términos y condiciones dispuestas en el mismo, deberá suscribir el correspondiente convenio para someterse a tratamiento y rehabilitación en un programa del Gobierno de Puerto Rico o uno privado, pero debidamente supervisado y licenciado por una agencia gubernamental, y el Tribunal ordenará el inicio inmediato del tratamiento y retendrá jurisdicción sobre el imputado hasta tanto se certifique su cumplimiento con lo estipulado en el Plan. El acceso al convenio establecido en esta Regla estará subordinado a que el imputado realice, libre y voluntariamente, la correspondiente alegación de culpabilidad. En los casos en los que no se haya celebrado la vista preliminar, el Tribunal apercibirá al imputado de que la firma del convenio conlleva también una renuncia expresa a su derecho de celebrar dicha vista y que acepta una determinación de causa para acusar. En estos casos, el Tribunal concederá cinco (5) días al Ministerio Público para que presente la correspondiente acusación y señalará el acto de lectura. En el acto de lectura de acusación, el Tribunal se asegurará de que la determinación del imputado de renunciar a sus derechos es libre, voluntaria, informada e inteligente. El Tribunal apercibirá al imputado de que, de abandonar el programa de tratamiento, podría extenderse la duración del convenio hasta un máximo de cinco (5) años, revocarse el beneficio concedido dictándose la correspondiente sentencia y, además, podrá ser procesado conforme a lo dispuesto en el Artículo 279 de la Ley 146-2012, según enmendada, conocida como "Código Penal de Puerto Rico".

Si el imputado no acepta los términos y condiciones del Plan, el Tribunal continuará con el proceso ordinario. Previo a devolver el caso a la etapa correspondiente, el Tribunal le advertirá al imputado que su decisión de no aceptar el Plan Individualizado de Tratamiento, Recuperación y Rehabilitación será irrevocable y que, una vez devuelto el caso al trámite ordinario, no podrá solicitar acogerse a las disposiciones de esta Regla.

Cuando exista una o más partes perjudicadas, el Tribunal escuchará la posición de estas previo a emitir su determinación bajo esta Regla. Cuando la solicitud del imputado al amparo de esta Regla se lleve a cabo en la etapa de juicio, será necesaria la anuencia del Ministerio Público.

Una vez el Tribunal reciba certificación de que el imputado cumplió y completó lo dispuesto en el Plan, el Tribunal ordenará el archivo y sobreseimiento del caso en su contra.

La exoneración y sobreseimiento establecido al amparo de esta Regla, dejará sin efecto la declaración de culpabilidad. El expediente del caso será conservado por el Tribunal, en carácter confidencial, no accesible al público y separado de otros récords, a los fines exclusivos de ser utilizados por los tribunales al determinar si en procesos subsiguientes, la persona cualifica bajo esta Regla.

La exoneración y sobreseimiento del caso no se considerará como una convicción, a los fines de las descualificaciones o incapacidades impuestas por ley a los convictos por la comisión de algún delito, y la persona así exonerada tendrá derecho a que el Comisionado del Negociado de la Policía le devuelva cualesquiera récords de huellas digitales y fotografías que obren en poder del Negociado, tomadas en relación al caso sobreseído.

La exoneración y sobreseimiento de que trata esta Regla, podrán concederse hasta un máximo de dos (2) ocasiones a cualquier persona.

Esta Regla no aplicará a ningún caso de distribución de sustancias controladas, según es definida por la Ley Núm. 4 de 23 de junio de 1971, según enmendada, conocida como "Ley de Sustancias Controladas de Puerto Rico". También quedarán excluidos de las disposiciones de esta Regla los delitos violentos, los de naturaleza sexual, los delitos cometidos contra un menor de edad y todo delito que conlleve una pena de reclusión por un término mayor a ocho (8) años.

La solicitud por un acusado del procedimiento señalado en esta Regla, interrumpirá los términos de juicio rápido y constituirá una renuncia a la desestimación de la acción por los fundamentos relacionados en los incisos (e), (f), (m) y (n) de la Regla 64.

(Reglas de Procedimiento Criminal, 1963; Marzo 19, 2018, Núm. 83, art. 1, adiciona esta Regla 247.2, efectiva 180 días después de su aprobación.)

Regla 248. Excepciones Abolidas. (32 L.P.R.A. AP. II R. 248.)

Quedan abolidas las excepciones a las resoluciones u órdenes del tribunal en el curso del juicio. Para todos los fines que hasta ahora han sido necesarias las excepciones, será suficiente que una parte, al solicitar una resolución u orden del tribunal, o al éste dictarla, formule sus razones u objeciones al efecto; pero si una de las partes no tuviere oportunidad para objetar cualquier resolución u orden, la omisión no le perjudicará.

(Reglas de Procedimiento Criminal, 1963, Regla 248, efectiva 60 días después del 30 de julio de 1963)

Regla 249. Términos; Cómo se Computarán. (32 L.P.R.A. AP. II R. 249.)

La computación de cualquier término prescrito o concedido por estas reglas, o por orden del tribunal, o por cualquier estatuto aplicable, se verificará conforme a la Regla 68.1 de Procedimiento Civil, Ap. III del Título 32.

(Reglas de Procedimiento Criminal, 1963, Regla 249, efectiva 60 días después del 30 de julio de 1963)

Regla 250. Tribunales Siempre Accesibles. (32 L.P.R.A. AP. II R. 250.)

Todos los tribunales se considerarán siempre abiertos para la presentación de cualquier escrito apropiado, para la expedición o devolución de citaciones y mandamientos, y para la presentación de mociones y expedición de órdenes.

(Reglas de Procedimiento Criminal, 1963, Regla 250, efectiva 60 días después del 30 de julio de 1963)

Regla 251. Disposición de Propiedad Robada o Ilegalmente Apropiada. (32 L.P.R.A. AP. II R. 251.)

Todo funcionario del orden público que ocupare o recibiere propiedad que se alegare ha sido robada o ilegalmente apropiada la retendrá a disposición del magistrado o tribunal ante el cual estuviere pendiente el proceso por el delito imputado. El magistrado o tribunal correspondiente ordenará la entrega de la propiedad robada o ilegalmente apropiada a la persona que acreditare satisfactoriamente tener derecho a su posesión. De no reclamarse la propiedad dentro de los seis (6) meses de la sentencia u orden condenando o absolviendo al acusado, o archivando el proceso, será entregada al Administrador de Servicios Generales para su disposición de acuerdo a la reglamentación existente para propiedad excedente. Si los bienes fueren vendidos en pública subasta, el producto de la venta será ingresado en el Fondo General, excepto lo que se le reembolse a la Administración de Servicios Generales por los gastos incurridos. El funcionario que ocupare dinero o propiedad de un acusado extenderá inmediatamente un recibo por duplicado especificando el dinero o propiedad ocupada, y entregará una copia al acusado, y presentará la otra en la secretaría del tribunal que conociere o hubiere de conocer de la causa.

(Reglas de Procedimiento Criminal, 1963, Regla 251; Julio 6, 1978, Núm. 101, p. 322.)

Regla 252. Reglas para la Identificación Anterior al Juicio. (32 L.P.R.A. AP. II R. 252.)

Regla 252.1. Reglas a Seguirse al Efectuarse una Rueda de Detenidos. (32 L.P.R.A. AP. II R. 252.1.)

(a) Aplicabilidad. Las reglas que se establecen a continuación deberán seguirse siempre que algún funcionario del orden público someta a un sospechoso a una rueda de detenidos (lineup) con el propósito de identificar al posible autor de un acto delictivo.

(b) Asistencia de abogado. Si al momento de celebrarse la rueda de detenidos (lineup) ya se hubiese radicado denuncia o acusación contra la persona que motiva el procedimiento, ésta tendrá derecho a que su abogado se encuentre presente mientras se efectúa la misma y a esos efectos se le advertirá con suficiente antelación a la celebración de la rueda.

La persona podrá renunciar a su derecho a asistencia legal durante la rueda de detenidos mediante una renuncia escrita ante dos (2) testigos quienes también deberán firmar dicha renuncia.

En caso de que al sospechoso le interesase que su abogado se encontrase presente y así lo manifestara, se notificará al abogado que éste señale con razonable anticipación a la celebración de la rueda. De tratarse de una persona insolvente o si su abogado no compareciese, se le proveerá asistencia legal al efecto.

(c) Participación del abogado del sospechoso en la rueda de detenidos. La participación del abogado del sospechoso en la rueda de detenidos se regirá por las siguientes reglas:

(1) Se le permitirá al abogado del sospechoso presenciar el proceso completo de la rueda de detenidos.

(2) Se le permitirá durante la celebración de la rueda de detenidos que escuche cualquier conversación entre los testigos y la Policía.

(3) No se le permitirá interrogar a ningún testigo durante la rueda de detenidos.

(4) El abogado podrá indicar al oficial o funcionario encargado de la rueda de detenidos cualquier infracción a estas reglas y si el primero entendiese que dicha infracción se está cometiendo, corregirá la misma.

(d) Composición de la rueda de detenidos. La rueda de detenidos se compondrá de un número no menor de cuatro (4) personas en adición al sospechoso y la misma estará sujeta a las siguientes condiciones:

(1) Los integrantes de la rueda de detenidos tendrán apariencia física similar a la del sospechoso respecto a sexo, color, raza y, hasta donde sea posible, su estatura, edad, peso y vestimenta deben guardar relación con las del sospechoso.

(2) En ningún caso habrá más de un sospechoso en cada rueda de detenidos.

(3) No se permitirán indicios visibles que de manera ostensible señalen a la persona dentro de la rueda que es el sospechoso o detenido.

(e) Procedimientos en la rueda de detenidos. El procedimiento durante la rueda de detenidos se llevará a cabo de acuerdo a las siguientes reglas:

(1) No se permitirá que los testigos vean al sospechoso ni a los demás integrantes de la rueda de detenidos con anterioridad a la celebración de la rueda de detenidos.

(2) No se le informará a los testigos antes de la celebración de la rueda que se tiene detenido a un sospechoso.

(3) No se le dará ninguna información sobre los componentes de la rueda.

(4) Si dos o más testigos fueran a participar como identificantes no se permitirá que se comuniquen entre sí antes o durante la identificación y cada uno hará la identificación por separado.

(5) El testigo observará la rueda y con la menor intervención de los agentes o funcionarios de orden público, identificará de manera positiva al autor de los hechos delictivos si éste se encuentra en la rueda.

(6) Si el sospechoso es requerido para que diga alguna frase, haga algún movimiento o vista algún atavío, se requerirá de los demás integrantes expresión, actuación o vestimenta de forma parecida.

(7) En ningún caso se le sugerirá al testigo la persona que debe seleccionar, ya sea expresamente o de cualquier otra forma.

(f) Récord de los procedimientos. En todo procedimiento efectuado de acuerdo a estas reglas se levantará una breve acta la cual será preparada por el encargado de la rueda.

En dicha acta se incluirán el nombre de los integrantes de la rueda, nombres de otras personas presentes y un resumen sucinto de los procedimientos observados.

Deberá, además, tomarse cuantas veces fuere necesario para su claridad una fotografía de la rueda tal y como le fue presentada a los testigos. Dicha foto, al igual que el acta levantada, formará parte del expediente policíaco o fiscal correspondiente y su obtención por un acusado se regirá por las reglas de procedimiento criminal vigentes.

(Reglas de Procedimiento Criminal, 1963; Adicionada como Regla 251.1 en Julio 23, 1974, Núm. 199, Parte 2, p. 90, art. 1, ef. 60 días después de Julio 23, 1974.)

Regla 252.2. Utilización de Fotografías como Procedimiento de Identificación. (32 L.P.R.A. AP. II R. 252.2.)

(a) Los agentes y funcionarios del orden público podrán hacer uso de fotografías para identificar el posible autor de un acto delictivo únicamente en las siguientes circunstancias:

(1) Cuando por razones fuera del control de los agentes o funcionarios del orden público no fuere posible o necesario realizar una rueda de detenidos.

(2) Cuando no exista sospechoso del acto delictivo.

(3) Cuando existiendo un sospechoso éste se negare a participar en la rueda, o su actuación o ausencia impidiese que la misma se efectúe adecuadamente.

(b) La utilización de fotografías como medio de identificación se regirá por las siguientes reglas:

(1) Se le mostrarán al testigo no menos de nueve (9) fotografías incluyendo la del sospechoso y éstas presentarán, en adición al sospechoso, personas de rasgos similares a éste.

(2) Si dos o más testigos fueran a hacer la identificación fotográfica cada uno hará la identificación por separado.

(3) En ningún caso se le sugerirá al testigo la persona que debe seleccionar, mediante la forma de llevar a cabo el procedimiento, por marcas en las fotografías, o cualquier otro medio.

(4) Celebrada la identificación fotográfica, si el testigo identificara el autor de los hechos delictivos se procederá a levantar un acta que resuma brevemente el procedimiento seguido y se identificarán las fotografías utilizadas de manera que posteriormente pueda establecerse cuáles fueron las fotografías presentadas al testigo.

(Reglas de Procedimiento Criminal, 1963; Adicionada como Regla 251.2 en Julio 23, 1974, Núm. 199, Parte 2, p. 90, art. 1, ef. 60 días después de Julio 23, 1974.)

Regla 253. Expedientes; Libros; Actas; Registros. (32 L.P.R.A. AP. II R. 253.)

Los secretarios y alguaciles de los tribunales formarán expedientes, los cuales podrán ser electrónicos, y llevarán libros, actas y registros en causas criminales, según lo dispuesto por la Regla 254.

(Reglas de Procedimiento Criminal, 1963; Renumerada como Regla 253 en Julio 23, 1974, Núm. 199, Parte 2, p. 90, art. 2, ef. 60 días después de Julio 23, 1974; Diciembre 10, 2013, Núm. 149, art. 1, enmienda en términos generales para hacer referencia a la Regla 254.)

Regla 254. Presentación, Tramitación y Notificación por Medios Electrónicos; Firma y Expediente Electrónico. (32 L.P.R.A. AP. II R. 254.)

Toda denuncia, acusación, moción y demás escritos que se contemplan en estas Reglas se presentarán y tramitarán por medios electrónicos, una vez se implanten las medidas administrativas y la tecnología necesaria para ello.

El envío electrónico a la dirección o portal establecido por el Juez Presidente del Tribunal Supremo de Puerto Rico para cada secretaría del Tribunal General de Justicia constituirá la presentación de escritos en el tribunal y en la Secretaría a la que se refiere estas Reglas. La presentación electrónica de una moción o un escrito constituirá, a su vez, la notificación que debe efectuarse entre abogados, abogadas y partes que se autorepresentan, según exigen estas Reglas.

Asimismo, se notificarán por medios electrónicos las órdenes, resoluciones, decretos y sentencias que emita o expida el tribunal, al igual que cualquier otro documento que el Secretario o la Secretaria o el tribunal deba notificar durante un procedimiento criminal, a menos que por orden judicial se disponga de otra manera.

En estos casos, se entenderá que una firma electrónica constituirá el requisito de firma que exigen estas Reglas y tendrá la misma validez legal que la manuscrita o de puño y letra. El requisito de juramento que exigen estas Reglas para la presentación de la denuncia o de la acusación será satisfecho con una certificación al efecto bajo una firma electrónica. La presentación electrónica de la denuncia o acusación no releva de la notificación personal debida a la persona acusada y por tanto no podrá ser notificada electrónicamente. A tales efectos, la notificación inicial de toda denuncia o pliego acusatorio tendrá que hacerse a la persona acusada mediante la entrega física de documento impreso.

Las órdenes, mandamientos, citaciones y cualesquiera otros documentos que requieren su entrega o diligenciamiento personal, ya sea por estas Reglas u orden judicial, no podrán ser notificados electrónicamente.

Los escritos y documentos judiciales tramitados electrónicamente, así como las incidencias procesales o hechos que consten el cumplimiento con estas Reglas, constituirán el expediente oficial del Tribunal.

El Juez Presidente del Tribunal Supremo de Puerto Rico tomará aquellas medidas administrativas necesarias para dar cumplimiento a lo aquí dispuesto, incluyendo pero sin limitarse a, establecer los parámetros de seguridad necesarios para el manejo de información confidencial o sensitiva, para garantizar la integridad de la información y aquellas medidas dirigidas a garantizar el acceso a las personas de escasos recursos económicos.

(Reglas de Procedimiento Criminal, 1963; Renumerada como Regla 254 en Julio 23, 1974, Núm. 199, Parte 2, p. 90, art. 3, ef. 60 días después de Julio 23, 1974; Diciembre 10, 2013, Núm. 149, art. 1, enmienda en términos generales.)

Regla 255. Derogación de Leyes Incompatibles. (32 L.P.R.A. AP. II R. 255.)

El Código de Enjuiciamiento Criminal de Puerto Rico, aprobado el primero de marzo de 1902, según ha sido enmendado hasta el presente, y cualesquiera otras leyes, en todo cuanto se relacione o refiera a procedimiento criminal que sea incompatible o contrario a estas reglas, quedan por éstas derogados.

(Reglas de Procedimiento Criminal, 1963; Renumerada como Regla 255 en Julio 23, 1974, Núm. 199, Parte 2, p. 90, art. 4, ef. 60 días después de Julio 23, 1974.)

Reglas de Procedimiento Para Asuntos de Menores.
Ley Núm. 33 de 19 de junio de 1987, según enmendada

Regla 1.1. Título. (34 L.P.R.A. Ap. I-A Regla 1.1 et. seq.)

Estas reglas se conocerán como "Reglas de Procedimiento para Asuntos de Menores".

(Junio 19, 1987, Núm. 33, Regla 1.1.)

Regla 1.2. Aplicación e interpretación.

Estas reglas regirán todos los procedimientos que se inicien a partir de la vigencia de la Ley Núm. 88 de 9 de julio de 1986, denominada "Ley de Menores de Puerto Rico", incluyendo aquellas que estén pendientes a la fecha de vigencia de estas reglas siempre que su aplicación no perjudique derechos sustantivos. Se interpretarán de acuerdo a los propósitos que inspira la Ley de Menores, [34 LPRA secs. 2201 et seq.] de este título, y de modo que garanticen una solución justa, rápida y económica de todos los asuntos.

(Junio 19, 1987, Núm. 33, Regla 1.2; Enmendada en Junio 19, 1987, Núm. 33, p. 112, art. 1)

Regla 2.1. Aprehensión; definición; cómo y por quién se hará.

La aprehensión es la restricción de la libertad de un menor, previa orden judicial al efecto o sin orden judicial en las situaciones excepcionales que establecen estas reglas, con propósitos investigativos, cuando se le vincule con la comisión de una falta o como consecuencia del trámite de una queja. Con sujeción a estas reglas podrá realizarse por funcionarios o agentes del orden público, o un funcionario designado por la Policía de Puerto Rico para intervenir en asuntos de menores, o funcionarios judiciales o persona particular. El menor no estará sujeto a más restricciones que las indispensables para su aprehensión.

(Junio 19, 1987, Núm. 33, Regla 2.1; Enmendada en Junio 19, 1987, Núm. 33, p. 112, art. 1)

Regla 2.2. Obtención de la orden de aprehensión; quién puede dictarla.

(a) La queja que se presente en interés de un menor servirá de base para la expedición de una orden de aprehensión. Deberá estar firmada y jurada por la persona que tenga conocimiento personal de los hechos. Podrán también firmar y jurar quejas los Procuradores para Asuntos de Menores, los fiscales y miembros de la Policía Estatal cuando los hechos constitutivos de la falta les consten por información y creencia, pero en estos casos dicha queja servirá de base para la expedición de una orden de aprehensión, únicamente cuando el magistrado haya examinado algún testigo que tenga conocimiento personal de los hechos.

(b) Si de la queja y del examen de los testigos con conocimiento personal de los hechos se determina que existe causa probable para relacionar al menor con los hechos constitutivos de una falta, el juez expedirá una orden de aprehensión o citará al menor, sujeto a lo dispuesto en la Regla 2.8 de este apéndice.

(Junio 19, 1987, Núm. 33, Regla 2.2.)

Regla 2.3. Requisitos de la orden de aprehensión.

La orden de aprehensión dispondrá que el menor aprehendido sea conducido sin dilación innecesaria ante un juez. La orden consignará la falta imputada en la queja, la fecha y lugar de la alegada comisión de la misma y expresará, además de la fecha y sitio de su expedición, el nombre del menor o su descripción, si se desconociese su nombre.

(Junio 19, 1987, Núm. 33, Regla 2.3.)

Regla 2.4. Aprehensión sin una orden judicial previa.

(a) Por un funcionario del orden público Un funcionario del orden público podrá aprehender sin la orden judicial previa cuando:

(1) Tenga motivos fundados para creer que el menor ha cometido una falta en su presencia. En este caso, deberá realizar la aprehensión inmediatamente después de la comisión de la falta o dentro de un término razonable.

(2) El menor aprehendido hubiese cometido una falta Clase II o III aunque no en su presencia.

(3) Tenga motivos fundados para creer que el menor ha cometido una falta Clase II o III independientemente de que dicha falta se haya cometido.

En los casos de la cláusula (1) en que intervenga un funcionario del orden público, si éste no puede realizar la aprehensión inmediatamente o dentro de un término razonable después de la comisión de la falta, deberá referir el caso a un funcionario del orden público especializado en asuntos de menores, o directamente a la oficina del Procurador para Asuntos de Menores para la investigación correspondiente.

(b) Por persona particular Una persona particular podrá aprehender a un menor:

(1) Por una falta cometida o que se hubiere intentado cometer en su presencia. En este caso deberá hacerse la aprehensión inmediatamente.

(2) Cuando en realidad se hubiere cometido una falta Clase II o III y dicha persona tuviere motivos fundados para creer que el menor aprehendido la cometió, la persona particular deberá conducir de inmediato al menor a un funcionario del orden público quien procederá como si él hubiere efectuado la aprehensión y conducirá al menor aprehendido sin demora innecesaria ante un juez, según se dispone en estas reglas.

(Junio 19, 1987, Núm. 33, Regla 2.4.)

Regla 2.5. Aprehensión; información al realizarla.

La persona que efectúe la aprehensión deberá informar al menor de su intención, causa y autoridad para hacerlo, excepto cuando la persona tenga motivos fundados para creer que el menor está cometiendo o tratando de cometer una falta, o cuando se persiga al menor inmediatamente después de haberla cometido, o luego de una fuga, o cuando el menor ofrezca resistencia antes de que la persona pueda informarle, o cuando surja el peligro de que no pueda realizarse la aprehensión si se ofrece la información requerida.

(Junio 19, 1987, Núm. 33, Regla 2.5.)

Regla 2.6. Deber de informar sobre los padres o encargados.

Todo menor aprehendido deberá notificar al funcionario del orden público que efectúe su aprehensión su nombre, edad, dirección residencial y postal y los nombres y dirección residencial de sus padres o encargados.

El funcionario del orden público que efectúe la aprehensión de un menor tendrá el deber de comunicarse inmediatamente con cualesquiera de los padres, familiares o encargados del menor, conocidos, para requerir que estén presentes durante la vista ante el juez.

(Junio 19, 1987, Núm. 33, Regla 2.6.)

Regla 2.7. Advertencias al menor y a sus padres.

El funcionario del orden público que efectúe la aprehensión de un menor deberá advertir a éste y a sus padres o encargados, si están disponibles, del derecho del menor a permanecer en silencio con relación a los hechos que motivan su aprehensión, a no incriminarse y a comunicarse con un abogado. Además explicará al menor, sus padres o encargados del deber de mantener al tribunal informado de cualquier cambio de dirección residencial y postal.

(Junio 19, 1987, Núm. 33, Regla 2.7.)

Regla 2.8. Citación; forma y requisitos.

(a) Por un juez El juez ante quien se presente la queja podrá expedir una citación, en lugar de una orden de aprehensión, si tiene motivos fundados para creer que el menor va a comparecer al ser citado a la vista de determinación de causa probable para la radicación de la querella.

(b) Por funcionario del orden público Cuando el funcionario del orden público tenga motivos fundados para creer que se ha cometido una falta Clase I, en lugar de aprehender al menor, podrá expedir una citación por escrito con su firma para que el menor comparezca ante un juez a la vista de determinación de causa probable para presentar la querella.

(c) La citación se expedirá por escrito y con la firma del funcionario público o del juez, según sea el caso. El menor y sus padres o encargados deberán firmar la citación. La misma requerirá que el menor comparezca ante el tribunal acompañado de sus padres o encargados con expresión del día, hora y sitio, e informará al menor que, de no comparecer, se expedirá una orden de detención provisional y que, de no poder ser localizado, se podrá determinar causa probable en ausencia y que el tribunal en los casos apropiados podrá renunciar en su ausencia a la jurisdicción. Además explicará al menor, sus padres o encargados del deber de mantener al tribunal informado de cualquier cambio en dirección residencial o postal. Los defectos de forma de una orden de aprehensión o citación no afectarán su validez.

(Junio 19, 1987, Núm. 33, Regla 2.8; Enmendada en Septiembre 12, 1990, Núm. 86, p. 507, art. 1)

Regla 2.9. Procedimiento ante el juez luego de la aprehensión.

(a) Un funcionario del orden público que aprehenda a un menor mediante orden judicial deberá conducirlo sin demora innecesaria ante un juez. Cuando se aprehenda a un menor sin mediar una orden y se le conduzca ante un juez, se presentará inmediatamente la queja y se expedirá una orden de aprehensión o citación, con sujeción a estas reglas.

(b) El juez informará al menor aprehendido y a sus padres o encargados, si éstos están presentes, de la queja presentada, de su derecho a permanecer en silencio en relación con los hechos que motivan su aprehensión, a no incriminarse y a estar representado por abogado y que el tribunal, en los casos apropiados, podrá renunciar en su ausencia a la jurisdicción. Además, explicará al menor, a sus padres o encargados del deber de mantener al tribunal informado de cualquier cambio de dirección residencial o postal.

(c) Todos los procedimientos al amparo de esta disposición se efectuarán en privado salvaguardando el derecho de confidencialidad que disponen las secs. 2201 et seq. de este título.

(d) Corresponderá al juez determinar si el menor va a permanecer bajo la custodia de sus padres o encargados hasta la vista de determinación de causa probable para la radicación de la querella o si ordenará su detención provisional conforme a lo dispuesto en el Artículo 20 de la Ley. Cuando se ordene la detención provisional el juez consignará por escrito los fundamentos que justifiquen dicha orden.

Si el menor es detenido provisionalmente o si queda bajo la custodia de sus padres o encargados, se la citará para que comparezca a la vista de determinación de causa probable para la radicación de la querella. En el primer supuesto, salvo causas excepcionales, la vista se celebrará dentro de los tres (3) días posteriores a la aprehensión. En el segundo, la vista se celebrará dentro de los siguientes veinte (20) días. Se aplicarán a este procedimiento todas las normas de juicio rápido existentes en nuestra jurisdicción.

(e) El juez remitirá la queja, la orden de aprehensión y copia de la orden de detención provisional, si éste fuera el caso, o la citación, a la secretaría de la sala del tribunal correspondiente y a la oficina del Procurador para Asuntos de Menores, para que se lleven a cabo los trámites posteriores que ordenan las reglas.

Si se ordena la detención provisional, la orden de detención se enviará al director de la institución donde se recluya al menor.

(f) Una moción solicitando la revisión de una orden de detención provisional se resolverá el próximo día laborable de su presentación previa audiencia al Procurador para Asuntos de Menores y al menor imputado. En la vista se considerarán diversas circunstancias, tales como la seguridad del menor, historial conocido de incomparecencias, riesgo que representa para la comunidad y si existen personas responsables dispuestas a custodiar al menor y garantizar su comparecencia en las etapas posteriores del procedimiento. Si procediese el egreso, a juicio del tribunal, se dictará resolución al efecto y se citará al menor y a sus padres o encargados para la vista de determinación de causa probable. Si el tribunal no resolviera en ese término el menor tendrá que ser excarcelado.

El juez que entienda en la revisión de una orden de detención provisional será un juez de superior jerarquía al que presidió la vista de aprehensión. No constituirá motivo de inhibición en las etapas posteriores del procedimiento que el juez haya entendido en la revisión de una orden de detención provisional.

(Junio 19, 1987, Núm. 33, Regla 2.9; Enmendada en Septiembre 12, 1990, Núm. 86, p. 507, arts. 1 y 2; Junio 24, 2022, Núm. 47, sec. 11, enmienda el inciso (d) en términos generales.)

Regla 2.10. Vista de determinación de causa probable para radicar la querella.

(a) El propósito de esta vista en su primera etapa es el de constatar si existe rastro de prueba necesario sobre los elementos esenciales de la falta y su conexión con el menor imputado.

(b) El juez ante quien se celebre la vista de determinación de causa probable informará al menor del contenido de la queja, le advertirá sobre su derecho a no incriminarse, a permanecer en silencio con relación a los hechos imputados, a comunicarse con un abogado y le orientará sobre los derechos constitucionales que le cobijan. En dicha vista, el menor tendrá derecho a estar representado por abogado, a contrainterrogar testigos y presentar prueba a su favor.

(c) Procedimiento durante la vista El Procurador presentará la prueba para la determinación de causa probable y podrá contrainterrogar a los testigos que presente el menor. Para la determinación de causa probable, el juez se limitará al examen del contenido de la queja presentada ante él y considerará únicamente la evidencia sometida con relación a la misma.

Al ser requerido para ello, el Procurador pondrá a disposición del menor para su inspección las declaraciones juradas de los testigos, que hayan declarado en la vista, que tuviere en su poder.

(Junio 19, 1987, Núm. 33, Regla 2.10; Enmendada en Junio 19, 1987, Núm. 33, p. 112, art. 1.)

Regla 2.11. Determinación sobre la existencia de causa probable o no.

(a) Si, a juicio del juez que presida la vista, la prueba demuestra que existe causa probable para creer que se ha cometido una falta y que el menor la cometió, el juez consignará por escrito su determinación y ordenará que se continúen los procedimientos.

(b) El Procurador procederá a radicar la querella en la secretaría de la sala correspondiente, entregará al menor copia de la misma y referirá al menor y a sus padres o encargados al Especialista en Relaciones de Familia para la entrevista inicial del informe social.

(c) Si el juez determina que no existe causa probable, exonerará al menor y de hallarse éste en detención provisional, ordenará su egreso.

(Junio 19, 1987, Núm. 33, Regla 2.11; Enmendada en Junio 19, 1987, Núm. 33, p. 112, art. 1.)

Regla 2.12. Efectos de la determinación de no causa probable.

Si en esta vista de determinación de causa probable el juez determina que no existe causa probable para radicar la querella o que existe causa por una falta inferior a la imputada, el Procurador podrá someter y un juez del Tribunal de Primera Instancia distinto al que entendió en la vista de determinación de causa probable considerará el asunto de nuevo con la misma u otra prueba dentro del término máximo de sesenta (60) días a partir de la fecha de la determinación si el(la) menor se encuentra bajo la custodia de sus padres, madres o persona encargada. Si el(la) menor se encuentra en detención preventiva, la vista en alzada se celebrará dentro de los tres (3) días posteriores a la determinación de causa por una falta inferior.

(Junio 19, 1987, Núm. 33, Regla 2.12; Enmendada en Junio 19, 1987, Núm. 33, p. 112, art. 1; Julio 27, 1996, Núm. 89, art. 1; Junio 24, 2022, Núm. 47, sec. 12, enmienda en términos generales.)

Regla 2.13. Libertad provisional del menor; citación.

Hecha la determinación de causa probable, el juez procederá a determinar si el menor puede permanecer bajo la custodia de sus padres o encargados o si se debe ordenar su detención hasta el día de la vista adjudicativa. El juez deberá, siempre que sea posible, dejar al menor bajo la custodia de sus padres o de una persona responsable, bajo la promesa escrita y firmada por éstos de que comparecerán con el menor ante el tribunal en fecha determinada para los procedimientos correspondientes. El juez les apercibirá de que la incomparecencia a la vista adjudicativa conllevará la detención inmediata del menor y el arresto por desacato de sus padres o encargados, o que en los casos apropiados el tribunal podrá en su ausencia renunciar a su jurisdicción, o que podrá celebrar en su ausencia la vista adjudicativa.

No se ordenará la detención de un menor antes de la vista adjudicativa a menos que:

(1) Sea necesario para la seguridad del menor o porque éste representa un riesgo para la comunidad.

(2) El menor se niegue a, o esté mental o físicamente incapacitado de dar su nombre, el de sus padres o encargados y la dirección del lugar donde reside.

(3) No existan personas responsables dispuestas a custodiar al menor y garantizar su comparecencia a procedimientos subsiguientes.

(4) El menor esté evadido o tenga historial conocido de incomparecencias.

(5) Se haya encontrado antes incurso en faltas que, cometidas por un adulto, constituyen delito grave y se haya encontrado causa probable en la nueva

falta que se le imputa por lo que puede razonablemente pensarse que amenaza el orden público seriamente.

(6) Citado el menor para la vista de determinación de causa probable, él no comparezca y se determine causa probable en su ausencia.

(Junio 19, 1987, Núm. 33, Regla 2.13; Junio 19, 1987, Núm. 33, p. 112, art. 1.)

Regla 2.14. Determinación de causa probable en ausencia.

Antes de celebrar cualquier vista en ausencia del(de la) menor, el juez ante quien se celebre la misma debe considerar si se realizaron esfuerzos razonables, para citar al(la) menor, pero el(la) menor, su padre, su madre o encargado(a), no pudieron ser localizados(as). Cuando se presente ante el juez prueba de que se hicieron gestiones razonables para lograr la comparecencia del menor y de sus padres o encargados a la vista de determinación de causa probable el juez, oída la prueba, podrá determinar causa probable en ausencia y procederá a expedir una orden de detención. En tal caso, el juez consignará en los autos los fundamentos que existen para determinar causa probable en ausencia.

(Junio 19, 1987, Núm. 33, Regla 2.14; Junio 24, 2022, Núm. 47, sec. 13, enmienda en términos generales.)

Regla 2.15. Orden de detención; forma y requisitos.

Determinada la causa probable, si el juez considera que el menor debe quedar detenido expedirá orden de detención.

La orden de detención se expedirá por escrito en interés del menor con la firma y el título oficial del juez que la expida, dirigida al encargado del centro de detención. Deberá indicar la falta imputada en la querella, el número de la querella, el nombre del menor y la razón o motivo de la detención. Expresará también la fecha y lugar en que fue expedida.

Al expedir la orden de detención, el juez podrá examinar, entre otros, los antecedentes legales y sociales del menor, si los hubiese, y escuchar al Especialista o Técnico de Relaciones de Familia que haya evaluado o supervisado al menor.

El juez que ordene la detención del menor tendrá facultad para dejarla sin efecto y ordenar el egreso del menor antes de radicarse la querella.

(Junio 19, 1987, Núm. 33, Regla 2.15.)

Regla 2.16. Revisión de la orden de detención.

A solicitud del menor, la orden de detención podrá ser revisada por el Tribunal de Primera Instancia que ejerza su autoridad bajo las disposiciones de las [34 LPRA secs. 2201 et seq.] de este título, previa notificación al Procurador.

La vista de revisión de la orden de detención tendrá prelación y se señalará para la fecha más próxima, dentro de los cinco (5) días posteriores a la fecha de la presentación de la solicitud de revisión, a menos que exista justa causa en contrario.

En la vista se considerarán las diversas circunstancias pertinentes al egreso del menor y a tales efectos el tribunal escuchará al Procurador y examinará el informe preparado por el trabajador social. Si procediese el egreso a juicio del tribunal, se dictará resolución al efecto y se citará al menor y a sus padres o encargados para la vista adjudicativa correspondiente.

(Junio 19, 1987, Núm. 33, Regla 2.16.)

Regla 2.17. Procedimiento en casos de menores referidos del procedimiento criminal ordinario.

En aquellos casos en que, luego de celebrada una vista de causa para arresto o una vista de causa probable conforme a la Regla 23 de Procedimiento Criminal, Ap. II de este título, se determine que el imputado es menor de edad, el magistrado ordenará la remisión del expediente al Procurador para la presentación de la querella que proceda ante el Tribunal de Primera Instancia para Asuntos de Menores y procederá a la cancelación de la fianza que se haya prestado.

En aquellos casos en que se haya imputado al menor que hubiere cumplido catorce (14) años de edad el delito de asesinato y el magistrado determine la existencia de causa probable por un delito distinto al asesinato, ordenará la remisión del expediente de éste y cualquier otro delito que surgiere de la misma transacción al Procurador para la presentación de la querella que proceda ante el Tribunal de Primera Instancia para Asuntos de Menores y procederá a la cancelación de la fianza que se haya prestado.

En estos casos no será necesaria la celebración de las vistas dispuestas en las Reglas 2.9 y 2.10 de este apéndice por haberse determinado causa previamente en el procedimiento ordinario como adulto.

Al presentar la querella, el Procurador solicitará, de entenderlo necesario y de conformidad con las reglas aplicables, la celebración de una vista para determinar sobre la detención provisional del menor previo a la vista adjudicativa.

(Junio 19, 1987, Núm. 33; Adicionada como Regla 2.17 en Agosto 29, 1990, Núm. 73, p. 433, art. 1, ef. 30 días después de Agosto 29, 1990.)

Regla 2.18.- Procesamiento de menor con alguna condición que le impida comunicarse efectivamente.

Cuando se inicie un procedimiento contra un menor que padezca de sordera profunda, severa, moderada o leve, o que refleje cualquier otra situación de hipoacusia o condición que le impida comunicarse efectivamente, o cuyo padre, madre, tutor, tutora o custodio padezca de sordera profunda, severa, moderada o leve, o refleje cualquier otra situación de hipoacusia o condición que le impida comunicarse efectivamente, los funcionarios del orden público, según requiere la Ley 136-1996, y/o el tribunal, conforme a las disposiciones del "Americans with Disabilities Act" (Ley Pública 101-336, según enmendada), deberán garantizar que se le asigne un intérprete de lenguaje de señas y/o labio lectura, o que se le provea algún otro acomodo razonable que garantice la efectividad de la comunicación, así como los derechos del menor imputado, querellado, detenido y/o aprehendido a comprender el proceso, a comunicarse efectivamente con su abogado y a colaborar con su propia defensa. Esta garantía se observará en todas las etapas del proceso.

El tribunal tomará providencias para asegurar la comparecencia del intérprete, o la adopción de los acomodos razonables necesarios, tan pronto como advengan en conocimiento de dicha necesidad, o a solicitud de parte. Si fuese necesario suspender la celebración de una vista, el tribunal hará los arreglos pertinentes para que ésta se celebre con la mayor prontitud, sin que se vea afectado el derecho a juicio rápido del menor sordo o las garantías derivadas del Debido Proceso de Ley. Si la necesidad del intérprete o el acomodo razonable correspondiente estuviere en controversia, se presumirá que el menor sordo o que padece una condición que le impida comunicarse efectivamente, necesita un intérprete o el acomodo razonable correspondiente.

(Junio 19, 1987, Núm. 33; Adicionada como Regla 2.18 en Agosto 6, 2018, Núm. 174, art. 18, efectiva 180 días después de su aprobación.)

Regla 2.19. - Derecho del menor con alguna condición que le impida comunicarse efectivamente a comunicarse efectivamente con su abogado.

El derecho del menor sordo, o que padece una condición que le impida comunicarse efectivamente, a comunicarse con su abogado y a colaborar con su propia defensa se garantizará en todas las etapas del proceso. Con el propósito de lograr este objetivo, el tribunal tomará medidas para que, al menor, a petición de la defensa, se le retiren las esposas y/o cualquier otro aparato que restrinja su capacidad de comunicarse mediante lenguaje de señas. El tribunal tomará aquellas medidas ulteriores que estime necesarias para garantizar la seguridad de los guardias, alguaciles, funcionarios del tribunal o cualquier público presente, sin lesionar otros derechos constitucionales y estatutarios ostentados por el menor, sordo, o que padece una condición que le impida comunicarse efectivamente, imputado, querellado, detenido y/o aprehendido.

(Junio 19, 1987, Núm. 33; Agosto 6, 2018, Núm. 174, art. 19, adicionada como Regla 2.19, efectiva 180 días después de su aprobación.)

Regla 2.20. Prohibición de uso de restricciones mecánicas; excepciones

Cualquier instrumento de restricción física al que una persona menor de edad está sujeto fuera del tribunal, tales como: esposas, cadenas, hierros, grilletes, camisas de fuerza, o cualquier otro mecanismo dirigido a los fines de limitar la movilidad, deberá ser removido antes de que el(la) menor entre a la sala del tribunal.

Se prohíbe, durante cualquier procedimiento en el tribunal, que la persona menor de edad este restringida físicamente, excepto cuando el(la) Juez(a) determine que el uso de mecanismos restrictivos es necesario debido a uno de los siguientes factores:

(a) Para prevenir daño físico al(la) menor o a otra persona;

(b) El(la) menor tiene historial de conducta violenta dentro de la sala del tribunal, donde se ha puesto a sí mismo(a) o a los presentes en riesgo;

(c) Existe una creencia fundada de que el menor representa riesgo de fuga de la sala del tribunal; y

(d) No existen alternativas menos restrictivas que prevengan el daño físico o fuga.

De haber una petición de parte de la Oficina de Alguaciles o el Procurador de Menores para el uso de dichos mecanismos se celebrará una vista, donde se presentará prueba sobre la necesidad del uso de mecanismos de restricción mecánica. El(la) menor tendrá oportunidad de rebatir dicha prueba.

Cuando se ordene el uso de alguna restricción mecánica en la persona menor de edad, el juzgador(a) vendrá obligado(a) a realizar determinaciones de hechos para fundamentar su decisión e incluirlas en el expediente del tribunal.

(Junio 19, 1987, Núm. 33; Junio 24, 2022, Núm. 47, sec. 14, añade esta nueva Regla 2.20.)

Regla 3.1. La querella; contenido.

La querella es el escrito radicado por el Procurador en el Tribunal que describe la falta imputada al menor, previa determinación de causa probable.

Será firmada, jurada y radicada en la secretaría del Tribunal de Primera Instancia que ejerza su autoridad bajo las disposiciones de las secs. 2201 et seq. de este título.

La querella deberá contener los siguientes datos:

(a) Sala del tribunal competente.

(b) Número de radicación de la querella.

(c) Nombre y apellidos, edad y lugar de nacimiento del menor querellado.

(d) Dirección del menor - residencial y postal - y su número de seguro social.

(e) Constancia de la comparecencia del menor y de sus padres o encargados a la vista de determinación de causa probable, de que fue representado por abogado o renunció a este derecho, y de que se le formularon las demás advertencias de rigor.

(f) Nombre, dirección - residencial y postal - y número de teléfono de cada uno de los padres o encargados.

(g) Falta imputada y su clasificación.

(h) Relación de los hechos constitutivos de la falta, fecha y lugar en que éstos ocurrieron.

(i) Nombre y dirección del querellante y de todos los testigos.

(j) Determinación del juez, nombre, firma y fecha.

(k) Juramento del Procurador.

Si la determinación de causa probable fue hecha en ausencia del menor, conforme a la Regla 2.14 de este apéndice, o se desconociere alguno de los datos consignados en la Regla 3.1(c), (d), (e) y (f) de este apéndice se prescindirá de los mismos.

(Junio 19, 1987, Núm. 33, Regla 3.1; Enmendada en Junio 19, 1987, Núm. 33, p. 112, art. 1.)

Regla 3.2. Alegaciones de la querella; interpretación; suficiencia.

(a) La querella se redactará en lenguaje sencillo y contendrá una exposición sucinta de los hechos constitutivos de la falta que se imputa al menor.

(b) Las palabras usadas en la querella se interpretarán en su acepción usual, con excepción de las palabras y frases definidas por las secs. 2201 et seq. de este título. No se considerará insuficiente una querella por omisión de algún dato o por causa de algún defecto de forma que no perjudique los derechos sustantivos del menor.

(Junio 19, 1987, Núm. 33, Regla 3.2.)

Regla 3.3. Acumulación de faltas.

Dos o más faltas podrán acumularse en la misma querella, pero cada una por separado, cuando las faltas imputadas fueran de naturaleza igual o similar, o hubieran surgido del mismo acto o eventos, o de dos o más actos o eventos relacionados entre sí o constituyan partes de un plan común. Las alegaciones de una falta podrán incorporarse a las demás por referencia.

El tribunal, previa oportuna y fundada solicitud al efecto, tendrá discreción para ordenar que se celebren vistas por separado.

(Junio 19, 1987, Núm. 33, Regla 3.3.)

Regla 3.4. Efecto de no alegar la fecha.

La querella expresará la fecha en que se cometió la falta. La omisión de la fecha no afectará la validez de la querella, a menos que la fecha sea una circunstancia esencial a la falta imputada, a la jurisdicción del tribunal o a la defensa del menor. El menor podrá pedir al tribunal que ordene que se especifique la fecha.

(Junio 19, 1987, Núm. 33, Regla 3.4)

Regla 4.1. Solicitud; discrecional.

(a) Cuando se determine causa probable en interés de un menor mayor de catorce (14) años y menor de dieciocho (18) años de edad por la comisión de cualquiera de las modalidades del delito de asesinato que el tribunal tenga autoridad de atender y aquellas faltas que imputen el delito de agresión sexual, el Procurador podrá presentar una moción fundamentada que solicite la renuncia de jurisdicción del tribunal sobre el menor querellado y que ordene el traslado del caso a la jurisdicción ordinaria para que se tramite el asunto como si se tratara de un adulto, si considera que entender en dicho caso bajo las disposiciones de la Ley de Menores perjudicaría a los mejores intereses del menor y de la comunidad.

(Junio 19, 1987, Núm. 33, Regla 4.1; Octubre 17, 2009, Núm. 116, art, 1, enmienda el inciso b(2) para armonizarlo a los delitos en el Código Penal de 2004; Junio 24, 2022, Núm. 47, sec. 15, enmienda en términos generales.)

Regla 4.2. Término; contenido.

El Procurador deberá presentar la solicitud fundamentada de renuncia de jurisdicción dentro de los quince (15) días posteriores a la radicación de la querella y la notificación del menor.

Por justa causa, discrecionalmente el tribunal autorizará la radicación de una solicitud de renuncia de jurisdicción transcurrido este término, pero siempre antes de la celebración de la vista adjudicativa del caso.

(Junio 19, 1987, Núm. 33, Regla 4.2; Enmendada en Junio 19, 1987, Núm. 33, p. 112, art. 1.)

Regla 4.3. Renuncia de jurisdicción; señalamiento de vista y notificación.

Ante una solicitud de renuncia de jurisdicción debidamente fundamentada, el tribunal, dentro de los cinco (5) días posteriores a la presentación de la solicitud, ordenará el señalamiento de la vista y notificará al menor. La vista de renuncia de jurisdicción deberá celebrarse dentro de los veinte (20) días posteriores a la presentación de la solicitud.

El señalamiento para la vista de renuncia de jurisdicción interrumpirá los términos dispuestos para la celebración de la vista adjudicativa. Si el Tribunal determina no renunciar a la jurisdicción, el término aludido se reanudará a partir de la fecha en que se notifique tal resolución.

(Junio 19, 1987, Núm. 33, Regla 4.3; Enmendada en Junio 19, 1987, Núm. 33, p. 112, art. 1.)

Regla 4.4. Procedimiento en la vista.

Durante la vista, el Procurador presentará la prueba con que cuente en apoyo de su solicitud. El menor podrá rebatir la prueba y cuestionar el contenido de los documentos presentados en evidencia, así como interrogar a las personas que suscriban informes periciales.

El tribunal resolverá a base de la preponderancia de la prueba.

(Junio 19, 1987, Núm. 33, Regla 4.4)

Regla 4.5. Resolución y traslado.

El tribunal dictará resolución fundamentada dentro de los veinte (20) días posteriores a la terminación de la vista del asunto ante su consideración. Si el tribunal dictase resolución en que declare con lugar la renuncia de jurisdicción, ordenará el traslado del caso a la jurisdicción ordinaria para que se tramite como si se tratara de un adulto e impondrá al menor la fianza que corresponda de acuerdo con los criterios establecidos en las Reglas de Procedimiento Criminal, Ap. II de este título. En estos casos el menor al cual el tribunal renuncia a su jurisdicción podrá solicitar la revisión de la fianza señalada mediante moción ante la Sala del Tribunal de Primera Instancia correspondiente al distrito judicial con competencia para conocer la causa. Con la orden se trasladará todo tipo de falta pendiente de adjudicación. Se acompañarán las declaraciones, la evidencia, los documentos y demás información en poder del tribunal, excepto aquellas que, de acuerdo con estas reglas, sean de carácter confidencial tales como informes sociales, psicológicos, psiquiátricos y neurológicos, más evaluaciones periciales en el área socioemocional.

La notificación de la renuncia que el secretario del tribunal enviará al fiscal de distrito o a la autoridad competente no contendrá copia de la resolución dictada.

El Procurador será responsable de que el menor sea conducido inmediatamente a las autoridades pertinentes para que se inicien los procedimientos como adulto en la jurisdicción ordinaria, como si se tratara de un adulto.

(Junio 19, 1987, Núm. 33, Regla 4.5; Enmendada en Agosto 29, 1990, Núm. 73, p. 433, art. 2, ef. 30 días después de Agosto 29, 1990.)

Regla 4.6. Renuncia de jurisdicción en ausencia.

El tribunal podrá renunciar a la jurisdicción en ausencia de un menor siempre que antes de la celebración de una vista en la cual el menor estará representado por abogado concurran las siguientes circunstancias:

(a) La falta que se le imputa al menor ocurrió cuando el menor había cumplido los catorce (14) años de edad;

(b) esté evadido de la jurisdicción, y

(c) el Procurador haya demostrado, a satisfacción del tribunal, que ha realizado las diligencias suficientes para localizar al menor y que éstas han resultado infructuosas.

(Junio 19, 1987, Núm. 33, Regla 4.6)

Regla 5.1. Cuando se efectuará.

A. Referidos a proceso de mediación

(a) A petición de cualquiera de las partes o motu proprio en cualquier etapa del proceso previo a la adjudicación del caso, el Tribunal podrá referir un caso al proceso de Mediación establecido en la Ley Núm. 19 de 22 de septiembre de 1983, cuando se le impute al menor una falta Clase I.

(b) El proceso de mediación se regirá por el Reglamento de Métodos Alternos para la Solución de Conflictos.

(c) En caso de que el proceso de mediación culmine sin acuerdos, el Tribunal podrá autorizar un desvío según lo dispuesto en el acápite B de esta Regla.

B. Referidos (desvío) a organismos públicos o privados

(a) A petición del querellado o por iniciativa del Procurador, previa evaluación conjunta con el Especialista en Relaciones de Familia, el tribunal podrá autorizar el desvío del menor fuera de los procedimientos judiciales, para que éste reciba servicios de algún organismo público o privado, ello cuando se le impute al menor por primera vez una falta Clase II. No obstante, en todo caso donde únicamente se le impute a un(a) menor una o varias faltas Clase I, y donde no se den las circunstancias para el procedimiento de Mediación, el tribunal deberá autorizar el referido del(de la) menor a un desvío a ser provisto por a una agencia u organismo público o privado.

(b) El Procurador radicará la solicitud de desvío con razonable antelación al inicio de la vista adjudicativa, a menos que exista justa causa.

(Junio 19, 1987, Núm. 33, Regla 5.1; Junio 19, 1987, Núm. 33, p. 112, art. 1; Septiembre 29, 2014, Núm. 165, art. 3, enmienda en términos generales; Junio 24, 2022, Núm. 47, enmienda en términos generales.)

Regla 5.2. Referimientos; Consentimiento.

A. Proceso de Mediación

(a) Procurador de Menores; del querellante y de éste ser menor de edad, de sus padres; y del querellado y sus padres.

B. Referimientos (desvío) a organismos públicos o privados

(a) El menor, sus padres o encargados o defensor judicial y su abogado de récord, de haberlo, suscribirán un acuerdo escrito con el Procurador y el funcionario autorizado del organismo público o privado al cual será referido el menor.

(b) El acuerdo incluirá una breve descripción de los servicios a ofrecerse, las condiciones que debe satisfacer el menor, la aceptación del organismo público o privado y una advertencia de las consecuencias de incumplir con dichas condiciones. Contendrá, además, el término de duración del desvío, el cual en ningún caso excederá del término de la medida dispositiva correspondiente. El Tribunal señalará una vista de seguimiento en noventa (90) días si se trata de una falta imputada Clase I y en seis (6) meses cuando la falta imputada sea Clase II.

(c) El Tribunal impartirá su aprobación mediante resolución al efecto. Aprobado el acuerdo de desvío, se interrumpirán los términos de juicio rápido.

(d) Todos los documentos relacionados con el desvío deberán ser incluidos en el expediente judicial del menor.

(Junio 19, 1987, Núm. 33, Regla 5.2; Enmendada en Junio 19, 1987, Núm. 33, p. 112, art. 1; Septiembre 29, 2014, Núm. 165, art. 4, enmienda en términos generales.)

Regla 5.3. Referimientos; cumplimiento de condiciones.

A. Proceso de Mediación

(a) El proceso de mediación se regirá por el Reglamento de Métodos Alternos para la Solución de Conflictos y las partes así como el interventor neutral deberán cumplir con lo allí establecido.

(b) El interventor neutral deberá realizar todas las notificaciones requeridas al Negociado de Métodos Alternos para la Solución de Conflictos y al Tribunal conforme lo establecido en el Reglamento de Métodos Alternos para la Solución de Conflictos.

B. Referimientos (desvío) a organismos públicos o privados

(a) Al concluir el término fijado para el desvío, el organismo que sea parte en dicho acuerdo tendrá la obligación de rendir un informe al Procurador y al Tribunal sobre el grado de ajuste del menor. El informe indicará si el menor ha cumplido con las condiciones del acuerdo. En caso de que el menor haya cumplido con dichas condiciones, el Procurador solicitará el archivo de la querella, dentro de los treinta (30) días posteriores a la fecha de notificación del informe.

(b) Si el menor ha incumplido con los términos del acuerdo, el Procurador solicitará una vista para determinar si se continúa con el procedimiento. Se reanudarán los términos de juicio rápido cuando se emita la resolución que ordena la reinstalación de la querella.

(Junio 19, 1987, Núm. 33, Regla 5.3; Enmendada en Junio 19, 1987, Núm. 33, p. 112, art. 1; Septiembre 29, 2014, Núm. 165, art. 6, enmienda en términos generales.)

Nota Importante

Enmienda

-2014, ley 165 – Esta ley 165 enmienda las Reglas 5.1, 5.2 y 5.3 e incluye los siguientes artículos de aplicación:

Artículo 6.- Se le concede al Tribunal Supremo un término de sesenta (60) días para atemperar el Reglamento de Métodos Alternos para la Solución de Conflictos conforme a lo establecido en esta Ley.

Artículo 7.- Esta Ley comenzará a regir inmediatamente después de su aprobación.

Regla 6.1. Mociones.

Toda moción que se formule antes de la vista adjudicativa deberá presentarse por escrito con razonable antelación a la misma, pero el tribunal, por causa justificada, podrá permitir que se formule oralmente durante la vista. La moción deberá exponer los fundamentos de las defensas, objeciones o la solicitud interpuesta y ser notificada a la otra parte. El tribunal resolverá la moción antes de la vista adjudicativa, a no ser que posponga su consideración para dicha vista.

(Junio 19, 1987, Núm. 33, Regla 6.1.)

Regla 6.2. Mociones antes de la vista adjudicativa.

Las siguientes mociones deberán presentarse y resolverse antes de la vista adjudicativa:

(1) Moción de desestimación por defectos en la querella, excepto por los defectos de ésta no imputar falta o de que el tribunal carece de jurisdicción, los cuales podrán presentarse en cualquier momento.

(2) Moción de desestimación basada en las siguientes defensas y objeciones surgidas en la tramitación del proceso:

(a) Que la falta imputada se adjudicó previamente, o que el menor estuvo previamente expuesto a adjudicación por la misma falta;

(b) que la causa o una de las controversias esenciales de la misma es cosa juzgada;

(c) que la falta ha prescrito;

(d) que no se determinó causa probable conforme a derecho;

(e) que la fecha de la vista adjudicativa excede los términos dispuestos por ley;

(f) que al menor se le concedió inmunidad contra el proceso por esa falta, y

(g) que la fecha de la vista de determinación de causa probable para la radicación de la querella excede los términos dispuestos por ley.

(h) Que un menor que padece de sordera profunda, severa, moderada o leve, o que refleja cualquier otra situación de hipoacusia o condición que le impida comunicarse efectivamente, resultó imputado, detenido aprehendido y/o querellado, y no se le proveyó un intérprete de lenguaje de señas, labio lectura, o algún otro acomodo razonable que garantizara la efectividad de la comunicación, en la vista de causa probable para aprehensión o la vista de causa probable para radicar la querella.

(3) Moción de supresión de evidencia.

(4) Moción para solicitar el descubrimiento de prueba.

(5) Moción para interponer las defensas de incapacidad mental o coartada.

(6) Moción para solicitar el uso de mecanismos de identificación.

(Junio 19, 1987, Núm. 33, Regla 6.2; Enmendada en Septiembre 12, 1990, Núm. 86, p. 507, art. 3; Agosto 6, 2018, Num. 174, art. 21, añade el sub-inciso (h) al inciso (2), efectiva 180 días después de su aprobación.)

Regla 6.3. Mociones antes de la vista adjudicativa - Procedimiento si el defecto alegado no impide trámites ulteriores.

Una resolución que declare con lugar una moción de desestimación no será impedimento para la iniciación de otro procedimiento por la misma falta, a menos que el defecto u objeción sea insubsanable o que, tratándose de una falta Clase I, dicha moción sea declarada con lugar porque la misma viola los períodos establecidos para celebrar la vista adjudicativa.

Si la moción se basa en defectos de la querella que pueden subsanarse mediante enmienda, el tribunal ordenará que se haga la enmienda y denegará la moción. Si el tribunal declara con lugar la moción basada en defectos subsanables en la presentación o tramitación del proceso o de la querella, podrá ordenar que el menor permanezca bajo la jurisdicción del tribunal, en las mismas condiciones en que se encuentra, por un término específico, sujeto a la presentación de una nueva querella. Nada de lo aquí expresado afectará las disposiciones sobre los términos de prescripción.

(Junio 19, 1987, Núm. 33, Regla 6.3.)

Regla 6.4. Moción para solicitar descubrimiento de prueba.

Previa moción sometida luego de presentada la querella, el tribunal podrá ordenar al Procurador que produzca, para ser inspeccionados por la representación legal del menor, determinados objetos, libros, documentos y papeles que no sean declaraciones juradas, con excepción de la declaración del propio menor, que se hubiesen obtenido del menor o de otras personas mediante orden judicial o de otro modo, y que pudiesen ser necesarios para la preparación de la defensa del menor, independientemente de que el Procurador se proponga ofrecerlos en evidencia o de que los mismos sean inadmisibles en evidencia. La orden especificará el tiempo, lugar y la manera de hacer la inspección y podrá prescribir los términos y condiciones que estime justos.

El Procurador pondrá a la disposición de la representación legal del menor, para su inspección, cualquier material o información pertinente demostrativa de la inocencia del menor.

El tribunal podrá denegar total o parcialmente el descubrimiento de la información específicamente solicitada o limitar y establecer condiciones para el descubrimiento, cuando se demuestre que el conceder lo solicitado pondría en riesgo la seguridad de alguna persona, o violaría el carácter privilegiado o confidencial de cualquier comunicación.

(Junio 19, 1987, Núm. 33, Regla 6.4; Enmendada en Junio 19, 1987, Núm. 33, p. 112, art. 1.)

Regla 6.5. Moción para interponer las defensas de incapacidad mental o coartada; notificación.

(a) Cuando el menor se proponga establecer la defensa de incapacidad mental al momento de la alegada comisión de la falta que se le imputa o cuando su defensa sea la de coartada, deberá presentar un aviso al tribunal, con notificación al Procurador, por lo menos diez (10) días antes de la vista adjudicativa. El aviso deberá contener los siguientes pormenores:

(1) Cuando se trate de la defensa de incapacidad mental, el nombre y dirección de todos los testigos y una relación de los documentos, escritos o papeles que se propone utilizar para establecer dicha defensa, excluyendo de los mismos cualquier testimonio del menor, e informando además en poder de quién se encuentran tales documentos, escritos o papeles.

(2) Cuando se trate de la defensa de coartada, el nombre y la dirección de todos los testigos y una relación de documentos, escritos o papeles que se propone utilizar para establecer su defensa de coartada, e informando en poder de quién se encuentran tales documentos, escritos o papeles; informará, además, el sitio en que se encontraba el menor a la fecha y hora de la comisión de la falta y desde qué hora se encontraba en dicho sitio y hasta qué hora estuvo allí.

(b) La información así suministrada por el menor acarreará la obligación recíproca del Procurador de informarle al menor el nombre y dirección de los testigos que se propone utilizar para refutar la defensa de coartada o incapacidad mental.

(c) Si el menor o el Procurador no cumplen con dicho aviso o información, no tendrán derecho a ofrecer tal evidencia.

El tribunal podrá permitir que se ofrezca dicha evidencia en la vista adjudicativa cuando se demuestre causa justificada para haber omitido la presentación del aviso o información.

En tales casos el tribunal podrá decretar la posposición de la vista adjudicativa o disponer cualquier otro remedio apropiado.

(Junio 19, 1987, Núm. 33, Regla 6.5.)

Regla 6.6. Moción para solicitar el uso de mecanismos de identificación.

A solicitud fundamentada del Procurador y mediante resolución al efecto, para propósitos investigativos, el tribunal podrá autorizar el uso de mecanismos para la identificación de un menor, tales como la toma de huellas digitales, fotografías y la utilización de una rueda de detenidos.

La toma de huellas digitales deberá limitarse a los casos en que se hayan encontrado huellas en el lugar de los hechos y sea necesario para la verificación de existencia de contacto personal previo del menor con objetos en dicho lugar.

El registro de huellas digitales, las fotografías y sus negativos se remitirán al tribunal inmediatamente después de que termine la investigación. Serán identificadas únicamente con el nombre, dirección y fecha de nacimiento del menor y se archivarán dentro del expediente judicial en un sobre sellado que sólo podrá abrirse por orden deltTribunal. Permanecerán hasta que el menor cumpla los veintiún (21) años de edad.

(Junio 19, 1987, Núm. 33, Regla 6.6.)

Regla 6.7. Normas al efectuarse una rueda de detenidos.

Cuando el tribunal autorice la celebración de una rueda de detenidos para propósitos de identificación del menor, se observarán las siguientes normas:

(a) Asistencia de abogado Si al momento de celebrarse la rueda de detenidos el Procurador ya ha radicado la querella en interés del menor, éste tendrá derecho a que su abogado esté presente mientras se efectúa la misma.

En tal caso, se le notificará al abogado con razonable anticipación la fecha del acto de la rueda de detenidos. De tratarse de una persona insolvente o si su abogado no compareciera, se le proveerá asistencia legal al efecto.

El menor podrá renunciar a su derecho a representación legal durante la rueda de detenidos, siempre y cuando medie una renuncia escrita firmada por el menor y por sus padres o encargados.

(b) Participación del abogado del menor en la rueda de detenidos En la participación del abogado del menor en el acto de la rueda de detenidos se observarán las siguientes normas:

(1) Se le permitirá al abogado del menor presenciar el proceso completo de la rueda de detenidos.

(2) Se le permitirá escuchar cualquier conversación entre los testigos y la Policía que tenga lugar durante la celebración de la rueda de detenidos.

(3) No se le permitirá interrogar a ningún testigo durante la rueda.

(4) El abogado podrá indicar al oficial o funcionario encargado de la rueda de detenidos cualquier infracción a estas reglas. Si el oficial o funcionario entiende que dicha infracción se está cometiendo, corregirá la misma.

(c) Composición de la rueda de detenidos La rueda de detenidos se compondrá de un número no menor de cuatro (4) personas además del menor sospechoso. La misma estará sujeta a las siguientes condiciones:

(1) Los integrantes de la rueda de detenidos tendrán apariencia física similar a la del menor sospechoso con respecto a edad, sexo, color, raza y, hasta donde sea posible, su estatura, peso y vestimenta deben guardar relación con la del menor sospechoso.

(2) En ningún caso habrá más de un menor sospechoso en cada rueda de detenidos.

(3) No se permitirán indicios visibles que de manera ostensible señalen al menor dentro de la rueda de detenidos como el sospechoso o detenido.

(d) Procedimiento en la rueda de detenidos En el procedimiento de la rueda de detenidos se observarán las siguientes normas:

(1) No se permitirá que los testigos vean al menor sospechoso ni a los demás integrantes de la rueda de detenidos con anterioridad al acto.

(2) No se le dará ninguna información sobre los componentes de la rueda.

(3) Si dos o más testigos fueran a participar como identificantes no se permitirá que se comuniquen entre sí durante el procedimiento de identificación y cada uno hará la identificación por separado.

(4) El testigo observará la rueda y con la mínima intervención de los agentes o funcionarios del orden público identificará de manera positiva al autor de la falta cometida, si éste se encuentra en la rueda.

(5) Si al menor sospechoso se le requiere que diga alguna frase, haga algún movimiento o vista algún atavío, se le requerirá a los demás integrantes que expresen y actúan o vistan de manera similar.

(6) En ningún caso se le sugerirá al testigo, ya sea expresamente o de cualquier otra forma, cuál es la persona que deba seleccionar.

(e) Récord de los procedimientos En todo procedimiento efectuado de acuerdo con esta regla, se levantará una breve acta, la cual será preparada por el encargado de la rueda. El acta incluirá el nombre de los integrantes de la rueda, el nombre de las demás personas presentes y un resumen sucinto de los procedimientos observados. Deberá, además, tomarse cuantas veces fuere necesario para su claridad una fotografía de la rueda tal y como fue presentada a los testigos. El acta levantada, las fotografías tomadas y sus negativos formarán parte del expediente del Procurador y estarán sujetos a las disposiciones de las [34 LPRA secs. 2201 et seq.] de este título y de estas reglas.

(Junio 19, 1987, Núm. 33, Regla 6.7; Enmendada en Junio 19, 1987, Núm. 33, p. 112, art. 1.)

Regla 6.8. Moción para solicitar suspensión.

Toda moción de suspensión se hará por escrito, con por lo menos cinco (5) días de antelación a la fecha de la vista señalada. La misma expondrá los fundamentos para la solicitud y ofrecerá no menos de tres (3) fechas disponibles para el nuevo señalamiento.

El tribunal denegará de plano toda moción que no cumpla con lo anterior. Unicamente podrá formularse en el acto de la vista si está fundada en circunstancias extraordinarias no anticipables y fuera del control del promovente.

Si el tribunal accede a la solicitud, emitirá resolución expresando los fundamentos para su concesión y señalará la vista para la próxima fecha hábil en el calendario.

(Junio 19, 1987, Núm. 33, Regla 6.8.)

Regla 6.9. Moción de supresión de evidencia.

El menor afectado por un allanamiento o registro ilegal podrá solicitar del tribunal la supresión de cualquier evidencia obtenida en virtud de tal allanamiento o registro, o la devolución de la propiedad, por cualquiera de los siguientes fundamentos:

(a) Que la propiedad fue ilegalmente ocupada sin orden de allanamiento o registro.

(b) Que la orden de allanamiento o registro es insuficiente de su propia faz.

(c) Que la propiedad ocupada o la persona o sitio registrado no corresponden a la descripción hecha en la orden de allanamiento o registro.

(d) Que no había causa probable para creer en la existencia de los fundamentos de la orden de allanamiento o registro.

(e) Que la orden de allanamiento fue librada o cumplimentada ilegalmente.

(f) Que es insuficiente cualquier declaración jurada que sirvió de base a la expedición de la orden de allanamiento porque lo afirmado bajo juramento en la declaración es total o parcialmente falso.

(g) Cualquier otra causa que en derecho se reconozca como resultante en la ilegalidad del registro o allanamiento.

El tribunal oirá prueba sobre cualquier cuestión de hecho necesaria para la resolución de la solicitud. De declararse con lugar la moción, la propiedad será devuelta, si no hay fundamento legal que lo impida, y no será admisible en evidencia en ninguna vista. La moción se radicará con cinco (5) días de antelación a la vista adjudicativa, a menos que no haya oportunidad para ello o que al menor no le consten los fundamentos de la moción, o que la ilegalidad de la obtención de la evidencia surja de la prueba del Procurador durante la vista adjudicativa.

(Junio 19, 1987, Núm. 33, Regla 6.9.)

Regla 6.10. Moción de inhibición.

El Procurador o el menor podrán solicitar, por escrito y bajo juramento, la inhibición del Juez por cualquiera de los siguientes fundamentos:

(a) Que el Juez haya sido Procurador o abogado de defensa del menor.

(b) Que el Juez haya actuado como magistrado a los fines de emitir la orden de aprehensión, de detención provisional o de citación, o a los fines de determinar causa probable para la radicación de la querella.

(c) Que el Juez tenga interés en el resultado del caso.

(d) Que el Juez tenga opinión formada o prejuicio a favor o en contra de cualquiera de las partes, o haya prejuzgado el caso.

(e) Que el Juez tenga relación de parentesco por consanguinidad o afinidad dentro del cuarto grado con el menor, con la víctima de la falta imputada o con el abogado defensor o el Procurador.

(f) Que el Juez sea testigo esencial en el caso.

El Juez cuya inhibición se solicite no conocerá de la misma y ésta será dilucidada ante otro juez.

Nada de lo aquí dispuesto impedirá a un juez inhibirse a instancia propia por cualquier causa justificada.

(Junio 19, 1987, Núm. 33, Regla 6.10.)

Regla 6.11. Conferencia con antelación a la vista adjudicativa.

El tribunal, por iniciativa propia o a solicitud del menor o del Procurador, podrá disponer la celebración de una o más conferencias para considerar cualesquiera asuntos susceptibles de resolverse o estipularse antes de la vista adjudicativa.

(Junio 19, 1987, Núm. 33, Regla 6.11.)

Regla 7.1. Vista; términos para su celebración; derechos del menor.

La vista adjudicativa se celebrará dentro de los sesenta (60) días posteriores a la determinación de causa probable si el menor está bajo la custodia de sus padres o persona responsable, o dentro de treinta (30) días si está detenido en un centro de detención, a menos que la demora se deba a solicitud del menor, sus padres o encargados, o que exista justa causa para ello. El Juez que presida la vista deberá ser distinto del que presidió la vista de determinación de causa probable.

El menor tendrá derecho a estar representado por abogado - de carecer de medios económicos, el tribunal deberá asignarle uno - a contrainterrogar a los testigos y a presentar prueba a su favor. Se aplicarán las Reglas de Evidencia, Ap. IV del Título 32, y el Procurador deberá probar sus alegaciones más allá de duda razonable.

Se presumirá inocente al menor mientras no se pruebe lo contrario y en caso de existir duda razonable sobre la comisión de la falta imputada y de que el menor la cometió, se le declarará no incurso.

(Junio 19, 1987, Núm. 33, Regla 7.1.)

Regla 7.2. Lectura de la querella; advertencia al menor; vista en ausencia del menor.

(a) Al iniciarse la vista adjudicativa, el tribunal procederá a dar lectura a la querella a no ser que el menor renuncie a la lectura de ésta. El menor y sus padres o encargados deberán estar presentes en la lectura de la querella y durante los procedimientos.

(b) En el momento de la lectura de la querella, el tribunal apercibirá al menor que de ausentarse de la vista o no comparecer a la continuación de ésta, los procedimientos continuarán en su ausencia hasta la disposición final del caso y que su ausencia será considerada como una renuncia a estar presente en las etapas posteriores del procedimiento.

Si el menor se ausenta de la vista, el tribunal, luego de indagar y determinar que la ausencia es voluntaria, podrá continuar con los procedimientos en su ausencia hasta la disposición final del caso siempre que el menor esté representado por abogado y estén presentes sus padres o encargados o defensor judicial si estos últimos interesan estar presentes.

(Junio 19, 1987, Núm. 33, Regla 7.2.)

Regla 7.3. Alegaciones.

El menor formulará alegación que niegue o admita los hechos. Si el menor se niega a hacer alegación, o si el tribunal determinare que el menor se encuentra ausente voluntariamente se procederá como si éste hubiera negado los hechos.

(Junio 19, 1987, Núm. 33, Regla 7.3.)

Regla 7.3-A Alegaciones Pre-Acordadas

(1) En todos aquellos casos en que mediare alegaciones pre-acordadas entre la defensa del querellado y el Procurador para Asuntos de Menores se seguirá el procedimiento contemplado en la Regla 72 de las de Procedimiento Criminal en todo aquello que no sea incompatible con la "Ley de Menores de Puerto Rico" y estas reglas.

(2) Al decidir sobre si debe aceptar una alegación de un incurso de un menor, que sea consecuencia de una alegación pre-acordada, el Juez del Tribunal de Menores deberá cerciorarse de que ha sido hecha con conocimiento pleno, conformidad y voluntariedad del querellado, que se le ha explicado a éste sus derechos y las implicaciones de tal alegación, que estuvo acompañado por sus padres o algún adulto interesado en su bienestar, que es conveniente a la sana administración de la justicia y que fue lograda conforme a derecho y a la ética que se requiere del abogado defensor y del Procurador.

(Junio 19, 1987, Núm. 33; Adicionado como art. 7.3-A en Abril 2, 2007, Núm. 30, art. 2.)

Regla 7.4. Alegación que admita los hechos; negativa del tribunal a admitirlos; permiso para cambiarlos.

El tribunal podrá negarse a recibir una alegación del menor en la que admita los hechos y ordenar que se anote alegación negándolos. En cualquier momento antes de la adjudicación del caso, podrá permitir que la alegación admitiendo los hechos se retire y que se sustituya por una alegación que niegue los hechos o por una que admita la comisión de una falta inferior a la imputada.

(Junio 19, 1987, Núm. 33, Regla 7.4; Enmendada en Junio 19, 1987, Núm. 33, p. 112, art. 1.)

Regla 7.5. Alegación que admita los hechos; deber del tribunal.

El tribunal no aceptará la alegación del menor en la que admita los hechos sin determinar primeramente que la misma se hace voluntariamente, con conocimiento de la naturaleza de la falta imputada y de las consecuencias de dicha alegación. El tribunal deberá, además, hacerle las siguientes advertencias:

(a) De su derecho a estar representado por abogado en todas las etapas del proceso y a que, de carecer de medios económicos, el tribunal le asignará uno para que lo represente.

(b) De su derecho a que se le presuma inocente, mientras no se pruebe lo contrario y a que el Procurador tiene que probar los hechos imputados más allá de duda razonable.

(c) De su derecho a no declarar y a que se le citen testigos para su defensa.

(Junio 19, 1987, Núm. 33, Regla 7.5.)

Regla 7.6. Orden de la prueba.

El Procurador iniciará la vista adjudicativa, expresando oralmente ante el tribunal la naturaleza de la falta que intenta probar, las circunstancias en que se cometió, los medios de prueba para justificar la querella y ofrecerá la prueba que tenga en apoyo de ésta. Luego el representante legal del menor expondrá en forma concisa los medios de defensa y presentará la prueba que tenga en su apoyo. El Procurador y el menor imputado podrán, en ese orden, presentar únicamente prueba en refutación de la originalmente presentada, a menos que el tribunal entienda que existen razones en pro de la justicia para permitir ofrecer evidencia adicional sobre la falta imputada.

(Junio 19, 1987, Núm. 33, Regla 7.6.)

Regla 7.7. Absolución perentoria.

El tribunal, a instancia propia o a instancia del menor, lo declarará no incurso en la falta o faltas imputadas en la querella, si luego de presentada la prueba de una o de ambas partes, la misma fuera insuficiente para sostener la comisión de esa falta.

(Junio 19, 1987, Núm. 33, Regla 7.7.)

Regla 7.8. Adjudicación del caso.

Luego de presentada la prueba y concluidos los informes de las partes, el tribunal emitirá inmediatamente su decisión a menos que, por entenderlo necesario, se reserve su fallo, y en ese caso, salvo renuncia expresa del menor o su abogado de estar el menor ausente, deberá emitirlo dentro de los dos (2) días posteriores a la terminación de la vista adjudicativa.

Si el tribunal determina que el menor no ha incurrido en falta y dicho menor se encuentra detenido ordenará inmediatamente su libertad a menos que deba continuar detenido en virtud de una orden válida dictada en otro procedimiento.

(Junio 19, 1987, Núm. 33, Regla 7.8; Enmendada en Junio 19, 1987, Núm. 33, p. 112, art. 1.)

Regla 7.9. Moción de nueva vista adjudicativa.

Un menor que padezca de sordera profunda, severa, moderada o leve, o que refleje cualquier otra situación de hipoacusia o condición que le impida comunicarse efectivamente, podrá presentar una moción de nueva vista adjudicativa al amparo de las disposiciones establecidas en la Regla 188 de las Reglas de Procedimiento Criminal, según enmendadas, si en la vista adjudicativa que sirvió de base para la adjudicación del caso no se le proveyó un intérprete de lenguaje de señas, labio lectura, o algún otro acomodo razonable que garantizara la efectividad de la comunicación.

(Junio 19, 1987, Núm. 33; Adicionado como art. 7.9 en Agosto 6, 2018, Núm. 174, art. 22, efectiva 180 días después de su aprobación.)

Regla 8.1. Disposición del caso; término.

La vista dispositiva es aquella en la cual el tribunal impone la medida dispositiva. Se celebrará al concluir la vista adjudicativa, excepto si el tribunal, a solicitud del menor o del Procurador, la señale para una fecha posterior. En tal caso, la vista se celebrará dentro de los tres (3) días siguientes a la fecha en que el tribunal emitió el fallo, excepto si el menor renuncia a ello. Cuando se concede la posposición, el tribunal ordenará que el menor permanezca bajo las mismas condiciones que le fueron impuestas al concluir la vista de causa probable para la presentación de la querella. A solicitud del menor o del Procurador, el tribunal podrá modificar dichas condiciones. El juez deberá tener ante sí un informe social antes de disponer del caso de un menor encontrado incurso. Este informe social permanecerá fuera del expediente del tribunal, bajo la custodia del Especialista en Relaciones de Familia hasta tanto el Tribunal adjudique el caso. Una vez el tribunal haga una determinación de incurso, o el(la) menor realice alegación de incurso, se procederá a notificar a la unidad social para que el Especialista en Relaciones de Familia comparezca llevando consigo el informe social debidamente realizado. El informe social se anejará al expediente del tribunal de modo que el tribunal pueda imponer la medida dispositiva conforme a las recomendaciones del Especialista en Relaciones de Familia. Dicho informe deberá estar disponible en la División Social y podrá ser examinado con antelación a la Vista Adjudicativa por el Procurador de Menores y la representación legal del(de la) menor.

(Junio 19, 1987, Núm. 33, Regla 8.1; Junio 19, 1987, Núm. 33, p. 112, art. 1, enmienda en términos generales; Junio 24, 2022, Núm. 47, sec. 17, enmienda en términos generales.)

Regla 8.2. Procedimiento en la vista dispositiva.

En la vista dispositiva estarán presentes el menor, su abogado, sus padres, encargados o defensor judicial y el Procurador. El tribunal podrá permitir tanto al Procurador como al abogado del menor, presentar evidencia escrita o testifical relacionada con la medida más adecuada. Podrá también permitir que éstos cuestionen el contenido de cualquier documento presentado en evidencia y que interroguen a las personas responsables de someter cualquier informe al tribunal.

(Junio 19, 1987, Núm. 33, Regla 8.2.)

Regla 8.3. Informe para la disposición del caso.

El tribunal, antes de disponer del caso, deberá tener ante sí un estudio social que incluirá los datos relacionados con el menor, sus familiares, sus circunstancias y cualesquiera otra información que le permita hacer una disposición adecuada, que responda a los mejores intereses del menor y a la protección de la comunidad.

Los especialistas y técnicos de relaciones de familia y otros peritos adscritos al tribunal llevarán a cabo las investigaciones, exámenes, evaluaciones y estudios necesarios para suministrar y preparar los informes sociales que se requieran para la más adecuada disposición. Actuarán bajo la autoridad del tribunal y a tales efectos, previa autorización, podrán someter al menor a los estudios físicos y mentales necesarios. De los padres o encargados o defensor judicial negarse a suministrar la información necesaria para el estudio social, podrán ser procesados por desacato.

Si los padres o encargados o defensor judicial se oponen a que el menor sea sometido a estos exámenes, se procederá a celebrar una vista donde expondrán sus razones. Si en la misma no justifican su oposición, el tribunal en el ejercicio de su poder de parens patriae podrá ordenar que el menor se someta a los exámenes necesarios.

(Junio 19, 1987, Núm. 33, Regla 8.3.)

Regla 8.4. Medida dispositiva.

La medida dispositiva podrá ser nominal, condicional o de custodia. Cuando la medida impuesta sea condicional o de custodia, deberá disponer el término de duración conforme a lo establecido en la sec. 2227 de este título y los fundamentos que la sostienen. El tribunal deberá considerar aquellos criterios que permitan individualizar las necesidades del menor.

(Junio 19, 1987, Núm. 33, Regla 8.4.)

Regla 8.5. Duración de la medida dispositiva.

(a) El término que disponga el tribunal podrá ser hasta el máximo dispuesto por ley o podrá ser un término inferior. El término máximo dispuesto por ley podrá ser extendido si concurren las circunstancias contempladas por las secs. 2201 et seq. de este título.

(b) La medida dispositiva cesará cuando medien cualesquiera de las siguientes circunstancias:

(1) Se cumpla con el máximo dispuesto por ley excepto si concurren las circunstancias a las que se alude en la sec. 2229 de este título;

(2) el menor cumpla la edad de veintiún (21) años, o

(3) cuando se considere que el menor se ha rehabilitado.

(c) Si la medida a imponerse en aquellas faltas Clase II o Clase III fuere una de custodia, el tribunal al imponer dicho término descontará el tiempo que el menor hubiere permanecido en detención provisional. En ningún caso se impondrá una medida dispositiva de custodia bajo el Secretario del Departamento de Corrección y Rehabilitación cuando el menor sea incurso únicamente por faltas Clase I.

(Junio 19, 1987, Núm. 33, Regla 8.5; Junio 24, 2022, Núm. 47, sec. 18, enmienda el inciso (c) en términos generales.)

Regla 8.6. Términos concurrentes o consecutivos.

Al imponer la medida dispositiva, el tribunal deberá hacer constar en su resolución si el término de custodia o supervisión impuesto ha de ser consecutivo o concurrente con cualesquiera otros términos impuestos. De omitir dicha indicación, el término se entenderá concurrente con cualesquiera otros que imponga como parte de su resolución o con cualesquiera otros ya impuestos al menor anteriormente.

(Junio 19, 1987, Núm. 33, Regla 8.6.)

Regla 8.7. Disposición y adjudicación mediante resolución.

La resolución sobre adjudicación y disposición se redactará en lenguaje sencillo y contendrá las determinaciones del tribunal y las medidas que habrán de adoptarse con relación al menor.

(Junio 19, 1987, Núm. 33, Regla 8.7.)

Regla 8.8. Informes sobre el progreso del menor en libertad condicional.

El especialista o el técnico en relaciones de familia someterá al tribunal informes de evaluación de cada menor encomendado a su supervisión dentro de los términos que éste le especifique. Estos informes contendrán las recomendaciones sobre los cambios deseables en las condiciones dispuestas en la resolución, para efectos de su extensión, modificación o cese, de acuerdo con los logros obtenidos en el proceso rehabilitativo.

(Junio 19, 1987, Núm. 33, Regla 8.8.)

Regla 8.9. Informes sobre el progreso del menor bajo custodia.

El director de la institución u organismo público o privado que tenga la custodia del menor rendirá los informes periódicos de evaluación con la información y en el término en que le sean requeridos por el tribunal. Estos informes contendrán las recomendaciones pertinentes en cuanto a extensión, modificación o cese de la medida dispositiva impuesta, de acuerdo con los logros obtenidos en el proceso rehabilitativo. De igual forma, será su deber rendirle un informe de evaluación al tribunal cuando se presente una solicitud de revisión, modificación o cese de la medida dispositiva.

Cuando el jefe de la agencia u organismo público o privado recomiende el egreso del menor, deberá incluir en su informe un plan para el egreso de éste y su reincorporación a la comunidad.

Los informes de evaluación contendrán información sobre la condición, progreso físico, emocional y moral del menor, así como de los servicios ofrecidos.

(Junio 19, 1987, Núm. 33, Regla 8.9.)

Regla 8.10. Informe a ser suministrado a organismos públicos o privados.

El Juez que dicte resolución en la que disponga el ingreso de un menor en una institución ordenará que, dentro de los diez (10) días siguientes a la fecha de dictada, se remita al organismo público o privado un resumen de la información que obre en poder del tribunal relacionada con el menor.

(Junio 19, 1987, Núm. 33, Regla 8.10.)

Regla 8.11. Revisión periódica de la medida dispositiva.

El tribunal, previa notificación y vista, se pronunciará periódicamente sobre la extensión, modificación o cese de la medida dispositiva. En los casos de faltas Clase I, la revisión se efectuará cada tres (3) meses y en los de faltas Clases II y III, cada seis (6) meses, sin menoscabo de poder hacerlo en cualquier momento a solicitud de parte interesada.

Al revisar la medida dispositiva, el tribunal tomará en consideración los informes que tuviere ante sí así como cualquier otra prueba que se presente en la vista y procederá a dictar resolución para mantener, extender, modificar o terminar la misma.

(Junio 19, 1987, Núm. 33, Regla 8.11.)

Regla 8.12. Modificación de la medida dispositiva.

El menor, sus padres, encargados o representante legal, o las personas bajo cuya custodia o supervisión se encuentre el menor, podrán radicar petición fundamentada ante el tribunal solicitando la modificación de la medida dispositiva.

Toda solicitud para que se modifique una medida dispositiva deberá ser notificada al menor, sus padres o encargados, al Procurador y al director del organismo público o privado que tuviese la custodia del menor.

Si el tribunal entiende que la solicitud aduce fundamentos suficientes, ordenará al técnico o al especialista en relaciones de familia que realice una investigación sobre lo alegado en la solicitud y rinda un informe al efecto. Se señalará una vista, con notificación a todos los interesados, para recibir prueba. Una vez celebrada dicha vista, el tribunal resolverá si modifica la medida dispositiva.

Al modificar la medida dispositiva de custodia por una condicional, el término de la duración de la nueva medida no excederá el máximo dispuesto en la medida de custodia. El tiempo que el menor permaneció bajo custodia se descontará totalmente del término que deba cumplir al serle impuesta la nueva medida dispositiva.

(Junio 19, 1987, Núm. 33, Regla 8.12.)

Regla 8.13. Revocación de la medida dispositiva.

(a) Cuando a juicio del técnico o especialista de relaciones de familia a cargo de la supervisión de un menor éste ha violado alguna de las condiciones de la medida condicional, o si hubiere motivos para creer que su conducta es incompatible con la debida seguridad de la comunidad, lo notificará al Procurador, quien iniciará el procedimiento de revocación de libertad condicional.

(b) El Procurador radicará ante el juez correspondiente una petición fundamentada de revocación de libertad condicional.

(c) Entrevista ex parte inicial Al recibir la petición, el Juez celebrará una entrevista ex parte inicial para determinar si existe causa probable para creer que el menor ha incurrido en conducta que amerite la revocación de la medida condicional. Al concluir la entrevista el Juez expedirá la orden de citación o detención, según determine.

La determinación del Juez de detener o citar en esta etapa se fundará entre otras consideraciones, en la entrevista con el especialista o técnico de relaciones de familia y el examen del informe, la gravedad de las condiciones alegadamente incumplidas, el expediente legal, la conducta observada durante la probatoria y otras circunstancias pertinentes. La orden de detención o citación que expida el Juez en esta etapa de los procedimientos deberá incluir una relación de los procedimientos celebrados, una descripción concisa y clara de las alegadas violaciones a las condiciones de probatoria y consignará la fecha de la vista sumaria inicial o de la vista en su fondo de revocación de la medida condicional, según sea el caso.

De ordenarse la detención del menor, éste deberá ser llevado en un plazo no mayor de setenta y dos (72) horas contado desde su detención ante el Juez correspondiente para la celebración de una vista sumaria inicial.

Al concluir la vista el Juez expedirá la orden de citación o de detención según sea el caso.

(d) Vista sumaria inicial El tribunal celebrará una vista sumaria inicial para determinar si procede la revocación provisional y la detención del menor hasta la celebración de la vista en su fondo. El menor tendrá derecho a representación legal, a ser oído y a presentar prueba a su favor. Podrá a su vez confrontar al técnico o especialista de relaciones de familia promovente y a los testigos adversos disponibles en esta etapa. El peso de la prueba corresponderá al Procurador.

La vista será de carácter informal y las Reglas de Evidencia, Ap. IV del Título 32, se aplicarán flexiblemente de modo que no desnaturalicen u obstaculicen el procedimiento. Si a juicio del Juez ante el cual se radicó la petición se determina que existe causa probable ordenará la revocación provisional de los beneficios de la libertad condicional y notificará la orden de detención del menor.

El tribunal hará por escrito una relación sucinta de los procedimientos y de su decisión, con notificación al menor probando y al Procurador.

(e) Vista final El tribunal celebrará una vista final sobre revocación de la medida condicional. Salvo justa causa, la vista final sobre revocación de la medida condicional deberá celebrarse dentro de los treinta (30) días posteriores a partir de la fecha de la vista sumaria inicial.

(1) El menor será notificado por escrito con suficiente antelación de las alegadas violaciones a la libertad condicional de forma que pueda prepararse adecuadamente. Sujeto a lo dispuesto en la Regla 10.2(b) de este apéndice podrá confrontar la prueba testifical en su contra y presentar prueba a su favor.

(2) El peso de la prueba corresponde al Procurador. La decisión del tribunal, fundada en la preponderancia de la prueba, se hará por escrito y especificará, las determinaciones de hechos, la prueba que los sustenta y los fundamentos de su resolución.

(3) El tribunal podrá consolidar la vista sumaria inicial con la vista final, cuando la vista inicial se suspendiera a petición o por causas atribuibles al menor probando, a solicitud de su abogado, o cuando el Procurador no solicite o no logre obtener la detención del probando. En este último supuesto la vista final de revocación se notificará con no menos de treinta (30) días de antelación a la fecha de la celebración de la misma.

(4) La vista sumaria inicial y la vista final deben dilucidarse ante distintos jueces. La vista final puede ser ventilada ante el mismo juez que impuso la medida condicional.

(f) Cuando el tribunal ordene la revocación de la libertad condicional, impondrá la medida de custodia correspondiente a la falta cometida, según lo dispuesto en la [34 LPRA sec. 2227] de este título. No se tomará en consideración el término cumplido por el menor en libertad condicional.

(Junio 19, 1987, Núm. 33, Regla 8.13; Enmendada en Junio 19, 1987, Núm. 33, p. 112, art. 1.)

Regla 8.14. En general.

En los casos en que el menor sea declarado incurso en violación a las secs. 5001 et seq. del Título 9, el tribunal podrá imponer las medidas dispuestas por dichas secciones, o podrá imponer cualquiera de las medidas dispositivas contempladas en las secs. 2201 et seq. de este título para las faltas Clase I.

El tribunal podrá, además, suspender al menor la licencia para conducir vehículos de motor y ordenar cualquier otra medida administrativa de las provistas en las [9 LPRA secs. 5001 et seq.] del Título 9.

(Junio 19, 1987, Núm. 33, Regla 8.14.)

Regla 8.15. Pago de multas.

El menor vendrá obligado a satisfacer cualquier multa y las costas en un término establecido por el Tribunal que no será menor de 30 días a partir de su imposición.

(Junio 19, 1987, Núm. 33, Regla 8.15; Junio 24, 2014, Núm. 68, art. 3, enmienda para incluir el término no menor de 30 días.)

Regla 8.16. Falta de pago de multa.

Si el menor dejare de satisfacer la multa impuesta, el tribunal podrá aplicar una de las medidas dispositivas fijadas por ley para las faltas Clase I.

(Junio 19, 1987, Núm. 33, Regla 8.16.)

Regla 8.17. Faltas administrativas.

Las infracciones denominadas faltas administrativas que se imputen a un menor se tramitarán según el procedimiento dispuesto en las [9 LPRA secs. 5001 et seq.] del Título 9.

Las sanciones administrativas constituirán un gravamen sobre el vehículo envuelto, anotándose el mismo en el Departamento de Transportación y Obras Públicas hasta que se satisfaga la multa impuesta.

(Junio 19, 1987, Núm. 33, Regla 8.17.)

Regla 8.18. Recurso de revisión.

El menor a quien se le expida un boleto por una falta administrativa de tránsito podrá radicar recursos de revisión al amparo de la Ley de Vehículos y Tránsito de Puerto Rico en la Sala de Menores correspondientes al lugar donde ocurrió la falta, ello dentro del término dispuesto en dicha ley.

La solicitud debe ser notificada al Procurador de forma simultánea con la fecha de radicación. El tribunal considerará el recurso dentro del término más breve posible. Celebrada la vista, si el tribunal entiende que el menor no cometió la falta imputada lo exonerará y ordenará al Departamento de Transportación y Obras Públicas que elimine el gravamen sobre el vehículo involucrado o sobre la licencia de conducir del menor, según corresponda.

(Junio 19, 1987, Núm. 33, Regla 8.18; Enmendada en Julio 27, 1996, Núm. 87, art. 1.)

Regla 9.1. Recursos ante el Tribunal Supremo.

(1) Las órdenes y resoluciones finales dictadas por el Tribunal de Primera Instancia de conformidad con las secs. 2201 et seq. de este título, conocidas como "Ley de Menores de Puerto Rico", podrán ser apeladas ante el Tribunal de Circuito de Apelaciones, excepto cuando la resolución final se base en una alegación del menor admitiendo los hechos, en cuyo caso procederá únicamente el recurso de certiorari , a ser expedido por el Tribunal de Circuito de Apelaciones a su discreción. Las órdenes y resoluciones interlocutorias podrán ser revisadas ante el Tribunal de Circuito de Apelaciones mediante recursos de certiorari promovido por el menor o el Procurador. En la interposición de estos recursos deberán regir las reglas adoptadas por el Tribunal Supremo de Puerto Rico, sujeto a las siguientes normas:

(a) Se revisará la orden o resolución a nombre del menor y a instancia de su padre, tutor, encargado, persona interesada o del director del departamento o agencia encargada de su custodia.

(b) 1. La apelación se formalizará presentando un escrito de apelación conforme a lo dispuesto en la "Ley de la Judicatura de 2003", Ley Núm. 201 de 22 de agosto de 2003, según enmendada, y dentro de los treinta (30) días siguientes a la fecha en que se dictó la resolución que dispuso del caso. Este término es jurisdiccional. Si la fecha de archivo en autos de copia de la notificación de la resolución u orden es distinta a la del depósito en el correo de dicha notificación, el término se calculará a partir de la fecha del depósito en el correo. VER Art. 4.06 Ley Judicatura 2003

2. El recurso de certiorari de una resolución final dictada por el Tribunal de Primera Instancia a base de una alegación del menor admitiendo los hechos, se formalizará presentando un recurso o petición de certiorari conforme a lo dispuesto en la "Ley de la Judicatura de 2003", Ley Núm. 201 de 22 de agosto de 2003, según enmendada, y dentro de los treinta (30) días siguientes a la fecha en que se dictó la resolución que dispuso del caso. Este término es jurisdiccional. Si la fecha de archivo en autos de copia de la notificación de la resolución u orden es distinta a la del depósito en el correo de dicha notificación, el término se calculará a partir de la fecha del depósito en el correo.

Si cualquier parte solicitare la reconsideración de la resolución final dentro del término improrrogable de quince (15) días desde que la misma fue dictada, el término para radicar el escrito de apelación o certiorari quedará interrumpido y el mismo comenzará a partir de la fecha en que se archive en autos la notificación de la resolución del tribunal adjudicando la moción de reconsideración. Si la fecha de archivo en autos de copia de la notificación de la resolución es distinta a la del depósito en el correo de dicha notificación, el término se calculará a partir de la fecha del depósito en el correo.

3. La solicitud de certiorari para revisar las órdenes y resoluciones interlocutorias dictadas por el Tribunal de Primera Instancia se formalizará presentando un escrito de certiorari conforme a lo dispuesto en la "Ley de la Judicatura de 2003", Ley Núm. 201 de 22 de agosto de 2003, según enmendada, y dentro de los treinta (30) días siguientes a la fecha en que se notificó la orden o resolución. Este término es de cumplimiento estricto, excepto cuando mediaren circunstancias especiales debidamente sustentadas en la petición de certiorari. La presentación de una moción de reconsideración no interrumpirá el término para solicitar un auto de certiorari bajo este subinciso a menos que el Tribunal de Primera Instancia acoja la moción dentro del término de treinta (30) días dispuesto en este inciso para solicitar un auto de certiorari. Si la fecha de archivo en autos de copia de la notificación de la resolución u orden es distinta a la del depósito

en el correo de dicha notificación, el término se calculará a partir de la fecha del depósito en el correo.

4. El escrito de apelación o certiorari se notificará al Procurador General de Puerto Rico directamente y al Procurador para Asuntos de Menores, y en su caso al menor y al director del organismo público o privado bajo cuya custodia se encontrare el menor y a cualquier parte inventora. También se notificará el escrito al tribunal recurrido o al Tribunal de Circuito de Apelaciones, según corresponda dependiendo del lugar de su presentación y de acuerdo a lo dispuesto en el Plan de Reorganización Núm. 1 de la Rama Judicial, aprobado el 28 de julio de 1994, según enmendado, conocido como la "Ley de la Judicatura de 1994". La falta de notificación del escrito al tribunal correspondiente o a las partes será motivo para la desestimación del recurso.

(2) (a) El recurso de certiorari ante el Tribunal Supremo para revisar las sentencias en recursos de apelación emitidas por el Tribunal de Apelaciones deberá ser presentado en la secretaría del Tribunal Supremo dentro del término jurisdiccional de treinta (30) días contados desde la fecha del archivo en autos de copia de la notificación de la sentencia recurrida. Si la fecha de archivo en autos de copia de la notificación de la resolución u orden es distinta a la del depósito en el correo de dicha notificación, el término se calculará a partir de la fecha del depósito en el correo.

(b) El recurso de certiorari ante el Tribunal Supremo para revisar las demás sentencias o resoluciones finales del Tribunal de Apelaciones en recursos de certiorari deberá ser presentado en la secretaría del Tribunal Supremo dentro del término de treinta (30) días contados desde la fecha del archivo en autos de copia de la notificación del dictamen recurrido. El término aquí dispuesto es de cumplimiento estricto, prorrogable sólo cuando mediaren circunstancias especiales debidamente sustentadas en la solicitud de certiorari. Si la fecha de archivo en autos de copia de la notificación de la resolución u orden es distinta a la del depósito en el correo de dicha notificación, el término se calculará a partir de la fecha del depósito en el correo.

(c) La parte adversamente afectada por una resolución final o sentencia del Tribunal de Apelaciones podrá, dentro del término improrrogable de quince (15) días desde la fecha del archivo en los autos de una copia de la notificación de la resolución o sentencia, presentar una moción de reconsideración. El término para recurrir al Tribunal Supremo comenzará a contarse de nuevo a partir del archivo en autos de copia de la notificación de la resolución o sentencia del Tribunal de Apelaciones resolviendo definitivamente la moción de reconsideración. Si la fecha de archivo en autos de copia de la notificación de la resolución u orden es distinta a la del depósito en el correo de dicha notificación, el término se calculará a partir de la fecha del depósito en el correo.

(3) La interposición de un recurso de apelación o certiorari no suspenderá los efectos de la orden o resolución a que el recurso se refiera a menos que el Tribunal Supremo de Puerto Rico o el Tribunal de Circuito de Apelaciones decreten lo contrario.

(4) Las decisiones del Tribunal Supremo de Puerto Rico y del Tribunal de Circuito de Apelaciones omitirán el nombre y apellidos del menor y de todas las personas afectadas, y cualquier otro dato por el cual pueda identificarse el menor o las personas afectadas, pero podrán utilizarse las letras del nombre o cualquier nombre ficticio.

(Junio 19, 1987, Núm. 33, Regla 19.1; Enmendada en Julio 27, 1996, Núm. 88, art. 1; Febrero 26, 2010, Núm. 21, art. 1, efectiva 30 días después de su aprobación.)

Nota Importante

Enmienda

-2010, ley 21 – Esta ley 21 enmienda esta regla en los subincisos 1(b)(1)(2) y (3) y los subincisos 2(a), (b) y (c), efectiva 30 días después de su aprobación.)

Regla 10.1. Expediente judicial.

A todo menor a quien se le radique una querella se le abrirá un expediente judicial que constará de dos (2) partes: una legal y otra social.

En la parte legal se archivará el original de la querella, el certificado de nacimiento del menor, las citaciones, las resoluciones y órdenes que dicte el tribunal, las alegaciones y cualesquiera otros escritos o mociones relacionados con el caso, así como todo documento presentado en evidencia, incluyendo los informes de los peritos. En la parte social se archivarán los informes sometidos por el especialista y técnico en relaciones de familia al tribunal sobre el estudio social y la supervisión del menor y cualesquiera otros informes de evaluación del menor.

El expediente judicial será acumulativo y estará bajo la custodia del secretario del tribunal.

(Junio 19, 1987, Núm. 33, Regla 10.1.)

Regla 10.2. Confidencialidad del expediente judicial.

(a) Excepto en cuanto a lo dispuesto en la Regla 4.5 de este apéndice, el expediente judicial será confidencial. Podrá ser examinado únicamente por el Procurador, por el abogado de récord del menor o por los funcionarios del tribunal en el sitio y hora designados.

(b) Se mantendrá como confidencial aquella información que hubiere sido prestada por personas particulares que requieren dicha garantía. Del tribunal estimarlo necesario, ordenará a la defensa y al Procurador que se abstengan de divulgar tal información al menor, a sus padres o encargados cuando pueda ser perjudicial bajo apercibimiento de desacato y otras medidas disciplinarias.

(c) También el tribunal en el ejercicio de su poder de parens patriae adoptará aquellas medidas cautelares para evitar que información potencialmente perjudicial al bienestar físico y mental del menor sea divulgada a éste, sus padres, encargados o defensor judicial.

(Junio 19, 1987, Núm. 33, Regla 10.2.)

Regla 10.3. Información sobre los expedientes.

Los expedientes no estarán sujetos a inspección por el público, excepto que el tribunal conceda permiso a los funcionarios del Tribunal General de Justicia en sus gestiones oficiales, o a personas de acreditada reputación profesional o científica y éstos prueben por escrito la necesidad de, o el interés en obtener información para realizar sus labores oficiales, estudios o trabajos. La información siempre será brindada bajo las condiciones que el Juez establezca.

(Junio 19, 1987, Núm. 33, Regla 10.3.)

Regla 10.4. Confidencialidad de los expedientes del Procurador y de la Policía.

Los expedientes de menores en poder del Procurador y de la Policía serán confidenciales. Los expedientes de menores en poder de la Policía se mantendrán en archivos separados de los de adultos.

(Junio 19, 1987, Núm. 33, Regla 10.4.)

Regla 10.5. Traslado de expedientes; de una sala a otra.

(a) El expediente de un menor a quien indebidamente se le haya instado un proceso como adulto será remitido al Procurador para los trámites posteriores.

(b) Cualquier asunto relacionado con un menor podrá trasladarse de una Sala de Menores a otra si así lo requiere el bienestar del menor o si éste cambia su residencia. La orden de traslado deberá consignarse en acta y se remitirá a la otra sala del tribunal junto con el expediente. El Juez de la sala a la cual se traslade el asunto deberá proceder sin demora a la tramitación y resolución del mismo.

(c) Si un menor bajo libertad condicional cambia su residencia, el tribunal podrá ordenar que se traslade el expediente judicial del caso a la Sala de Menores correspondiente para que se continúe la supervisión del menor.

En la resolución ordenando el traslado se dictarán aquellas otras providencias que se estimen necesarias.

(Junio 19, 1987, Núm. 33, Regla 10.5.)

Regla 10.6. Disposición final del expediente.

Los documentos relacionados con menores a quienes no se les ha determinado causa probable, que no han sido hallados incursos en faltas o cuyas querellas han sido desestimadas, deberán ser destruidos, luego de tomarse los datos pertinentes para fines estadísticos únicamente.

Una vez que cese la autoridad del tribunal, los expedientes de los menores hallados incursos se sellarán y se procederá de conformidad con las Reglas para la Administración del Programa de Conservación y Disposición de Documentos de la Rama Judicial.

Cuando haya sido concedido el desvío y el tribunal haya archivado la querella o querellas por entenderse cumplidos los acuerdos, los documentos concernientes al desvío y los servicios prestados se conservarán en el expediente judicial del menor a fin de que puedan ser considerados como parte del historial social del menor.

(Junio 19, 1987, Núm. 33, Regla 10.6.)

Regla 11.1. Transcripción taquigráfica o grabación.

Los procedimientos ante el tribunal se tomarán taquigráficamente o mediante grabación en cinta magnetofónica. No se permitirá otra grabación de los procedimientos, salvo la que puedan llevar a cabo el abogado del menor y el Procurador y únicamente para fines de la adecuada preparación del caso.

Las notas taquigráficas y/o la grabación de los procedimientos quedarán bajo la custodia del secretario y éste no permitirá que se examinen sin previa autorización del tribunal. La transcripción de las notas o de la grabación sólo se podrá hacer mediante orden del tribunal apelativo.

No obstante lo dispuesto previamente, cuando el menor padezca de sordera profunda, severa, moderada o leve, o refleje cualquier otra situación de hipoacusia o condición que le impida comunicarse efectivamente, el tribunal, a su discreción y a solicitud de la defensa, podrá tomar aquellas medidas necesarias para que las vistas y demás procesos presenciales, incluidos los procesos preliminares, se conserven mediante algún método de grabación video-magnetofónico o digital que permita la reproducción de la grabación y garantice la preservación e integridad visual del proceso, particularmente de los interrogatorios, testimonios y argumentaciones prestadas o interpretadas mediante lenguaje de señas, labio lectura o a base de los acomodos razonables necesarios. Este récord visual formará parte del expediente del caso, sin embargo, quedará bajo la custodia del secretario y no se permitirá su examen sin previa autorización del tribunal.

Las deposiciones y/o declaraciones juradas tomadas a menores que padezcan de sordera profunda, severa, moderada o leve, o que reflejen cualquier otra situación de hipoacusia o condición que le impida comunicarse efectivamente, deberán ser conservadas mediante algún método de grabación video-magnetofónico o digital que permita la reproducción de la grabación y garantice la preservación e integridad visual del proceso, particularmente de los interrogatorios, testimonios y argumentaciones prestadas o interpretadas mediante lenguaje de señas, lectura labiofacial o a base de los acomodos razonables necesarios.

(Junio 19, 1987, Núm. 33, Regla 11.1; Agosto 6, 2018, Núm. 174, art. 19, enmienda en términos generales, efectiva 180 días después de su aprobación.)

Regla 11.2. Registro de querellas.

Los secretarios de cada sala del tribunal llevarán un libro de Registro de Querellas en el cual anotarán todas las querellas y procedimientos sobre menores. El Director Administrativo de los Tribunales determinará la forma y estilo del registro. A cada querella se le asignará en forma consecutiva el número de presentación que corresponda. Los documentos presentados, los mandamientos, los diligenciamientos, las comparecencias, las órdenes y resoluciones se anotarán cronológicamente.

(Junio 19, 1987, Núm. 33, Regla 11.2.)

Regla 11.3. Minutas.

El secretario del tribunal llevará un libro de minutas y en el mismo hará una breve reseña de los procedimientos habidos en cada caso, anotando la fecha, el número de la querella, el nombre del menor y las determinaciones que haga el Juez. Este libro es estrictamente confidencial y estará siempre bajo la custodia del secretario.

(Junio 19, 1987, Núm. 33, Regla 11.3.)

Regla 12.1. Citaciones; personas que pueden expedirlas.

Toda citación para una vista será expedida por el secretario del tribunal o por el Juez a nombre de El Pueblo de Puerto Rico, y requerirá que toda persona a quien va dirigida comparezca ante el tribunal en la fecha, hora y lugar especificados en la citación, bajo apercibimiento de desacato. El Juez podrá citar a cualquier persona en corte abierta.

(Junio 19, 1987, Núm. 33, Regla 12.1; Enmendada en Junio 19, 1987, Núm. 33, p. 112, art. 1.)

Regla 12.2. Citaciones.

Las citaciones que requieren la comparecencia de testigos a la vista de las querellas deberán entregarse a los alguaciles u oficiales del orden público que han de diligenciarlas.

(Junio 19, 1987, Núm. 33, Regla 12.2.)

Regla 12.3. Citaciones; diligenciamiento.

Las citaciones se deberán diligenciar por lo menos con razonable antelación a la fecha de la comparecencia.

(Junio 19, 1987, Núm. 33, Regla 12.3.)

Regla 12.4. Citación; forma de diligenciarla y prueba del diligenciamiento.

La persona que efectúe el diligenciamiento entregará una copia de la citación a la persona a quien va dirigida, hará constar en la citación su firma, la fecha y el lugar de dicha entrega. Se citarán personalmente a los menores y a sus padres o a cualquiera de las personas que estén a cargo del menor.

Si la persona a quien va dirigida la citación no pudiera ser localizada, podrá dejársele la citación en su domicilio o residencia habitual, en poder de alguna persona de suficiente edad y discreción que resida allí con instrucciones de entregarla a la persona a quien va dirigida.

La persona que diligencie la citación radicará en la secretaría del tribunal la constancia de haberla diligenciado no más tarde del día anterior a la vista.

(Junio 19, 1987, Núm. 33, Regla 12.4.)

Regla 12.5. Otras formas de citaciones; por correo y teléfono.

Cuando el menor no resida con sus padres, a éstos, si sus direcciones son conocidas, se les podrá citar por correo certificado con acuse de recibo.

Los jueces y secretarios podrán ordenar citaciones por teléfono.

(Junio 19, 1987, Núm. 33, Regla 12.5.)

Regla 12.6. Incomparecencia; efectos.

Si la persona citada deja de comparecer sin justa causa, o deja de traer al menor ante el tribunal, podrá procederse contra ella por desacato. El tribunal podrá librar mandamiento de arresto contra la persona y podrá expedir orden de detención contra el menor.

(Junio 19, 1987, Núm. 33, Regla 12.6.)

Regla 12.7. Notificación de resoluciones y órdenes.

Toda resolución u orden se notificará a la parte afectada o a su abogado de récord, si lo hubiese. La notificación se hará entregándole copia a la parte o a su abogado o remitiéndola por correo a su última dirección conocida. También podrá dejarse la notificación en el domicilio o residencia habitual de la persona a quien va dirigida, en poder de alguna persona de suficiente edad y discreción que resida allí con instrucciones de que la entregue a la persona a quien va dirigida.

Cuando una resolución u orden esté dirigida a un menor, se notificará mediante entrega de la misma al menor y a los padres, encargados, su abogado o defensor judicial. De éstos negarse a recibirla se hará constar en el diligenciamiento y la citación será válida. Deberá también notificarse dicha resolución u orden al jefe del organismo público o privado en caso de que el menor sea colocado por el Juez bajo su custodia, al director de la institución donde resida el menor o a cualquier otra persona interesada en el bienestar del menor cuando el Juez así lo ordene.

(Junio 19, 1987, Núm. 33, Regla 12.7.)

Regla 13.1. Orden de allanamiento, requisitos para librarla; forma y contenido.

No se librará orden de allanamiento o registro contra un menor, sino en virtud de una declaración escrita prestada ante un juez bajo juramento o afirmación, que exponga los hechos que sirven de fundamento para librarla. Si de la declaración jurada y del examen del declarante el juez queda convencido de que existe causa probable para el allanamiento o registro, librará la orden, en la cual se nombrarán o describirán detalladamente la persona o el lugar a ser registrado y las cosas o propiedad a ocuparse. La orden expresará los fundamentos habidos para expedirla, y los nombres de las personas en cuyas declaraciones juradas se basa, ordenará al funcionario a quien sea dirigida que registre inmediatamente a la persona o sitio que en ella se indique, para que ocupe la propiedad especificada, y devuelva al juez la orden diligenciada, junto con la propiedad ocupada. Se cumplimentará la orden durante las horas del día, a menos que el juez, por razones de necesidad y urgencia, disponga que se cumplimente en cualquier hora del día o de la noche.

(Junio 19, 1987, Núm. 33, Regla 13.1; Enmendada en Junio 19, 1987, Núm. 33, p. 112, art. 1.)

Regla 13.2. Orden de allanamiento; diligenciamiento.

La orden de allanamiento o registro se cumplimentará y se devolverá diligenciada dentro de los diez (10) días posteriores a la fecha de su libramiento. El funcionario que la entregue dará a la persona a quien se le ocupe la propiedad, o en cuya posesión se encuentre, copia de la orden y un recibo de la propiedad ocupada o dejará dicha copia y recibo en el sitio donde se ocupe la propiedad. El diligenciamiento irá acompañado de un inventario escrito de la propiedad ocupada hecho en presencia de la persona que solicitó la orden y de la persona a quien se le ocupó o en cuya casa o local se ocupó la propiedad, de estar dichas personas presentes, y si alguna de ellas no estuviese, en presencia de alguna otra persona digna de crédito. El inventario será jurado por el diligenciante. A requerimiento de la persona que solicitó el allanamiento o registro o de la persona a quien se le ocupe la propiedad, el juez entregará a ésta copia del inventario.

(Junio 19, 1987, Núm. 33, Regla 13.2; Enmendada en Junio 19, 1987, Núm. 33, p. 112, art. 1.)

Regla 13.3. Orden de allanamiento; revisión de orden diligenciada.

El juez a quien se devuelva diligenciada una orden de allanamiento o registro unirá a la orden copia del diligenciamiento, el inventario de la propiedad ocupada, las declaraciones juradas y cualesquiera otros documentos relacionados con la orden, y la propiedad ocupada. El juez remitirá todo al Procurador.

(Junio 19, 1987, Núm. 33, Regla 13.3; Enmendada en Junio 19, 1987, Núm. 33, p. 112, art. 1.)

Regla 13.4. Prescripción.

Toda acción en la que se impute una falta deberá incoarse dentro de los términos prescriptivos dispuestos en las leyes correspondientes para la conducta imputada.

Todo proceso en el que se le impute una falta a un menor deberá iniciarse dentro del término prescriptivo dispuesto en las secs. 3001 et seq. del Título 33 y en las leyes especiales que tipifiquen la conducta imputada.

(Junio 19, 1987, Núm. 33, Regla 13.4.)

Regla 13.5. Términos; cómo se computarán.

El cómputo de cualquier término prescrito o concedido por estas reglas o por orden del Tribunal se hará conforme a la Regla 68.1 de Procedimiento Civil, Ap. III del Título 32. Por justa causa podrán ser acortados o prorrogados dichos términos.

(Junio 19, 1987, Núm. 33, Regla 13.5.)

Regla 13.6. Derecho a asistencia legal.

En todo procedimiento, el menor tendrá derecho a estar representado por abogado y, de carecer de medios económicos, el tribunal deberá asignarle uno.

En todo procedimiento al amparo de estas reglas el menor deberá comparecer acompañado de sus padres, encargados y en su defecto del defensor judicial.

(Junio 19, 1987, Núm. 33, Regla 13.6.)

Regla 13.7. Notificación al menor.

En toda ocasión en que en estas reglas se requiera la notificación al menor de cualquier orden o providencia, dicha notificación podrá hacerse por conducto de su abogado.

(Junio 19, 1987, Núm. 33, Regla 13.7.)

Regla 13.8. Renuncia de derechos constitucionales.

No se admitirá la renuncia del menor a cualquier derecho constitucional que le cobije si no están presentes sus padres o encargados o defensor judicial y su abogado. La renuncia por parte del menor será expresa y el juez deberá hacer una determinación de que la misma es libre, inteligente y que el menor y sus padres conocen las consecuencias de dicho acto. No obstante, la presencia del abogado no será requerida para renunciar al derecho a representación legal.

(Junio 19, 1987, Núm. 33, Regla 13.8.)

Regla 13.9. Acceso al público; entrevistas con el trabajador social u otros peritos.

El público no tendrá acceso a las salas en que se ventilen los procedimientos de menores, a menos que los padres, encargados o el representante legal del menor consientan que el asunto se ventile públicamente y, en todo caso, según las reglas que disponga el tribunal. El tribunal podrá permitir la admisión de personas que demuestren tener interés legítimo en los asuntos que se ventilan.

Ni el Procurador ni el abogado que represente al menor podrán estar presentes durante las entrevistas de éste, sus familiares o encargados con el trabajador social o con otros profesionales en las áreas de conducta humana o médica.

(Junio 19, 1987, Núm. 33, Regla 13.9.)

Regla 13.10. Jueces.

Los jueces del Tribunal de Primera Instancia y los jueces municipales tendrán autoridad para dictar órdenes de aprehensión contra un menor, así como para ordenar su detención provisional o que quede bajo la custodia de sus padres o encargados conforme lo dispuesto en la Regla 2.9 de este apéndice, y para determinar causa probable y entender en los procedimientos provistos por las Reglas 2.10, 2.11, 2.13, 2.14, 2.15, 6.6 y 13.1 de este apéndice. También podrán entender en los procedimientos de entrevista ex parte inicial y vista sumaria inicial sobre revocación de medida dispositiva provista en la Regla 8.13 de este apéndice.

(Junio 19, 1987, Núm. 33, Regla 13.10; Enmendada en Junio 19, 1987, Núm. 33, p. 112, art. 1.)

Regla 13.11. Desacato.

En el descargo de sus funciones bajo este reglamento y las secs. 2201 et seq. de este título los tribunales podrán hacer valer sus resoluciones y órdenes mediante el ejercicio de su poder de sancionar por desacato.

(Junio 19, 1987, Núm. 33, Regla 13.11.)

Regla 13.12. De los procedimientos no previstos en estas reglas.

En todos los casos en que no se haya aquí previsto un procedimiento específico, el tribunal reglamentará los trámites de modo que sean compatibles con estas reglas o con las [34 LPRA secs. 2201 et seq.] de este título.

(Junio 19, 1987, Núm. 33, Regla 13.12.)

Regla 13.13. Vigencia.

Estas reglas comenzarán a regir una vez se cumplan los trámites fijados por la Sec. 6 del Art. V de la Constitución del Estado Libre Asociado de Puerto Rico, precediendo al Título 1.

(Junio 19, 1987, Núm. 33, Regla 13.13.)

Ley de Menores de Puerto Rico
Ley Núm. 88 de 9 de julio de 1986, según enmendada

Art. 1. Título, naturaleza y aplicación. (34 L.P.R.A. sec. 2201)

Esta ley se conocerá como "Ley de Menores de Puerto Rico". Sus disposiciones se aplicarán con preferencia a otras leyes y, en caso de conflicto, prevalecerán los principios especiales de esta ley.

(Julio 9, 1986, Núm. 88, art. 1.)

Art. 2. Interpretación. (34 L.P.R.A. sec. 2202)

Esta ley ha de ser interpretado conforme a los siguientes propósitos:

(a) Proveer para el cuidado, protección, desarrollo, habilitación y rehabilitación de los menores y proteger el bienestar de la comunidad;

(b) proteger el interés público tratando a los menores come personas necesitadas de supervisión, cuidado y tratamiento, a la vez que se les exige responsabilidad por sus actos;

(c) garantizar a todo menor un trato justo, el debido procedimiento de ley y el reconocimiento de sus derechos constituciones.

(Julio 9, 1986, Núm. 88, art. 2.)

Art. 3. Definiciones. (34 L.P.RA. sec. 2203)

Las palabras y frases utilizadas en esta ley significarán:

(a) "Adulto" - persona que ha cumplido dieciocho (18) años de edad.

(b) "Causa probable" - determinación hecha por un magistrado investigador sobre la ocurrencia de una violación a una ley u ordenanza municipal, en cuya comisión es vinculado como autor o coautor un menor.

(c) "Centro de tratamiento" - institución residencial que brinda al menor servicios de protección, evaluación, y diagnóstico, más tratamiento rehabilitador, luego de la disposición del caso.

(d) "Centro de detención" - institución donde será recluido el menor, pendiente de la adjudicación o disposición del caso o pendiente de cualquier otro procedimiento ante el Tribunal.

(e) "Custodia" - el acto de poner al menor bajo la responsabilidad del Secretario de Servicios Sociales o de cualquier otro organismo o institución pública o privada mediante orden del Tribunal y sujeto a la jurisdicción de éste, quien la conservará durante el período en que se le brinden los servicios de protección, evaluación y diagnóstico, más el tratamiento rehabilitador que su condición amerite.

(f) "Desvío" - resolución del Tribunal suspendiendo el procedimiento judicial en interés del menor y refiriéndose a una agencia, institución u organismo público o privado para que reciba servicios.

(g) "Detención" - cuidado provisional del menor en institución o centro provisto para tales fines, pendiente de la determinación por el Tribunal sobre hechos que se le imputan y lo colocan bajo autoridad de éste luego de la determinación de causa probable o por razón de procedimientos post adjudicativos pendientes.

(h) "Especialista en Relaciones de Familia" - trabajor social así clasificado en el Sistema de Administración de Personal de la Rama Judicial adscrito al Tribunal.

(i) "Falta" - infracción o tentativa de infracción por un menor de las leyes penales, especiales u ordenanzas municipales de Puerto Rico, excepto las infracciones o tentativas que por disposición expresa de esta ley esté excluidas.

(j) "Falta Clase I" - conducta que incurrida por adulto constituiría delito menos grave.

(k) "Falta Clase II" - conducta que incurrida por adulto constituiría delito grave, excepto las incluidas en falta Clase III.

(*l*) "Falta Clase III -conducta que incurrida por adulto constituiría delito grave de primer grado, excepto la modalidad de asesinato en primer grado que está excluida de la autoridad del Tribunal; delito grave de segundo grado; los siguientes delitos graves en su clasificación de tercer grado: asesinato atenuado, escalamiento agravado, secuestro, robo, agresión grave en su modalidad mutilante, asesinato atenuado; y los siguientes delitos en leyes especiales: distribución de sustancias controladas y los Artículos 5.03, 5.07, 5.08, 5.09 y 5.10 de la Ley de Armas.

(m) "Juez" - el designado para entender en los asuntos objeto de esta ley.

(n) Mediación- Proceso de intervención no adjudicativo en el cual una persona imparcial (mediador/a) ayuda a las personas en conflicto a lograr por sí mismas un acuerdo que les resulte mutuamente aceptable. En la mediación las partes tienen la potestad de decidir si se someten o no al proceso.

(o) "Menor" - persona que no ha cumplido la edad de dieciocho (18) años de edad, o que habiéndola cumplido, sea llamada a responder por una falta cometida antes de cumplir esa fecha.

(p) "Procurador para Asuntos de Menores o Procurador" - Fiscal Auxiliar del Tribunal Superior designado exclusivamente para ejercer sus funciones en los asuntos cubiertos por esta ley.

(q) "Querella" - escrito que se someta al Tribunal describiendo la falta que se le imputa al menor.

(r) "Rehabilitación" - proceso mediante el cual se pretende reintegrar adecuadamente el menor a la sociedad y con la capacidad de desenvolverse por sí mismo.

(s) "Técnico en Relaciones de Familia" - profesional así clasificado en el Sistema de Administración de Personal de la Rama Judicial adscrito al Tribunal, el cual debe tener preparación profesional en el área de conducta humana.

(t) "Transgresor" - menor a quien se le ha declarado incurso en la comisión de una falta.

(u) "Tribunal" - Sala del Tribunal Superior del Tribunal de Primera Instancia que ejerza su autoridad bajo las disposiciones de esta ley.

(v) "Fuga" – Todo menor, que estando bajo la custodia del Departamento de Corrección y Rehabilitación, incurriera en la comisión de la falta de fuga podrá ser encontrado incurso en nueva falta. La medida dispositiva de esta nueva falta será consecutiva a la medida dispositiva original. Entendiéndose por fuga la ausencia injustificada sin permiso de la Institución o el abandono injustificado de cualquier programa al que fuere referido el menor.

(Julio 9, 1986, Núm. 88, art. 3; Enmendada en el 1987, Núm. 34; 1989, Núm. 14; 1990, Núm. 28; 1991, Núm. 19; 1995, Núm. 183; septiembre 16, 2004, Núm. 334, art. 1, inciso (m) efectiva el 1 de mayo de 2005; Noviembre 21, 2011, Plan Núm. 2, art. 48, deroga el inciso (f), renumera los siguientes y enmienda el inciso renumerado (u); Junio 24, 2022, Núm. 47, sec. 1, añade el inciso (n) y renumera los siguientes.)

Art. 4. Jurisdicción del Tribunal. (34 L.P.R.A. sec. 2204)

El Tribunal tendrá autoridad para conocer de:

(a) Todo caso en que se impute conducta que constituya falta a un(a) menor de trece (13) años o más, incurrida antes de éste haber cumplido dieciocho (18) años de edad. El Tribunal no tendrá autoridad en todo caso donde la facultad mental del menor sea inferior a los trece (13) años. Dicha autoridad estará sujeta al período prescriptivo dispuesto en las leyes penales para la conducta imputada.

(b) Cualquier asunto relacionado con menores, según dispuesto mediante ley especial, confiriéndole facultad para entender en dicho asunto.

(c) En el caso de un(a) menor que no haya cumplido los trece (13) años de edad regirá lo siguiente:

(i) Todo(a) menor que no haya cumplido los trece (13) años de edad, cuya conducta imputada sea constitutiva de falta, se considerará inimputable, por tanto, no será responsable ni quedará sujeto al procesamiento penal al amparo de esta Ley. A tales efectos, el Procurador de Menores referirá al(la) menor y a su madre, padre, o tutor(a), al Departamento de la Familia para la correspondiente evaluación, y de ser necesario le ofrezca servicios y/ o capacitación que redunde en el mejor bienestar del(de la) menor.

(2) El tribunal no tendrá autoridad para conocer de:

(a) Todo caso en que se impute a un menor que hubiere cumplido quince (15) años de edad la comisión de hechos constitutivos de asesinato en primer grado según definido en el inciso (a) del Artículo 93 del Código Penal de Puerto Rico.

(b) Todo caso en que se impute a un menor que hubiere cumplido quince (15) años de edad hechos constitutivos de delito que surjan de la misma transacción o evento constitutivo de asesinato en primer grado según definido en el inciso (a) del Artículo 106 del Código Penal del Estado Libre Asociado de Puerto Rico.

(c) Todo caso en que se impute a un menor hechos constitutivos de delito cuando se le hubiese adjudicado previamente un delito grave como adulto.

En todos los casos contemplados en los incisos anteriores, el menor será procesado como un adulto.

La Sala de lo Criminal del Tribunal General de Justicia conservará jurisdicción sobre el menor aun cuando haga alegación de culpabilidad o medie convicción por un delito distinto al asesinato según definido en el inciso (a) del Artículo 106 del Código Penal del Estado Libre Asociado de Puerto Rico. Igualmente, conservará Jurisdicción cuando el Tribunal Superior, Sala de Menores, hubiere renunciado a la jurisdicción del menor y en el procedimiento ordinario como adulto al menor se le archivaran los cargos o se le encontrara no culpable.

Cuando un magistrado determine la existencia de causa probable por un delito distinto al asesinato, según definido en el inciso (a) del Artículo 106 del Código Penal del Estado Libre Asociado de Puerto Rico, éste y cualquier otro delito que surgiere de la misma transacción se trasladará al Tribunal que ejerza su autoridad bajo las disposiciones de esta Ley y éste retendrá y conservará jurisdicción, según se dispone en el Artículo 5 de esta Ley.

(Julio 9, 1986, Núm. 88, art. 4; Enmendada en el 1987, Núm. 34; 1989, Núm. 14; 1991, Núm. 19; septiembre 16, 2004, Núm. 334, art. 2, incisos (a), (b) y (c) del segundo párrafo, efectiva el 1 de mayo de 2005 para atemperarlo al nuevo Código Penal de 2004; Junio 24, 2022, N/um. 47, sec. 2, enmienda el inciso (1) en términos generales.)

Notas Importantes
-Enmienda
-2022, ley 47- Esta ley 47, enmienda este y otros artículos de esta Ley de Menores e incluye la siguiente Sección 30 de Aplicación:
Sección 20.- Reglamentación.
Se ordena al Departamento de Justicia y el Departamento de la Familia a crear un reglamento conjunto para establecer el procedimiento para referir casos al Departamento de la Familia, de acuerdo a lo establecido en el Sección 2 de esta Ley.
Se faculta al Departamento de Educación, a la Oficina para la Administración de Tribunales, la Administración de Salud Mental y Contra la Adicción, al Departamento de Corrección y Rehabilitación, o a cualquier agencia, departamento, junta, oficina o instrumentalidad gubernamental, para que, en virtud de la presente ley, enmiende cualquier reglamento para cumplir con los propósitos de esta Ley.

Art. 4-A. Agotamiento de Remedios Administrativos. (34 L.P.R.A. sec. 2204-A)

Antes del Tribunal ejercer su jurisdicción sobre la persona menor de edad, deberá agotarse todo remedio administrativo establecido en el sistema de educación pública o privada, según sea el caso, cuando la falta que se impute haya tenido lugar en un plantel escolar, ya sea en las inmediaciones de la escuela, en la transportación escolar o en actividades escolares, deportivas con fin recreativo, cultural o académico. En caso del tribunal tener que asumir su jurisdicción sobre la persona menor, nada de esto se entenderá en menoscabo del derecho del(de la) menor a que su caso sea referido a mediación o desvío, si cualifica según lo establece esta Ley y las Reglas de Asuntos de Menores.

(Julio 9, 1986, Núm. 88; Junio 24, 2022, Núm. 47, sec. 3, añade este nuevo articulo 4-A.)

Art. 5. Duración de la autoridad del Tribunal. (34 L.P.R.A. sec. 2205)

El Tribunal conservará su autoridad sobre todo menor sujeto a las disposiciones de esta Ley hasta que cumpla la edad de veintiún (21) años, a menos que mediante orden al efecto de por terminada la misma.

En todos los casos en que un menor, estando aún bajo la autoridad del tribunal, sea procesado y convicto como adulto, el Tribunal (Sala Asuntos de Menores) perderá automáticamente su autoridad sobre dicho menor. En estos casos, si al momento de ser acusado como adulto, el menor no presta la fianza que le fuere impuesta, éste deberá permanecer internado en una institución para menores del Departamento de Corrección y Rehabilitación hasta tanto sea convicto como adulto. El Tribunal (Sala Criminal) vendrá obligado a imponer al menor que fuere procesado y convicto como adulto el cumplimiento de la medida dispositiva que dictó el Tribunal (Sala de Asuntos de Menores) y que el menor no hubiere cumplido.

Una vez sea convicto como adulto el menor permanecerá bajo la custodia del Departamento de Corrección y Rehabilitación para terminar de cumplir, en la corriente de adulto, la medida dispositiva dictada por el Tribunal y, una vez cumplido este término, consecutivamente comenzará a cumplir con la sentencia por el otro delito cometido.

En los casos que el menor se le procesara como adulto por el nuevo delito, pero resultara no culpable o se le archivara la acusación por el nuevo delito, el Tribunal (Sala de Menores) continuará con su autoridad sobre el menor a los fines del cumplimiento de la medida dispositiva impuesta por el Tribunal.

(Julio 9, 1986, Núm. 88, art. 5; Enmendada en el 1988, Núm. 94; 1995, Núm. 183; Agosto 11, 2011, Núm. 178, art. 1; Noviembre 21, 2011, Plan Núm. 2, art. 49, enmienda los primeros tres párrafos.)

Art. 6. Derecho a representación legal. (34 L.P.R.A. sec. 2206)

En todo procedimiento el menor tendrá derecho a estar representado por abogado y, de carecer de medios económicos, el Tribunal deberá asignarle uno. De extenderse el término máximo de duración de la medida dispositiva, conforme a la [31 LPRA sec. 2229] de esta ley, el menor también deberá estar representado por abogado.

(Julio 9, 1986, Núm. 88, art. 6; Enmendada en el 1986; 1995, Núm. 183)

Art. 7. Registros y allanamientos. (34 L.P.R.A. sec. 2207)

El menor estará protegido contra registros, incautaciones y allanamientos irrazonables. Sólo se expedirá mandamiento judicial autorizando un registro o allanamiento contra un menor cuando exista causa probable apoyada en juramento o afirmación, y describiendo particularmente a la persona o el lugar a ser registrado y las cosas a ocuparse.

(Julio 9, 1986, Núm. 88, art. 7.)

Art. 8. Excepción a juicio público; jurado. (34 L.P.R.A. sec. 2208)

Todas las vistas sobre los méritos se efectuarán en sala y de acuerdo con las disposiciones de las Reglas de Procedimiento para Asuntos de Menores.

El público no tendrá acceso a las salas en que se ventilen los casos de menores a menos que los padres, encargados o el representante legal del menor demanden que el asunto se ventile públicamente y en todo caso bajo las reglas que provea el Juez. Cuando además de la parte imputada, la alegada víctima o los testigos sean menores de edad, los padres, encargados o el representante legal de estos, deberán consentir a que se pueda ventilar el asunto públicamente. De haber alguna objeción de parte de los padres, encargados o el representante legal de la alegada víctima o de los testigos cuando sean menores de edad, el Juez deberá escuchar los argumentos de estos y tomará la determinación que entienda mejor protege la seguridad física y emocional de todos los menores que forman parte del caso. No obstante, el Juez podrá consentir a la admisión de personas que demuestren interés legítimo en los asuntos que se ventilan, previo consentimiento de los menores y su representación legal.

Todos los otros actos o procedimientos podrán ser efectuados y ventilados por el Juez en su despacho o en cualquier otro lugar sin necesidad de la asistencia del secretario u otros funcionarios del tribunal.

Las vistas en los casos de menores bajo esta Ley se celebrarán sin Jurado.

(Julio 9, 1986, Núm. 88, art. 8; Agosto 5, 2018, Num. 197, sec. 1, enmienda en términos generales.)

Art. 9. Evidencia anterior. (34 L.P.R.A. sec. 2209)

No podrá ofrecerse como evidencia contra el menor en un tribunal de jurisdicción ordinaria aquella aducida en la fase adjudicativa ante el Tribunal de Menores a menos que el Tribunal de Menores haya renunciado a la jurisdicción.

(Julio 9, 1986, Núm. 88, art. 9.)

Art. 10. Fianza. (34 L.P.R.A. sec. 2210)

Las disposiciones con relación a la fianza no serán aplicables a los menores puestos bajo detención o custodia de acuerdo con las disposiciones de esta ley.

(Julio 9, 1986, Núm. 88, art. 10.)

Art. 11. Renuncia de derechos. (34 L.P.R.A. sec. 2211)

No se admitirá la renuncia del menor a cualquier derecho constitucional que le cobije si no están presentes sus padres o encargados y su abogado y sin una determinación del Juez que ésta es libre, inteligente y que el menor conoce las consecuencias de la renuncia. No obstante, la presencia del abogado no será requerida para renunciar al derecho de asistencia de abogado.

(Julio 9, 1986, Núm. 88, art. 11.)

Art. 12. Procurador para Asuntos de Menores. (34 L.P.R.A. sec. 2212)

En todos los asuntos de menores ante la consideración del Tribunal participará un Procurador para Asuntos de Menores quien será exclusivamente designado para ejercer sus funciones en los asuntos cubiertos por esta ley.

(a) *Facultades del Procurador para Asuntos de Menores.* - El Procurador será un Fiscal Auxiliar del Tribunal Superior, investido de todas las facultades y deberes propios de su cargo y de todas aquellas atribuciones que señala esta ley con el objeto de hacer válidos los preceptos y medidas en él expresados.

(b) *Funciones del Procurador.* - El Procurador tendrá las siguientes funciones:

(1) Efectuará la investigación de los hechos en todos los casos en que se alegue la comisión de una falta.

(2) Representará al Estado en todo procedimiento de naturaleza adversativa y presentará la evidencia que sustenta la querella.

(3) En todos los casos en que se determine causa probable radicará la querella correspondiente y referirá al menor y a sus padres o encargados al Especialista en Relaciones de Familia para el estudio y la preparación del informe social.

(4) Podrá solicitar el archivo de la querella si la misma no es legalmente suficiente para iniciar el proceso, en cuyo caso, discrecionalmente, referirá al menor, sus padres o encargados al Especialista en Relaciones de Familia para que éste les oriente respecto a las agencias u organismos sociales que puedan brindarles atención si las circunstancias así lo ameritan.

(5) Podrá efectuar acuerdos con el menor, su abogado y sus padres o encargados para solicitar del Tribunal el desvío del procedimiento de conformidad con la [31 LPRA sec. 2221] de esta ley.

(6) Investigará las detenciones de menores en instituciones correccionales de adultos, gestionará su excarcelación y procederá con la continuación de los procedimientos en interés del menor.

(7) Hará los arreglos necesarios para que el Juez nombre un tutor o custodio del menor cuando éste no tuviere persona alguna responsable de su custodia legal.

(8) Iniciará los procedimientos y someterá al Tribunal las peticiones sobre renuncia de jurisdicción y revocación de libertad condicional.

(9) Negociar y realizar alegaciones pre-acordadas guiándose por los principios y procedimientos contemplados en esta Ley y en cualquier otra reglamentación aplicable.

(10) Ejercerá cualesquiera otras funciones necesarias para el desempeño de su cargo.

(Julio 9, 1986, Núm. 88, Art. 12; Abril 2, 2007, Núm. 30, Art. 1, añade sub-inciso (b)(9) y renumera el sub-inciso (9) como (10)).

Art. 13. Especialista en Relaciones de Familia. (34 L.P.R.A. 2213)

El Especialista en Relaciones de Familia será el trabajador social designado para intervenir en asuntos de menores, quien ejercerá las siguientes funciones:

(1) A solicitud del Tribunal realizará una investigación social preliminar con el propósito de determinar si debe o no colocarse al menor bajo detención preventiva hasta que se celebre la vista del caso.

(2) Orientará a las partes y podrá referirlas a las agencias u organismos pertinentes, de conformidad con lo dispuesto en esta ley.

(3) Llevará a cabo el debido estudio y análisis social del menor y preparará los informes que le sean requeridos por el Juez.

(4) Recomendará el plan inicial de tratamiento y servicios a ser ofrecidos a los menores que luego de la vista adjudicativa permanezcan bajo la jurisdicción del Tribunal.

(5) Cuando ejerza de supervisor para con el Técnico en Relaciones de Familia estructurará con éste el plan de tratamiento y servicios a ofrecerse al menor en libertad condicionada, brindándole al Técnico la dirección y asesoramiento que tal función amerita.

(6) Recomendará los casos en que debe solicitarse nombramiento de tutor o custodio legal.

(7) Llevará récord de los servicios y de las entrevistas celebradas durante el proceso de investigación y preparará un resumen conciso de los hechos para los organismos a los cuales refiere asuntos, así como también todos aquellos formularios, estadísticas, tarjeteros y demás información que fuere necesaria para el mejor funcionamiento del Tribunal.

(Julio 9, 1986, Núm. 88, art. 13.)

Art. 14. Técnico de Relaciones de Familia. (34 L.P.R.A. sec.2214)

El Técnico de Relaciones de Familia será el profesional designado para intervenir en la supervisión directa de menores quien, además, ejercerá las siguientes funciones:

(1) Explicará al menor las condiciones impuestas para permanecer en libertad condicional y le supervisará durante ésta.

(2) Velará por que se cumplan las condiciones impuestas al menor.

(3) Coordinará el tratamiento y los servicios a ser ofrecidos al menor a tenor con las recomendaciones del Especialista en Relaciones de Familia y conjuntamente con la persona que lo supervise.

(4) Rendirá los informes periódicos sobre ajuste del menor o aquellos requeridos por el Tribunal y llevará récord de los servicios y tratamientos del menor.

(5) Recomendará al Procurador la solicitud de revocación de libertad condicional cuando el menor no cumpla con las condiciones, en consulta con el Especialista en Relaciones de Familia que lo supervisa.

(Julio 9, 1986, Núm. 88, art. 14.)

Art. 15. Renuncia de jurisdicción. (34 L.P.R.A. sec. 2215)

(a) *Solicitud por Procurador.-* El Tribunal, a solicitud del Procurador, podrá renunciar la jurisdicción sobre un menor que sea mayor de catorce (14) años y menor de dieciocho (18) años, a quien se le impute cualquiera de las faltas que imputen alguna de las modalidades del delito de asesinato que el tribunal tenga autoridad de atender y aquellas faltas que imputen el delito de agresión sexual. El Procurador deberá efectuar dicha solicitud mediante moción fundamentada cuando considere que entender en el caso bajo las disposiciones de esta Ley no responderá a los mejores intereses del menor y de la comunidad.

El Procurador deberá promover la solicitud de renuncia de jurisdicción en los siguientes casos:

(A) Cuando se impute a un menor que sea mayor de catorce (14) años la comisión de hechos constitutivos de asesinato en la modalidad que está bajo la autoridad del Tribunal, cualquier otro delito grave de primer grado, y cualquier otro hecho delictivo que surja de la misma transacción o evento.

(B) Cuando se impute al menor una falta Clase II o III y se le hubiera adjudicado previamente una falta Clase II o III, incurrida entre los catorce (14) y dieciocho (18) años.

El Procurador vendrá obligado a advertir al Tribunal la falta de jurisdicción cuando se trata de aquellos casos excluidos de su autoridad por disposición expresa de esta ley.

(b) *Vista.* - El Tribunal, previa notificación, celebrará una vista de renuncia de jurisdicción.

(c) *Factores a considerar.* - Para determinar la procedencia de la renuncia a que se refiere el inciso (a) de esta sección, el Tribunal examinará los siguientes factores:

(1) Naturaleza de la falta que se imputa al menor y las circunstancias que la rodearon.

(2) Historial legal previo del menor, si alguno.

(3) Historial social del menor.

(4) Si el historial socioemocional y sus actitudes hacia la autoridad hacen necesario establecer controles respecto a su comportamiento que no se le puedan ofrecer en los centros de custodia o en las instituciones de tratamiento social a disposición del Tribunal.

(Julio 9, 1986, Núm. 88, art. 15; Enmendada en el 1987, Núm. 34; 1988, Núm. 94; 1989, Núm. 14; 1990, Núm. 28; 1991, Núm. 19; Septiembre 16, 2004, Núm. 334, art. 3, enmienda la primera parte del artículo y entra en vigor el 1 de mayo de 2005 con el nuevo Código Penal de 2004; Junio 24, 2022, Núm. 47, sec. 4, enmienda el inciso (a) en términos generales.)

Art. 16. –Renuncia de Jurisdicción en Ausencia. (34 L.P.R.A. sec. 2216)

El tribunal podrá renunciar la jurisdicción en ausencia de un menor siempre que se cumplan los requisitos enumerados en esta Ley, previa celebración de vista en la cual el menor estará representado por abogado, cuando concurran las siguientes circunstancias:

(1) Que a la fecha de comisión de los hechos haya cumplido catorce (14) años de edad.

(2) Que esté evadido de la jurisdicción.

(3) Que se hayan efectuado diligencias suficientes en la jurisdicción para localizarlo y éstas hayan sido infructuosas.

(Julio 9, 1986, Núm. 88, art. 16; Junio 24, 2022, Núm. 47, sec. 5, enmienda en términos generales.)

Art. 17. Traslado del caso al tribunal de adultos. (34 L.P.R.A. sec. 2217)

Si el Juez considerare que existen razones para renunciar la jurisdicción, dictará resolución fundamentada y ordenará el traslado del caso para que se tramite como si se tratara de un adulto.

Con la orden dando traslado del asunto se acompañarán las declaraciones, evidencia, documentos y demás información en poder del Tribunal, excepto aquellas que de acuerdo con esta ley y las Reglas de Procedimiento para Asuntos de Menores, Ap. I-A de esta ley, sean de carácter confidencial.

La notificación de la renuncia, que el secretario del Tribunal enviará al fiscal del distrito o a la autoridad competente, no contendrá copia de la resolución dictada en el caso.

El Procurador será responsable de que el menor sea conducido de inmediato a las autoridades pertinentes para que se inicien los procedimientos en la jurisdicción ordinaria.

(Julio 9, 1986, Núm. 88, art. 17.)

Art. 18. Determinación de causa probable. (34 L.P.R.A. sec. 2218)

Previa la radicación de la querella, se celebrará una vista de determinación de causa probable ante un juez, conforme al procedimiento establecido en las Reglas de Procedimiento para Asuntos de Menores, Ap. I-A de esta ley.

(Julio 9, 1986, Núm. 88, art. 18.)

Art. 19. Libertad provisional del menor; promesa de comparecencia. (31 L.P.RA. sec. 2219)

Siempre que fuere posible, el menor deberá dejarse bajo la custodia de sus padres o de una persona responsable, bajo la promesa de que comparecerá con éste ante el Tribunal en fecha determinada.

En aquellos casos en que se deje al menor bajo la custodia de sus padres, encargados o persona responsable, éstos firmarán una promesa de comparecencia comprometiéndose a traer al menor a la vista del caso cuando el Tribunal lo ordene, ello bajo apercibimiento de desacato.

(Julio 9, 1986, Núm. 88, art. 19.)

Art. 20. Detención del menor. (34 L.P.R.A. sec. 2220)

La detención de un menor sólo se efectuará mediante orden judicial. No se ordenará la detención de un menor antes de la vista adjudicativa a menos que:

(1) Sea necesaria para la seguridad del menor o porque éste representa un riesgo para la comunidad;

(2) que el menor se niegue a, o esté mental o físicamente incapacitado de dar su nombre, el de sus padres o encargado y la dirección del lugar donde reside;

(3) cuando no existan personas responsables dispuestas a custodiar al menor y garantizar su comparecencia a procedimientos subsiguientes;

(4) que el menor esté evadido o tenga historial conocido de incomparecencias;

(5) que por habérsele antes encontrado incurso en faltas que, cometidas por un adulto, constituyeren delito grave y habérsele encontrado causa probable en la nueva falta que se le imputa, pueda razonablemente pensarse que amenaza el orden público seriamente;

(6) que habiéndose citado al menor para la vista de determinación de causa probable, él no comparezca y se determine causa probable en su ausencia.

(Julio 9, 1986, Núm. 88, art. 20.)

Art. 20–A.- Prohibición de uso indiscriminado de restricciones mecánicas. (34 L.P.R.A. sec. 2220-A)

Cualquier instrumento de restricción física al que una persona menor de edad está sujeto fuera del tribunal, tales como esposas, cadenas, hierros, grilletes, camisas de fuerza, o cualquier otro mecanismo dirigido a los fines de limitar la movilidad, deberá ser removido antes de que el(la) menor entre a la sala del tribunal. Se prohíbe el uso de dichas restricciones durante cualquier procedimiento en el tribunal, según establecen las Reglas para Asuntos de Menores.

(Julio 9, 1986, Núm. 88; Junio 24, 2022, Núm. 47, sec. 6, añade este nuevo art. 20-A.)

Art. 21. Referidos. (34 L.P.R.A. sec. 2221)

A. En cualquier momento y previa la adjudicación del caso, cualquiera de las partes podrá solicitar del tribunal el referido del caso al proceso de mediación establecido en la Ley Núm. 19 de 22 de septiembre de 1983 cuando existan las siguientes circunstancias:

(1) Se trate de un ofensor de una falta Clase I.

(2) Se suscriba un acuerdo con el menor, su abogado o su padre, madre o tutor(a) o cualquiera de las partes.

B. Luego de radicada una querella y previa la adjudicación del caso, cualquiera de las partes podrá solicitar del tribunal el referido del menor a una agencia u organismo público o privado cuando existan las siguientes circunstancias:

(1) Se trate de un primer ofensor en una falta Clase II.

(2) Se suscriba un acuerdo entre el Procurador, el menor, sus padres o encargados y la agencia u organismo a que se referirá el menor.

(3) Se tome en consideración el informe social del Especialista en Relaciones de Familia.

(4) Medie la autorización del tribunal.

En todo caso donde únicamente se le impute a un(a) menor una o varias faltas Clase I, y donde no se den las circunstancias para el procedimiento de Mediación descrito en el inciso A, el Procurador deberá solicitar al tribunal el referido del(de la) menor a un desvío a ser provisto por a una agencia u organismo público o privado.

La agencia u organismo a quien se refiera un menor de conformidad con el inciso B de esta sección deberá informar al Procurador y al tribunal si el menor está cumpliendo, ha cumplido o no con las condiciones del acuerdo. En el caso de que el menor haya cumplido con dichas condiciones, el Procurador solicitará al tribunal el archivo de la querella. En el caso en que el menor no haya cumplido, el Procurador solicitará una vista para la determinación de si se continúa con el procedimiento.

(Julio 9, 1986, Núm. 88, art. 21; Septiembre 29, 2014, Núm. 165, art. 2, enmienda en términos generales; Junio 24, 2022, Núm. 47, sec. 7, enmienda en términos generales.)

Art. 22. Vista adjudicativa. (34 L.P.R.A. sec. 2222)

Luego de la aprehensión del menor, corresponderá al Juez del Tribunal de Primera Instancia determinar si el menor va a permanecer bajo la custodia de sus padres o encargados hasta la vista de determinación de causa probable para la radicación de la querella o si ordena su detención provisional conforme a lo dispuesto en la [31 LPRA sec. 2220] de esta ley. Cuando se ordene la detención provisional el Juez consignará por escrito los fundamentos que justifiquen dicha orden.

Si el menor es detenido provisionalmente o si queda bajo la custodia de sus padres o encargados, se le citará para que comparezca a la vista de determinación de causa probable para la radicación de la querella. En el primer supuesto, salvo causas excepcionales, la vista se celebrará dentro de los tres días posteriores a la aprehensión. En el segundo supuesto, la vista se celebrará dentro de los siguientes veinte (20) días. Se aplicarán a este procedimiento todas las normas de juicio rápido existentes en nuestra jurisdicción.

La vista adjudicativa en la cual el Juez procederá a determinar si el menor ha incurrido o no en la falta imputada se celebrará dentro de los sesenta (60) días siguientes a la determinación de causa probable si el menor está bajo la custodia de sus padres o persona responsable, o dentro de veinte (20) días si está detenido en un centro de detención, a menos que la demora se deba a solicitud del menor, sus padres o encargados o que exista justa causa para ello. En dicha vista el menor tendrá derecho a estar representado por abogado, a contrainterrogar los testigos y a presentar prueba a su favor.

Se aplicarán las Reglas de Evidencia, Ap. IV del [32 LPRA] , y las alegaciones del Procurador han de probarse más allá de duda razonable.

El Juez que presida la vista adjudicativa deberá ser uno distinto al que presidió la determinación de causa probable.

(Julio 9, 1986, Núm. 88, art. 22; Enmendado en el 1995, Núm. 183)

Art. 23. Vista dispositiva. (34 L.P.R.A. sec. 2223)

Al terminar la vista adjudicativa se procederá a la celebración de la vista dispositiva del caso excepto si el Tribunal, a solicitud del menor o del Procurador, señala la vista dispositiva para una fecha posterior. El Juez deberá tener ante sí un informe social antes de disponer del caso de un menor encontrado incurso.

(Julio 9, 1986, Núm. 88, art. 23.)

Art. 24. Imposición de medidas dispositivas al menor incurso en falta. (34 L.P.R.A. sec. 2224)

Cuando el Tribunal hubiere hecho una determinación de que el menor ha incurrido en falta podrá imponer cualquiera de las siguientes medidas dispositivas:

(a) Nominal.- Orientar al menor, haciéndole conocer de lo reprobable de su conducta pero sin imponer condiciones a su libertad y las posibles consecuencias de continuar con esa conducta.

(b) Condicional.- Colocar al menor en libertad a prueba en el hogar d sus padres o en el de otra persona adecuada exigiéndole cumplir con una o más de las siguientes condiciones:

(1) Reportarse periódicamente al Técnico en Relaciones de Familia y cumplir con el programa de rehabilitación preparado por éste.

(2) Prohibirle ciertos actos o compañías.

(3) Ordenarle la restitución a la parte afectada, de acuerdo al reglamento que a esos efectos se promulgue.

(4) Ordenarle al menor realizar servicio comunitario en aquellos casos en donde se cometa una falta que conlleve una medida dispositiva de seis (6) meses o menos, siempre que no se viole las disposiciones legales que rigen el trabajo de los menores en Puerto Rico.

(5) Ordenarle al menor a pagar la pena especial establecida por el Artículo 61 del Código Penal de Puerto Rico de 2012, para aquellas conductas delictivas descritas en la Ley 183-1998, según enmendada, conocida como "Ley de Compensación y Servicios a las Víctimas y Testigos de Delito". El tribunal podrá eximir al menor del pago de la pena especial en casos de faltas de cualquier tipo, de cumplirse los requisitos para eximir del pago de la pena especial en delitos graves establecidos en la "Ley para la Imposición de la Pena Especial del Código Penal de Puerto Rico".

(6) Cualesquiera otras condiciones que el Tribunal estime favorables a su protección o tratamiento.

(c) Custodia. - Ordenar que el menor quede bajo la responsabilidad de cualquiera de las siguientes personas:

(1) El Secretario del Departamento de Corrección y Rehabilitación, en los casos que se le imponga al menor un término mayor de seis (6) meses en su medida dispositiva. El Departamento de Corrección y Rehabilitación determinará la ubicación del menor y los servicios que le serán ofrecidos. Queda prohibida cualquier forma de confinamiento solitario, medida transicional o de seguridad que implique el mantener al(la) menor aislado de la población por más de 24 horas. Asimismo, queda prohibido el uso de gas pimienta en todas las instituciones que componen el Negociado de Instituciones Juveniles.

(2) Una organización o institución pública o privada adecuada.

(3) El Secretario de Salud en los casos en que el menor presente problemas de salud mental.

(Julio 9, 1986, Núm. 88, art. 24; Enmendado en el 1995, Núm. 183; 2003, Núm. 196, art. 3; Noviembre 21, 2011, Plan Núm. 2, art. 49, enmienda el inciso (c) (1); Agosto 27, 2021, Núm. 34, sec. 9, enmienda en términos generales; Junio 24, 2022, Núm. 47, sec. 8, enmienda el subinciso (c)(1).)

Art. 25. Criterios al imponer medidas dispositivas. (34 L.P.R.A. sec. 2225)

El Juez deberá imponer las medidas dispositivas de menor a mayor severidad a tenor con la seriedad de la falta imputada, el grado de responsabilidad que indican las circunstancias que la rodean, así como la edad y el historial previo del menor y tomando en cuenta, dentro de estos parámetros, las necesidades del menor para la más pronta y eficaz rehabilitación.

(Julio 9, 1986, Núm. 88, art. 25.)

Art. 26. Infracción a la Ley de Vehículos y Tránsito. (34 L.P.R.A. sec. 2226)

(a) Cuando la falta imputada al menor constituya delito bajo las [9 LPRA secs. 301 *et seq.*], el Tribunal podrá imponer las medidas dispuestas por las mismas.

(b) Los menores que cometan infracciones denominadas "faltas administrativas" bajo las [9 LPRA secs. 301 *et seq.*] han de responder por éstas de la manera establecida en las mismas y ante el organismo administrativo correspondiente.

(Julio 9, 1986, Núm. 88, art. 26.)

Art. 27. Medidas dispositivas y su duración. (34 L.P.R.A. sec. 2227)

(a) *Falta Clase I.* - Cuando el tribunal encuentre al menor incurso en conducta que incurrida por adulto constituiría delito menos grave, adjudicará la comisión de una falta Clase I y podrá imponer cualesquiera de las siguientes medidas dispositivas:

(1) Nominal;

(2) condicional por un término máximo de doce (12) meses;

(3) custodia por un término máximo de seis (6) meses.

(b) *Falta Clase II.* - Cuando el Tribunal encuentre al menor incurso en conducta que incurrida por adulto constituiría delito grave, excepto las incluidas en la Clase III, adjudicará la comisión de una falta Clase II y podrá imponer cualesquiera de las siguientes medidas dispositivas:

(1) nominal, siempre que el menor no tenga historial previo;

(2) condicional por un término máximo de tres (3) años;

(3) custodia por un término máximo de dos (2) años.

(c) *Falta Clase III:*
Cuando el Tribunal encuentre al menor incurso en una falta Clase III podrá imponer cualesquiera de las siguientes medidas dispositivas:
(1) condicional por un término máximo de cuatro (4) años;
(2) custodia por un término máximo de tres (3) años.

(Julio 9, 1986, Núm. 88, art. 27; enmendada en septiembre 16, 2004, art. 4, inciso (c), efectiva el 1 de mayo de 2005 con el nuevo Código Penal de Puerto Rico; Junio 24, 2022, Núm. 47, sec. 9 enmienda el inciso (a).)

Art. 28. Cuándo termina la medida dispositiva. (34 L.P.R.A. sec. 2228)

Toda medida dispositiva cesará cuando medien cualesquiera de las siguientes circunstancias:

(a) Al cumplirse el término máximo dispuesto por ley, excepto si se aplicara la [31 LPRA sec. 2229] de esta ley.

(b) Al cumplir el menor la edad de veintiún (21) años.

(c) Cuando se haya rehabilitado.

(Julio 9, 1986, Núm. 88, art. 28.)

Art. 29. Extensión del término máximo. (34 L.P.R.A. sec. 2229)

El Tribunal, previa solicitud de la persona que tenga a su cargo la supervisión o la custodia del menor y previa la celebración de vista, podrá extender la duración de la medida dispositiva más allá del máximo dispuesto por ley, siempre que concurran las siguientes circunstancias:

(1) No se hayan completado los servicios o el plan de tratamiento del menor.

(2) El menor se está beneficiando de los servicios o del plan de tratamiento que se le ha estado ofreciendo.

(3) Existe un período determinado para concluir los servicios o el plan de tratamiento que, a discreción del Tribunal sea razonable.

(4) Medie el consentimiento del menor y sus padres o encargados.

El término de la extensión nunca podrá ser igual o mayor al término de custodia originalmente impuesto. El Tribunal hará todas las gestiones posibles para que los servicios o el plan de tratamiento extendido se de en libertad condicional, siempre y cuando sea para el mejor bienestar del menor.

(Julio 9, 1986, Núm. 88, art. 29; Enmendado en el 1995, Núm. 183)

Art. 30. Resumen del Tribunal; informes del organismo o agencia para la evaluación periódica. (34 L.P.R.A. sec. 2230)

Cuando se coloque a un menor bajo la custodia del Departamento de Corrección y Rehabilitación, o de cualquier otro organismo público o privado, el Juez le remitirá al funcionario o persona, bajo cuya custodia deba quedar el menor un resumen de la información que obra en su poder sobre el mismo.

Al Tribunal deberán rendirse informes periódicos sobre la condición progreso físico, emocional y moral del menor, así como informes de evaluación del menor y de los servicios o tratamientos ofrecidos a éste. Dichos informes, de estricta confidencialidad, deberán ser rendidos por las personas que tienen a su cargo la supervisión, custodia o tratamiento del menor con no menos de cinco (5) días de antelación a la fecha señalada para la revisión, según dispone en la [31 LPRA sec. 2231] de esta ley.

(Julio 9, 1986, Núm. 88, art. 30; Enmendado en el 1995, Núm. 183; Noviembre 21, 2011, Plan Núm. 2, art. 51, enmienda el primer párrafo.)

Art. 31. Revisión periódica de la medida dispositiva. (34 L.P.R.A. sec. 2231)

El Tribunal se pronunciará periódicamente sobre el mantenimiento, modificación o cese de la medida dispositiva impuesta. En los casos de las faltas Clase I, la revisión se efectuará cada tres (3) meses y en los casos de faltas Clases II y III, la revisión se efectuará cada seis (6) meses; ello sin menoscabo de poder hacerlo en cualquier momento en que las circunstancias lo aconsejen o a solicitud de parte interesada. A la vista de revisión deberá comparecer el menor y la persona o representante que tenga a su cargo la supervisión, custodia o tratamiento.

En los casos de las custodias entregadas por los tribunales al Departamento de Corrección y Rehabilitación, la revisión periódica de la medida dispositiva no requerirá la presencia del menor a no ser que el Tribunal disponga lo contrario.

(Julio 9, 1986, Núm. 88, art. 31; Enmendado en el 1995, Núm. 183; Noviembre 21, 2011, Plan Núm. 2, art. 52, enmienda el último párrafo.)

Art. 32. Autorización del Tribunal para acción de agencia u organismo. (34 L.P.R.A. sec. 2232)

Ninguna agencia u organismo público o privado al cual se refiera un menor podrá tomar acción alterando la autoridad o jurisdicción del Tribunal sin autorización expresa de éste.

(Julio 9, 1986, Núm. 88, art. 32.)

Art. 33. Resoluciones. (34 L.P.R.A. sec. 2233)

Los dictámenes del Tribunal se denominarán resoluciones. En éstas el Tribunal podrá:

(a) Desestimar la querella por insuficiencia de prueba.

(b) Imponer cualquier medida dispositiva.

(c) Ordenar que el menor sea sometido a una evaluación comprensiva con fines de diagnóstico por un médico, psiquiatra o psicólogo u otros especialistas pertinentes y autorizados a ejercer su profesión en Puerto Rico.

(d) Imponer a los padres o a las personas encargadas del menor la obligación de contribuir al pago total o parcial de los gastos en que se incurra en la evaluación o diagnóstico, tratamiento y rehabilitación del menor cuando ello sea procedente. El incumplimiento de las disposiciones del Tribunal a este respecto, por parte de la persona obligada, podrá constituir desacato.

(e) Cualquier otra determinación relacionada con el procedimiento o caso que se ventila.

Además los jueces y juezas podrán emitir cualquier orden, resolución o determinación interlocutoria a los padres, encargados, familiares o personas jurídicas o naturales, privadas o gubernamentales que afecten las necesidades y bienestar del menor.

El incumplimiento por parte de la persona natural o jurídica obligada por una orden, resolución o determinación interlocutoria emitida bajo este precepto, constituirá desacato.

(Julio 9, 1986, Núm. 88, art. 33; Enmendada en el 2003, Núm. 7 el inciso (e)).

Art. 34. Modificación de resolución. (34 L.P.R.A. sec. 2234)

En cualquier momento el Juez podrá modificar cualquier orden o resolución relacionada con un menor. Podrán radicar solicitud fundamentada para que se modifique la resolución:

(1) El menor, sus padres, encargados o su representante legal.

(2) El jefe de la agencia u organismo público que tenga bajo su atención o custodia al menor.

(3) El director de la institución u organismo público o privado que tenga bajo su atención o custodia al menor.

(4) Cualquier otra persona bajo cuya supervisión se encuentre el menor.

(Julio 9, 1986, Núm. 88, art. 34.)

Art. 35. Ubicación en los centros de tratamiento y detención y tratamiento social. (34 L.P.R.A. sec. 2235)

El Departamento de Corrección y Rehabilitación, y cualquier otro organismo público o privado autorizado proveerán los centros de tratamiento y detención para cualquier menor cubierto por las disposiciones de esta ley.

(a) Ingreso, tratamiento y traslado de menores bajo custodia del Departamento de Corrección y Rehabilitación. - Cuando se entregue la custodia de un menor al Departamento, éste determinará el programa de tratamiento o institución en la cual el menor será ubicado y el tipo de tratamiento de rehabilitación a proveerse a los menores. El Departamento podrá ubicar a los menores en cualquier programa de tratamiento o institución bajo su jurisdicción.

(b) *Tratamiento individualizado.* - Todo menor tendrá derecho a recibir servicios o tratamiento con carácter individualizado que responda a sus necesidades particulares y propenda a su eventual rehabilitación.

(c) Centros de detención.- Los centros de detención recibirán a los menores referidos por el Tribunal de conformidad con lo dispuesto en esta ley y les ofrecerán servicios de evaluación y diagnóstico, a tenor de la resolución ordenando su ingreso. El Departamento de Corrección y Rehabilitación y los organismos públicos o privados que provean los centros de detención quedan facultados para asesorar y colaborar con el Tribunal para determinar los servicios de evaluación y diagnóstico a proveerse a los menores que le sean referidos.

(d) Traslado a otros organismos públicos o privados.- Cuando un menor esté bajo la custodia del Departamento de Corrección y Rehabilitación y, previa autorización del Tribunal, proceda en bien del menor su reubicación a otra agencia, organismo público o privado, cesará la custodia física pero no la responsabilidad del Departamento en el sentido de velar porque el organismo público o privado del cual se trate cumpla con el propósito de ésta ley. El Departamento formalizará con los organismos pertinentes todos los acuerdos necesarios para realizar el traslado.

En casos de emergencia, previo acuerdo entre el Departamento de Corrección y Rehabilitación y el Tribunal, se efectuará el traslado a la agencia u organismo público o privado pertinente.

(e) El Departamento de Corrección y Rehabilitación establecerá los mecanismos para que cuando un menor termine la medida dispositiva conozca sus derechos, opciones de trabajo, educativas y de vivienda, para de esa forma garantizar su plena reintegración a la sociedad.

(Julio 9, 1986, Núm. 88, art. 35; Enmendado en el 1995, Núm. 183; Agosto 8, 2008, Núm. 2000, art. 1, añade el inciso (e); Noviembre 21, 2011, Plan Núm. 2, art. 53, enmienda el inciso (a), (c), (d) y (e).)

Art. 36. Apelación. (34 L.P.R.A. sec. 2236)

La orden o resolución final dictada por el Juez en relación con cualquier menor bajo las disposiciones de esta Ley podrá apelarse ante el Tribunal de Apelaciones de Puerto Rico. Las órdenes y resoluciones interlocutorias podrán ser revisadas ante el Tribunal de Apelaciones de Puerto Rico mediante recurso de certiorari. La orden, resolución o sentencia del Tribunal de Apelaciones podrá ser revisada por el Tribunal Supremo mediante recurso de certiorari. En la interpretación de estos recursos deberán regir las reglas adoptadas por el Tribunal correspondiente. La interposición de la apelación no suspenderá los efectos de cualquier orden del Juez en relación con el menor, a menos que el Tribunal decrete lo contrario.

(Julio 9, 1986, Núm. 88, art. 36; enmendada en septiembre 16, 2004, Núm. 334, art. 5, efectiva el 1 de mayo de 2005 con el nuevo Código Penal de P.R.)

Art. 37. Disposiciones generales. (34 L.P.R.A. sec. 2237)

(a) *Naturaleza de los procedimientos.* - Los procedimientos y las órdenes o resoluciones del Juez bajo esta ley no se considerarán de naturaleza criminal ni se considerará al menor un criminal convicto en virtud de dicha orden o resolución.

El historial del menor ante el Tribunal no constituirá impedimento para cualquier solicitud y obtención de empleo, puesto o cargo en el servicio público.

(b) *Transportación, detención del menor.* - Ningún menor será conducido en un vehículo destinado a la conducción de presos, ni será detenido en un cuartel de policía, jaula, cárcel o institución del sistema correccional.

(c) *Transcripción taquigráfica o grabación de los procedimientos.* - Las alegaciones orales e incidentes de las vistas en los procedimientos ante el Tribunal se tomarán taquigráficamente o mediante grabación en cinta magnetofónica. Excepto por la representación legal del menor, no se grabarán privadamente los procedimientos.

(d) *Confidencialidad del expediente.* - Los expedientes en los casos de menores se mantendrán en archivos separados de los de adultos y no estarán sujetos a inspección por el público, excepto que estarán accesibles a inspección por la representación legal del menor previa identificación y en el lugar designado para ello. Tanto los expedientes en poder de la Policía como aquéllos en poder del Procurador están sujetos a la misma confidencialidad. No se proveerán copias de documentos legales o sociales para ser sacadas fuera del Tribunal.

No se suministrará información sobre el contenido de los expedientes excepto que, previa muestra de necesidad y permiso expreso del Tribunal, se conceda a funcionarios del Tribunal General de Justicia en sus gestiones oficiales, y aquellas personas de acreditada reputación profesional o científica que por escrito prueben su interés en obtener información para la realización de sus labores oficiales, estudios o trabajos, y siempre bajo las condiciones que el Juez estipule.

(e) *Publicación de nombre y fotografía; mecanismos e identificación.* - No se publicará el nombre de un menor ni su fotografía y no se tomarán sus huellas digitales, ni se incluirá en una rueda de detenidos a menos que, a discreción del Tribunal, sea necesario recurrir a cualquiera de estos medios para identificarlo. En estos casos, el Juez expedirá la autorización por escrito. Se considerará desacato al Tribunal cualquier persona o entidad que publique nombres o fotografías de menores.

Todo expediente de un menor en poder de la Policía deberá ser destruido al éste cumplir dieciocho (18) años de edad, al igual que cualquier expediente que obre en manos del fiscal de distrito, cuando el menor fuese juzgado o fuese iniciado indebidamente en su contra un proceso como adulto.

(f) *Nombramiento de defensor judicial.* - Si el menor afectado por cualquier asunto ante el Tribunal fuere huérfano y no tuviere tutor ni persona encargada que lo representare o cuando se estimare necesario, el Juez procederá a nombrarle un defensor judicial. La designación deberá recaer, si fuere posible, sobre un familiar del menor que haya demostrado interés en su bienestar, y si no lo hubiere, el Juez podrá designar a una persona idónea.

(g) *Notificación y participación de los padres, tutores o encargados.*-En todo procedimiento al amparo de esta Ley el menor deberá comparecer acompañado de sus padres, tutor, encargado o en su defecto, del defensor judicial. Se notificará de toda citación, resolución u orden a los padres, tutor o encargado o en su defecto, del defensor judicial del menor. El Tribunal podrá encontrar en desacato e imponer la sanción que se establezca por ley, a los padres, tutor o encargado del menor, que sin justa causa falte a los procedimientos previamente citados. Se exceptúa de esta norma, los casos en que el Estado o cualquiera de sus instrumentalidades es el custodio legal de dicho menor.

(h) Necesidad de Intérprete. -

(1) Etapa investigativa - en el caso de que un(a) funcionario(a) del orden público advenga en conocimiento de que el(la) menor investigado(a) o aprehendido(a) o su tutor(a) es sordo(a), el Gobierno deberá proveerle un intérprete.

(2) Etapa Judicial - en caso de que el Tribunal, motu proprio, o a solicitud de parte, advenga en conocimiento de que el(la) menor o su tutor(a) es sordo(a), deberá proveerle un intérprete durante todas las etapas del proceso a tenor con las Reglas 2.18 y 2.19 de las "Reglas de Procedimiento para Asuntos de Menores", según enmendadas.

Para propósito de esta disposición, el término sordo(a) incluye las siguientes clasificaciones: sordo(a), sordo(a) parcial, sordo(a) profundo(a) y sordo(a) labio lector.

Además, el término de intérprete de lenguaje de señas o de intérprete labio-lector se refiera a aquel(lla) profesional encargado(a) de facilitar la comunicación entre una persona sorda y una persona oyente. Mediante la interpretación se logra transmitir la información al sordo(a) y se facilita la comunicación efectiva de conformidad con la legislación aplicable.

En el caso de que el(la) menor o su tutor(a) desconozcan el idioma español, el tribunal deberá designar un intérprete con el propósito de facilitar la comunicación entre las partes.

La persona que actúa como intérprete, de lenguaje de señas o idioma, deberá ser juramentada y hará una interpretación fiel y exacta de las expresiones entre el(la) menor y las partes involucradas en el proceso.

(Julio 9, 1986, Núm. 88, art. 37; Añade el inciso (g) en el 2000, Núm. 161; Junio 24, 2022, Núm. 47, sec. 10, añade el inciso (h).).

Art. 38. Reglas sobre procedimientos. (31 L.P.RA. sec. 2238)

El Tribunal Supremo adoptará las reglas que gobernarán los procedimientos en todos los asuntos cubiertos por las disposiciones de esta ley. Dichas reglas no menoscabarán o modificarán derechos sustantivos y regirán una vez se dé cumplimiento a los trámites fijados por la sec. 6, art. V de la Constitución del Estado Libre Asociado de Puerto Rico.

(Julio 9, 1986, Núm. 88, art. 38.)

Notas Importantes:
Enmiendas

-2022, ley 47- Esta ley Núm. 47, integra enmiendas sustanciales a la ley.

-2008, ley 200- Esta ley Núm. 200 de 8 de agosto de 2008, añade el inciso (e) al artículo 35.

-2003, ley 07- Ley Núm. 07 de 1 de enero de 2003, enmienda el inciso (e) y establece la vigencia en el **Artículo 2 que dice:** "Esta Ley comenzará a regir sesenta (60) días después de su aprobación."

-2007, ley 30 – Esta ley enmienda el inciso (b) del Artículo 12 de la Ley Núm. 88 de 9 de julio de 1986, según enmendada, a los fines de añadir un nuevo sub-inciso (9) al inciso (b), y reenumerar el actual sub-inciso (9) como sub-inciso (10)

Otras Leyes y leyes relacionadas

-2011, Plan Núm. 2 – Este Plan Núm. 2 del 2011, reorganizó todo el Departamento de Corrección y Rehabilitación, incluyendo para los jóvenes adultos y menores.

-2000, ley 289 y **2001, ley 59** - Los cambios de la mayoría de edad en la Ley Núm. 289 de 2000 a los 18 años de edad y luego la enmienda en la ley Núm. 59 de 2001 para aumentar la edad a los 21 años nuevamente no afectaron esta ley especial penal.

LexJuris de Puerto Rico
Hecho en Puerto Rico
Septiembre 1, 2022